CHENGGONG ZHI ZUO

本书是全国教育科学规划教育部重点课题
"基于行为事件访谈法的职业院校校长胜任力模型研究"(DJA120286)的成果之一

李德方/等著

成功之作

职业院校校长访谈录

图书在版编目(CIP)数据

成功之作:职业院校校长访谈录/李德方等著. —苏州:苏州大学出版社,2016.5
 ISBN 978-7-5672-1684-6

Ⅰ.①成… Ⅱ.①李… Ⅲ.①高等职业教育-校长-访问记-江苏省 Ⅳ.①K825.4

中国版本图书馆 CIP 数据核字(2016)第 041905 号

| 书　　名：成功之作——职业院校校长访谈录
| 作　　者：李德方 等
| 责任编辑：刘诗能
| 装帧设计：吴　钰
| 出版发行：苏州大学出版社(Soochow University Press)
| 社　　址：苏州市十梓街1号　邮编：215006
| 印　　装：宜兴市盛世文化印刷有限公司
| 网　　址：www.sudapress.com
| 邮购热线：0512-67480030
| 销售热线：0512-65225020
| 开　　本：787mm×1092mm　1/16　印张：17.75　字数：328千
| 版　　次：2016年5月第1版
| 印　　次：2016年5月第1次印刷
| 书　　号：ISBN 978-7-5672-1684-6
| 定　　价：36.00元

凡购本社图书发现印装错误,请与本社联系调换。服务热线：0512-65225020

目 录

序言 / 1

第一章　真懂真抓写就成功之作 / 3
　　　　——访常州轻工职业技术学院周大农院长
　　　一、找准"短板" / 3
　　　二、凝聚力是制胜法宝 / 9
　　　三、选择与适应：面对人生的两种态度 / 12

第二章　匠心独具谋发展 / 17
　　　　——访南京信息职业技术学院张旭翔院长
　　　一、立与破的抉择 / 20
　　　二、管理要把握本质 / 22
　　　三、规范和创新并举 / 24
　　　四、以文教化细无声 / 25

第三章　把平常事做到极致就是成功 / 31
　　　　——访南通航运职业技术学院杨泽宇院长
　　　一、新校区建设的韧劲与定力 / 32
　　　二、拄着拐杖去答辩 / 37
　　　三、"草船借箭"谋发展 / 39

第四章　做好"改革"这篇文章 / 45
　　　　——访江苏商贸职业学院冯志明院长

一、借力改革激活力　/ 45
二、坚持不懈谋发展　/ 56
三、大赛引领提内涵　/ 56

第五章　谋定而快动　/ 61
　　　　——访江苏食品药品职业技术学院陶书中院长
一、谋定优势巧出牌　/ 62
二、谋划发展出新牌　/ 63
三、顺势而谋更名牌　/ 69

第六章　拾阶而上攀高峰　/ 75
　　　　——访常州机电职业技术学院曹根基院长
一、抢抓机遇夯实发展基础　/ 75
二、审时度势迈上新台阶　/ 77
三、把握重点谋求特色发展　/ 81

第七章　紧紧把握学校发展的核心要素　/ 89
　　　　——访江苏省扬州商务高等职业学校周俊校长
一、用"三个满意"理念引领学校发展　/ 89
二、用"五维素质教育"全面提升学生　/ 92
三、用"精细化管理"打造干部队伍　/ 96

第八章　登高览山始觉小　/ 101
　　　　——访无锡机电高等职业技术学校王稼伟校长
一、文化就是一种风气　/ 101
二、创新培养青年教师　/ 105
三、营造发展环境是校长的当然职责　/ 107

第九章　学校发展是最大的成功　/ 113
　　　　——访无锡旅游商贸高等职业技术学校秦榛蓁校长
一、以服务谋发展是最好的保障　/ 114
二、政府给钱不如放权　/ 117

三、要善于捕捉并把握发展机遇　／119

第十章　用心烙"饼"　／125
　　——访苏州旅游与财经高等职业技术学校臧其林校长
　　一、大家齐心来烙"饼"　／125
　　二、打造过硬的烙"饼"人才　／131
　　三、做有特色的"饼"　／135

第十一章　用"幸运教育"理念引领学校发展　／139
　　——访常州刘国钧高等职业技术学校原校长王亮伟先生
　　一、耕耘在"幸运教育"的试验田里　／140
　　二、打造一个有文化的新校区　／149
　　三、选择一所学校，拥有多种出路　／153

第十二章　不拘一格办学校　／161
　　——访苏州工业园区工业技术学校王乃国校长
　　一、打破常规创唯一　／162
　　二、校长该做什么　／165
　　三、探索以提高职业素养为核心的个性化育人模式　／167
　　四、上善若水　／170

第十三章　以文教化谱新篇　／175
　　——访江苏省溧阳中等专业学校陈志平校长
　　一、用优秀的文化造就团队　／176
　　二、公平公正是最大的正义　／179
　　三、"两手"抓德育　／181
　　四、以积极的姿态谋发展　／184

第十四章　做好"杂家"　／189
　　——访南京商业学校殷树凤校长
　　一、选好突破点是改革成功的关键　／190
　　二、"零"是挑战更是机遇　／196

三、用文化引领学校发展 / 199
四、职业学校校长身份的新诠释 / 201

第十五章 一切为了师生的发展 / 205
——访南京六合中等专业学校杨红校长
一、让学生成为校园的主人 / 205
二、创新教师管理方式 / 208
三、统筹协调补短板 / 211
四、女性校长的优势与不足 / 213

第十六章 围绕"育人"这个根本 / 217
——访江苏省邗江中等专业学校刘宏成校长
一、要办让老百姓放心的职业学校 / 217
二、用好"绩效"这个杠杆 / 222
三、创建就是"搭台唱戏" / 225

第十七章 直面"原问" / 233
——访江苏省张家港中等专业学校葛敏亚校长
一、酒香也怕巷子深 / 233
二、紧扣"质量"这个核心 / 239
三、用爱与责任托起学生的未来 / 248
四、职场缘何分性别 / 252

第十八章 "另类"学校的突围之作 / 259
——访徐州机电技师学院章结来院长
一、立命安身之策：谋求规模、质量、效益协调发展 / 259
二、固基强身之本：打造"星级教师" / 263
三、提升质量之举：素质教育全程不断线 / 266

后记 / 269

序　言

李德方

英国学者迈克尔·夏托克曾经在《成功大学的管理之道》中这样阐述："人们往往把成功的大学之所以成功归因于其出色的教学和科研，而不是其管理。但是，良好的管理的确可以为教学科研的兴旺发达提供合适的条件。"从中不难看出管理在学校走向成功历程中的重要性，以至于管理学上出现了"没有平庸的人，只有平庸的管理"的著名定理。

其实管理的重要性不仅对于大学的成功十分重要，对于职业院校的发展同样重要，正如2015年8月教育部印发的关于《职业院校管理水平提升行动计划（2015—2018年）》的通知（教职成〔2015〕7号）中所述，"提升管理水平是促进职业院校内涵发展的现实要求，是提高人才培养质量的重要保障"。而作为学校的"领头羊"——校长在管理中的作用至关重要，"几乎所有的校长都将以某种明显的甚至是主要的方式影响学校"，结果"由于这些校长，有些学校会幸存下来，有些学校会因此失败，有些学校会有微小改进，有些学校会缓慢地走下坡路"。① 本书正是探讨职业院校校长如何通过自身的管理实践在各自的学校取得成功的著作。

《现代汉语词典》②对"成功"的定义是"获得预期的结果"、"事情的结果令人满意"。从这个定义可知，"成功"其实是一个主观色彩十分浓厚的语词，也就是说一件事成功与否是和主体的认知和感觉紧密关涉的。换言之，同样一件事，有的人可能认为是成功的，而另一些人却认为并不太成功，有时甚至会得出完全相反的判断。这取决于事情的结果与不同的主体各自的预设或感官满意程度是

---

① ［美］克拉克·克尔、玛丽安·盖德：《大学校长的多重生活》，赵炬明译，桂林：广西师范大学出版社，2008年，第3页。
② 中国社会科学院语言研究所词典编辑室：《现代汉语词典》（第6版），北京：商务印书馆，2012年。

否匹配以及在多大程度上匹配,所谓"仁者见仁,智者见智"。这样的客观事实使得即使面对同样一件事,出现的评判结果不一乃至相左就不足为奇了。

本书将书名确定为"成功之作——职业院校校长访谈录",主标题"成功之作"主要包含三层含义:一是书中主要内容是请受访职业院校的校长们重点阐述他们在治校过程中自认为取得成功的事情。也就是说,不管读者诸君对书中描述的这些事情是否觉得成功,在受访校长们的心目中,他们都是认可这些事情的;二是事先确定的对作为访谈对象的校长们的选择标准之一,就是笔者认为其在各自学校的管理都是典型的、成功的;三是借此期盼今后有更多的成功管理、成功校长和成功学校涌现出来。作为副标题的"职业院校校长访谈录",则旨在说明本书采用的方法或体例,即本书不是一本探讨职业院校校长成功管理学校的理论著述,也不是通过案例研究来展示校长们是如何成功管理学校的——尽管访谈内容中有案例的成分,同时也不是用民族志的方法来研究职业院校管理的。本书采用的是通过对职业院校校长们访谈的方式来展示其如何管理学校并获得成功的。

毋庸赘言,访谈法是教育研究最重要的方法之一。作为一种研究方法的访谈,其和日常谈话是不一样的,除了有着明确的目的性之外,访谈本身也是参与双方共同建构社会事件的过程,双方都是在把访谈作为对社会事件的理解基础上进行问答的,即访谈者的提问着眼于为对方的意义建构提供一个契机,而受访者的回答——不论是回忆过去还是对眼前现实的描述,都是一种对事实或意义的重构。而行为事件访谈法重点考察受访者在过去真实的情境中采取的举措和行动,而不是假设性或抽象性的行为举动,这个特点决定了采用该方法建构的社会事件最大限度地接近社会现实的"真实"——尽管访谈本质上并不能做到真正的所谓"客观"。之所以选择将校长们认为成功的事情呈现出来,除了考虑作为人之常情的"选择性记忆"特点外,主要着眼于通过这些成功经验的"现身说法",试图使有志于成功的众多学校管理者能够得到身临其境的感受,从而在各自不同的实践环境中有所借鉴——经典研究显示①,观察他人的行为会极大地影响我们自身的行为,即所谓的"替代经验"。

关于本书中受访样本校长的选择。通常而言,从理想的角度出发,一项研究如果能够对所有研究对象进行研究,那么其研究结果的误差相对就会更小。但是由于受到时间、经费等研究条件的限制,"无论什么研究方法,都不可能,也没

---

① [美]科里·帕特森等:《影响力2》,彭静译,北京:中国人民大学出版社,2008年,第14页。

有必要穷尽对研究总体中的所有个体进行研究"①,因而科学的抽样方法对研究精度的保证就显得非常重要。尽管遵循"随机化原则"的概率抽样对总体代表性最高,但是考虑到本研究的对象是校长,由于其工作大多非常繁忙,客观上难以保证其有足够的时间和精力配合访谈,而且较之学校其他人员(如普通教师、学生)等相对更难接近。因此,考虑到研究对象的特殊性,本研究在考虑方便可行的同时,采用目的性抽样法,即根据访谈者对职业教育总体发展和校长群体的了解,结合本研究的目的,在江苏省内选择在校长岗位上比较成功或有特色的18名职业院校正职校长作为访谈对象。在符合上述条件之外,样本对象的选择还试图尽量体现广泛的代表性,他们中有三年制高职院校校长,有五年一贯制高职院校校长,也有中等职业学校校长;既有位处苏南地区院校的校长,也有位处苏中和苏北地区院校的校长;既有任职年限较长的校长,也有任职时间相对较短的校长(一般不少于三年);既有从职业院校成长起来的校长,也有从普通高校和普通高中管理岗位上转任的校长,还有从教育行政部门调任的校长;既有隶属教育行政部门学校的校长,又有行业和部委办局所属学校的校长;既有现任职业院校校长,也有离任不久的校长代表;既有男性校长,又有女性校长。试图通过这些不同背景、不同经历、不同环境中的校长们各自在职业院校校长岗位上独特行为的"再现",汇聚成多彩的图景,使览阅者萌发情形各异的观点。而"一个有启发作用的观点就像戏院里的聚光灯,当用强烈光线照射舞台前方的某些部位时,就把大家的注意力集中在这些部位上,同时把其他特征降到背景和边缘的地位"②,从而使我们在属于自己的各自"场域"中,有可能获得尽可能多的启示。

　　本书的结构颇为简约,主要是请受访校长围绕其自认为最成功的事情展开叙述,包括事情发生的情境,事情发生的原因、经过及结果,事情的参与者,当事校长的想法和做法,遇到的困难及其解决办法等。针对上述问题,访谈者在访谈中根据具体情况,适当做一些追问或引导。但所有的访谈尽可能地"让受访者自己发声",这是笔者一直坚持的原则,以最大限度地减少不必要的干扰。最后是访谈后记,除了简要记录访谈时的情境和感想之外,最主要的是针对访谈内容作适当评点,力求起到画龙中的点睛之效。

　　通览全书不难发现,尽管都是指向"成功之作",但各位校长心中的成功并没有一个统一的模式。有的围绕学校的专业、课程和文化建设,独具匠心、高招

---

① 张红霞:《教育科学研究方法》,北京:教育科学出版社,2009年,第265页。
② 伯顿·克拉克:《高等教育新论——多学科的研究》(第二版),王承绪等译,杭州:浙江教育出版社,2001年,第2页。

迭出,从而写就了一个个成功之作;有的着力于学校的内部管理和外部环境营造,锐意改革、敢于担当,交出了一件件得意之作;有的则聚焦于制约学校发展的短板和弱项,直面问题、勇于创新,创造了一个个发展力作。尽管校长不同,校长领导的学校也不相同,校长管理学校的手段和方法更不尽相同,但是不难发现,贯穿全篇的共同之处是,所有的受访校长为了成就各自心目中的成功之作所做出的积极努力是一致的,即这些职业院校校长的代表们都在努力向着"具有奉献精神和人文关怀,珍惜学校的名誉,追求人生理想和办学理念,具有独特的办学风格,具有宽广的胸怀、感召力和凝聚力,善于协调上下左右关系,能调动一切力量促发展,重视教育科学研究,能够给教师创造一个辉煌的舞台,使学校有优美的环境和浓厚的文化氛围"[1]的理想目标而不懈追求——这正是中国职业教育在今天的发展成就基础上能够有成功未来的重要前提。

是为序。

2015 年 12 月

---

[1] 朱永新:《我的教育理想》,桂林:丽江出版社,2014 年,第 120 – 134 页。

周大农,男,汉族,1956年1月生,江苏仪征人。大学本科学历,研究员,中共党员。历任常州轻工职业技术学院(前身为常州轻工业学校)教师、塑料专业科副主任、实验科长、教务科长、校长助理、副校长等职务。2006年5月起任常州轻工职业技术学院院长、党委副书记。

公开发表研究论文20余篇,其中10篇刊发于中文核心期刊。主编教材2本。主持江苏省教育科学重点资助规划课题、江苏省高等教育教改重点立项课题等省级研究课题10个。2013年,主持的"校企共建数字化设计与制造高技能人才资源共享培养平台的实践与探索"荣获江苏省教学成果特等奖。

先后获得常州市优秀教育工作者、江苏省轻工行业优秀教师、江苏省教育科研先进个人、常州市职业教育先进个人等荣誉,2007年被常州市人民政府记二等功,2014年5月荣获第四届黄炎培"杰出校长"奖。

只有管理者的真懂真抓,才有教师的真心真做;有了教师的真心真做,才有学生的真学真会。

——周大农

第一章 真懂真抓写就成功之作

——访常州轻工职业技术学院周大农院长①

一、找准"短板"②

问:周院长,首先非常感谢您在百忙中接受我的访谈。根据研究的需要,想请您谈谈在院长岗位上自感最为成功的三件事。

答:第一件事是我校精品课程建设。"十一五"期间,我们的精品课程建设取得了丰硕成果,其中国家级精品课程6门,省级、行指委③级15门。我校国家级精品课程数量在全省排在第三。第一是无锡职技院,戴勇那里;第二是江苏建筑,袁洪志那里;第三就是我们。④

国家级的精品课程排全省前三是什么概念呢?我们升格比较晚,在江苏省是第三批升格的。我们升格的时候人家的精品课程已经起跑得很快了,多的已经有五六门了。所以我们排第三,实属不易。我们觉得自豪的是什么呢?我们在精品课程建设方面超过了比我们升格早好几年的高职院校,包括许多"国示范"的。

那么回头来看,课程建设为什么能有这样的成绩?我一直认为我们学校最

---

① 2013年8月24日,利用周大农院长到江苏理工学院做报告的机会,在学校行政楼会议室对其进行了访谈。需要说明的是,受访院校长的职务是指访谈时点担任的职务,部分院校长在访谈后职务有了调整,其变动情况在书中另作说明。
② 章节标题为访谈者添加,下同。
③ "行指委"全称为全国轻工行业职业教育教学指导委员会,下同。
④ "无锡职技院"全称无锡职业技术学院,"江苏建筑"全称江苏建筑职业技术学院。

短的板是课程。很多学校的管理者认为最短的板是教师,这也对,但是我的观点认为,做课程建设的过程本身就是提升师资队伍的过程,我不能等师资队伍都培训好了,提升好了,理念都更新好了再来做课程。课程建设和师资队伍建设,这两者之间是相得益彰、齐头并进的,做课程建设的过程本身是提升师资队伍的过程。我们学校现在评上教授的教师,所有的人都是通过做课程做出来的。所有评上教授的都有国家级或者省级精品课程,就是因为他们在做课程当中得到了提升。而如何做课程呢?我们有一个顶层设计,我自己总结叫"3-4-5-6"。"3"指的是转变三个观念,"4"指的是培养四类能力,"5"指的是实施五步方略,"6"指的是注重六大环节。

转变三个观念,讲的是"大众化教育下的人才观、质量观、课程观"。我给全院教师做过多次讲座,阐明三个观念。

首先是人才观。随着高等教育大众化的实现,特别是我们现在处于后大众化阶段,马上就要普及化了,越来越多的文化分高的到本科去了,文化分低的到我们这边了,这是社会进步的表现。我们的目标是培养人而不是淘汰人。招生的时候千万不能希望生源多多益善,学生成绩再差,只要报了我们,就来者不拒,招满了就阿弥陀佛。招来了,谁都责怪。老师责怪生源素质太差,不好教;管理人员责怪生源素质太差,不好管。我们反复强调,我们的目标是培养人而不是淘汰人,我们的能耐就是把这些文化分不高的学生,通过课程改革,培育成高素质技能型人才。所以纪宝成会长讲的有些观点我不完全赞成。他2013年4月15号在《中国青年报》上讲现在不重视职业教育,市长、市委书记的小孩都不读高职学校,县长、县委书记小孩都不读中职。就我来讲,我所认识的校长、书记,包括副校长、副书记,百十来个人呢,没有一个人的子女在读高职或中职。是我们口是心非?是我们不重视?不是的。像我吧,大学毕业之后就在这个学校,三十几年了,要一直干到退休了都在这,你说我不重视吗?不是的。我们国情就这样,这个小孩能读"985"的不会让他读"211",能够读一本的不会到二本,能够到二本的不会到高职院校。大家都是这个心态。我和陈宇教授聊过,他是大牌职教专家,他的小孩读职校吗?不读。姜大源教授也是大牌职教专家,他的小孩读吗?不读。是他们不够重视吗?不是。是什么呢?社会有个分工。其实我们看国外,德国人也是这样,学生分流也很早。你看他们的中学,也有什么实科中学、完全中学,要分好几个,就是初中考了以后分流,好的进入重点高中,将来进入重点大学,一般的也是在职业院校。到新加坡看,小学以后就分流了。再看我国台湾地区、香港地区也是这样分的。并不是我们对这个不重视,我觉得这个可能还是一个社会分工的不同。我们也期望有好的生源,但不能指望有朝一日我们整个生源变好了,等学生的素质整体好了再来培养高职教育的人才,不可能的。我们面临的就是这样的一个情况,我们要努力的就是怎样把他们培养成一个高素质的人才。

另外,对人才观我们还很关注的是什么呢?我到台湾地区看了以后感触特别深,台湾的小孩,他的生源素质差仅仅差在文化分上,作为一个人的基本素质是不差的。而我们的教育失败是什么呢?我们的学生文化分差的背后是作为一个人的基本素质、行为规范、道德规范的缺失。这是我们职业教育在课程建设上要十分关注的。这一块实际上问题是大得很。我当时到台湾的一个学校去,印象很深刻。一个职业学校,上楼梯,学生很有礼貌,靠边站,让老师先上去,学生齐声喊"老师好"(这一点,我们一些中职学校做得也不错)。然后我们去洗手间时一看,男厕所小便池上方有个东西,一块有机玻璃板做的,上面插一张卡片,写着本周英语单词和语法什么的,人家的学习真是无时不在、无处不在!当时我们好多校长啧啧称赞,马上拿相机拍了下来,说回去也照样做。我说你不要做,为什么?你放在那里除非有人24小时看着,否则学生马上就把它弄得污秽不堪,撕掉了到时候连个尸首都找不到的。我们大陆学生作为人的基本素质可能不如海峡那边,这个我们职业教育在课程建设上要怎样去关注?我们在关注这些,结合我们学校的文化,结合我们的人才培养,我们在关注这些。这是人才观。

其次是质量观。我在学校管教学时间也长了,过去一提起提高教学质量老是讲什么呢?老是讲教考分离、试卷库、试题库、领导听课、同行听课、相互评价,关心的是这些。这些要不要关心呢?是要关心的。但更关键的是什么?质量是以顾客需求为导向的。那么顾客不仅仅是企业,还有学生和家长。我们的质量标准有问题,常常出现的是什么呢?学生考得不好的,校长批评老师教得不好,老师埋怨学生学得不好。于是老师放水,学生考好了,皆大欢喜。其实我们首先应该关注企业的需求、关注学生的实际现状。不该教的你教那么多干吗?该教的你又没讲到。学生成绩再真实有什么用啊?所以我们的管理要关注质量观:质量不仅是生产出来的,也是设计出来的、检验出来的。质量的设计首先需要关注顾客的需求,然后再来关注人才培养的过程,最后关注评价。所以,从这一点,我们现在来看,我觉得问题还是比较大的。

再次是课程观。在课程观里我们反复强调,课程是我们最短的板。课程观里我们怎么去让老师洗脑筋?我们这里的课程观是一个大课程观,从课程的质量标准到课程体系、从我们的教学模式到我们的评价标准、从实训基地建设到师资队伍建设,我们到底怎样去关注?学校里搭建了一个整体平台。

"3-4-5-6"中的"4"指的是培养四类能力。我们搞课程开发的时候,关注的不仅是学生面向第一岗位的职业特定能力,还有行业通用能力,还有跨行业能力,还有核心能力。因为现在的学生,你看麦可思报告中,专业对口的只有50%多一点。那不对口的学生呢?你光关注学生零距离就业,关注学生一毕业就能上岗。学生还有一个转岗啊,学生不是上的那个岗呀。学生的可持续发展怎么办?现代职教体系建设,不光关注企业的零距离,一去就能上岗了,还要关注企业的技术进步和产品升级,关注国家的社会的需求,关注学生的需求。所以我们提出以需求为导向而不是仅仅以就业为导向。以就业为导向更多的是关注企业,以需求为导向涵盖了企业的需求,同时还涵盖了经济社会进步的需求,涵盖学生家长对升学的需求。这些需求需要通过现代职业教育体系建设来解决。所以四种能力我们都关注是符合建设现代职业教育体系要求的。

"5"指的是课程开发"分层化、分类型、分级别、模块化、学分制"的五步方略。我们的精品课程就按着这五步走。

分层化就是前面介绍的四种能力。分级别就是每门课程开发的时候分成ABC三个级别,A级别难度系数最高,是本专业的职业特定能力;B级别难度系数居中,是作为专业大类的行业通用能力;C级别难度系数最低,是作为一个跨行业能力。我们的价值取向不是职业资格证书,而是职业资格标准。比如说市场营销课程,这是培养市场营销专业的职业特定能力,应该是难度系数最高的A级别。难度系数降低一点成为B级别,作为整个经贸管理系其他专业的行业通用能力。C级别是其他系的专业老师参与进来,比如说机电老师参与进来开发的市场营销,是作为机电专业的跨行业能力;化工老师参与的市场营销开发的是作为化工专业的跨行业能力。这样课程开发之后,每个课程开发有A、B、C不同的级别,最后我们有个系统集成工具,然后你选这个级别,他选那个级别,按我们的培养目标去系统集成。

分类型是什么呢?在目前我们国家职业资格标准不健全的情况下,我们的策略是分类型建设课程。如果国家职业资格健全了,我们按国家职业资格标准来;行业资格标准领先了,我们按行业资格标准来;什么都没有的,我们找中国轻工业联合会,找中国塑料加工联合会,通过校企合作,介入标准研发,然后引入我们的课程。所以这些不同类型的情况在我们的课程开发里面都有体现。有两门课程到现在国家标准还没有啊,但是我们介入进去以后,介入国家标准的研发,把我们的课程给做出来了。所以轻工行指委对我们的做法评价很高。这个是分类型的,国家标准能够与时俱进的就用国家标准,行业企业标准更切合实际的我们就用行业企业的,什么都没有的,我们就要通过校企合作、工学结合去开发标准。我觉得比较得意的一件事情就是我们"十一五"期间的这个课程建设取得的成效。

问:在短短的三年时间内,贵校能够建成"3+2+1"一共6门国家级精品课程,真的是很了不起的成绩,这样建了以后,它的作用有哪些具体的体现?

答:我觉得课程建设不是一个终极的目标而是一个过程。所以我在学校里反复强调,千万不能说我这个国家级精品课程建好了,就束之高阁,就不用了。这是没有用的。国家级精品课程建设是代表着我们老师的一种理念、一种愿景,把这个精品课程做好,作为一个模板,我们做其他课程的时候,比如这个系里的其他精品课程怎么做,我们就有个奔头、有个目标。同时做的过程当中,我们结合"十二五"的资源库的建设,又在对这个精品课程进行调整,就是不断地通过产学合作,把来自生产线上的一些案例,用数字化的技术把它结合进去,不断地充实。而这个过程中最难的是什么呢?就是教学模式的改革。这是事关每个老师的。从课程建设的层面上来讲,校长、系主任花点力气,在学校里抓几门课程是比较容易的。就系里来讲,抓几个专业也是容易的。但对老师来说,他往往很难。比如说开展说课竞赛,我们的做法是,第一轮是你最得意、最拿手的是什么,把它拿出来。因为对你来讲,你也树立一个标杆,就是你的看家本领拿出来是一个什么样的水平。每个老师的看家本领拿出来,能够上好一两堂课还是可以的。但是我们的终极目标是什么呢?一两堂课搞好以后呢,要把这门课搞好,要把这个专业的主干课都做好。所以这是一个过程。这些核心课程做出来以后,我们作为标杆,它有一个导向作用。同时,又通过我们不断地进行校企合作,结合资源库的建设和不断更新以后,提出一个更高的要求。所以我说这是个过程,没有一个终极目标。

问:有哪些人参与这样的精品课程建设呢?

答:主要讲带头人,先讲第一承担人。我们6门国家精品课程,第一承担人有一个是副校长,他是系主任出身的;有一个是科技处长;有三个是系主任,一个电子系的,一个轻工系的,一个机械系的;还有一个原来是系主任,后来到督导室去了。每门精品课程下面都有不低于三个的教师和教研室主任。不是说所有院领导都在里面,当然院领导在里面一定都是实际在做课程的。有一个副校长在做的,他在一门课里做"数控车",其他人都不在里面。

问:您作为一把手校长,要过问、管理的事情非常多,课程建设实际上是一项具体工作,那么在贵校的精品课程建设当中,您具体做了什么?

答:我关注的实际是顶层设计。我刚刚讲了,分层化、分类型、分级别、模块化、学分制,然后6个环节:构建质量标准、重组课程体系、改革教学模式、创新评价方法、建设实训基地、提升师资队伍,整个顶层设计都是我提出来的。围绕这个,我有十来篇的论文。我在学校里提出来,只有管理者的真懂真抓,才有教师的真心真做;有了教师的真心真做,才有学生的真学真会。从我来讲,我要求管理者包括我们教学副校长、教务处长、系主任要研究,我们要懂。我们不懂,我们怎么抓呢?我们要真懂真抓。我们要让老师相信,所以对一批骨干教师进行了多次培训。我当了一把手校长以后,在老师当中搞过多次讲座,包括暑期培训班,我带几十个老师到宜兴、天目湖等地去,我们利用假期在研讨这些东西,我亲自给他们做讲座,给他们讲这些东西。要让老师相信你抓的这个事情是有道理的,相信你讲的人才观、质量观、课程观是对的。我们在2006年第一轮评估时遇到一个情况,当时教育部有一个指标(第二轮评估没有这个指标了),指M6.2,讲的是大部分学生(大概80%)掌握这些知识和技能,这个指标才合格。这个就是要求每门课程80%的学生无论是理论还是技能都合格。要80%以上学生一下子通过,老师们认为是天方夜谭,达不到的。针对这个问题,我们当时就在讲人才观、质量观、课程观,在研讨这些话题。所以搞了几次讲座以后,效果还是不错的。

我的一个认识是,校长招生的时候不能饥不择食,招了以后,老师认为生源一塌糊涂,这个就不行了。老师要晓得我们今后面临的就是这部分生源,要想显示自己的能耐,显示自己的水平,就要把这些学生培养成高素质技能型人才。技能是在课程当中体现的,高素质还要结合学校的文化建设,结合我们核心能力的培养,结合我们社会主义核心价值观的学习。我们的学校文化,当时讲的是邓建军精神,因为企业关心的不是学生一进去就能上岗、零距离,而是关心学生对企业的忠诚度,你在企业里是怎么踏踏实实、任劳任怨地工作。

问:贵校精品课程建设成绩巨大,在精品课程建设过程中您认为困难有哪些?

答:困难是有的。首先提出的是钱的问题。我们学校资金是常州几个高职院校当中最困难的,我不希望老师干什么老是把钱提在前面,所以我们抓的是骨干教师、系主任、带头人,他们自身的素质高,通过他们的影响,先把这个工作启动。但是取得标志性成果以后,我们给予重奖,资金是马上到位的。所以并不是完全否定先把钱提在前面,而是不希望养成这样一个习惯,希望形成这样一种氛围:你做出来以后,才开口跟学校要。但是整体上来讲,学校对老师是够可以了。我在教师大会上公开讲过,曾庆红讲的是"事业留人、感情留人、待遇留人",我们有的人是"事业诚可贵,感情价更高,待遇达不到,两者皆可抛"。我们待遇肯定不会少你,但是你不要事事都待遇提在前面,作为条件来要挟,这不妥当。你做到了,大家都会看到,我们会负责的,但是你不能作为条件放在前面。这个是开始的一个困难。

第二个困难是,我们不在专家圈子里面啊,怎么办呢?我们用我们的顶层设计,通过各种会议宣传。像数控,我在全国性的会议上面两次应邀发言,当然也是他们主办方对我们的一些论文和思路感兴趣后邀请我去讲的,效果非常好。第一次是在武汉举办的数控协作会成立大会,邀请我们去;第二次是在东北长春,邀请我们去,都是我去讲的,去宣传的。这个想法抛出来以后,也征求专家的一些建议和思路。这样也赢得业内,特别是行指委的专家对我们一些理念和思路的肯定,产生兴趣。这个是我们的第二个困难。

第三个困难是老师对有些东西不理解。我碰到过,行指委最后举棋不定,一看这个课程,确实做得不错,准备推到教育部,他们觉得推到教育部去是有竞争力的。但是接到举报,就是我们学校老师的举报,说精品课程申报弄虚作假,讲这个课程不是已经做得这么漂亮,很多东西都是设想。当时行指委主任打电话给我,我就和他解释:这个问题要看怎么看,我的理解,课程建设,特别是我们国家精品课程建设,不能把它看成是一个终极目标而是一个过程。这里面,精品课程建设要不拘泥于现状,有我们的现状,但是也有我们在现状上的一些研究和思考,为自己树立的一个中长期的目标。我们坚信,我们朝这个目标去做,一年不行,两年行不行?三年、五年总可以了吧。否则我自己目标都不知道是什么啊。我把它当作相对可以看得见的一个目标,然后在实践过程中,我们对照目标,一步步去实现、去提高。最终他们被我说服了,这门课程顺利评上了国家级精品课程。尽管课程评上了,但是老师开始不理解啊,后来我在教师大会上反复讲这个事情,我说什么是虚?什么是假?我们不是把这个精品课程作为教学成果报上去,精品课程当然有成果的成分,但是某种意义上这还是我们的一种设计、一种构思、一种理念。这个事情开始弄得也蛮被动的啊,最终被我说服了。

二、凝聚力是制胜法宝

问:第一件事您讲得很详细,那么请讲一下第二件比较成功的事情。

答：担任校长后，最痛苦但也比较令人满意的就是我院2006年接受教育部的高职院校人才培养工作水平评估。因为评估那一年正好是我接任院长，一方面没有经验；另一方面学校因为资金严重不足，基建还没有完成，整个学校里面，人心不稳定，困难重重。我是那年5月份公示，7月份等于是正式交接，11月份就要参加评估，压力非常大。既要组织教职工准备评估材料，又要筹措资金完成基本建设的任务。所以在那个期间，现在回头来看，我一生当中觉得最难、最痛苦的一个是下放农村劳动的几年，一个就是这个事情。当时到什么地步，早晨2点多钟就睡不着就起来了，然后在电脑面前写写今天一些方案，一些迎接评估的工作应该怎么做啊，等等。到7点钟洗脸、刷牙、吃早饭，7点半车子来接我，上车睡觉，因为路上是40分钟，每天上车就睡觉。这是当时最困难的一段时间。那段时间，我们迎接评估得益于什么呢？主要是得到了全院教职工的大力支持，党委班子成员的密切配合。我觉得不能辜负大家的信任和领导的重托，自己毕竟在学校工作了几十年了，熟悉学校的整个发展过程，有较好的人脉资源。于是把一些事前前后后梳理下来，把一些思路拿到大会上讨论并取得高度的共识。一个是学校文化建设，主要是邓建军精神。当时我提出给邓建军塑一个铜像，教职工当中有人不理解，说这个小年轻今后犯错误怎么办？当时邓建军才三十几岁的人啊。我就反复做学校里其他人的工作，我说我们不要用一种"文革"的思维，我们关心的是邓建军身上的这样一种精神，我们职业教育怎样培养学生这样一种爱岗敬业、自强不息的精神，对企业的忠诚度，这样一种责任意识，关注的是这些。所以，当时我在学校里提出来的就是"塑建军像、铺建军路、造建军桥、育建军人"，学校最好的班级每年评为"建军班"，每年在学校里举行以邓建军命名的"建军杯"职业技能大赛。几年后慢慢地就实行了，所以到现在为止，学校里面学生有不认识书记校长是谁的，但没有不知道邓建军是谁的。学生也知道，从学校最终到企业之后还是要你老老实实地做事情、踏踏实实地工作。我们那年评估要求学校里面要有一个创新点，或者一个特色，你这个学校才能评优。我们那年评估成绩是优秀。大家对我们的特色，就是学校文化给予充分肯定。还有一个创新是我们提出来的"双证融通、产学合作"的人才培养模式。后来我们的国家精品课程实际上就是在这个模式基础上逐渐衍生出的"培养四类能力、实施五步方略、注重六大环节"。当时我们国家人才培养模式满天飞。什么是模式？模式要有培养目标、培养规格层面的，教学内容、教学方法层面的，还要有条件保障层面的。人才培养模式要围绕这些方面来设计。我们通过研究发现，对于我们国家来讲，双证书制是能体现国家意志的。我们国家从20世纪80年代末开始,已经在各种各样的文件,包括法律法规中提出了双证书。那么我们能不能把这个"双证融通、产学合作"作为我们人才培养的一个主导模式,然后学校再根据行业、地区的特色,根据学校的情况,辅之以一个特征模式?所以我们提出一个"主导模式"加"特征模式"的概念。我们学校这么多年的人才培养始终坚持的主导模式是"双证融通、产学合作"。双证融通关注的不是职业资格证书,而是职业资格标准;不以职业资格证书作为我们的价值取向,而以职业资格标准作为我们的价值取向。职业资格标准你没有的,我们可以通过校企合作去开发;国家没有的,行业企业有的,我们可以用行业企业的;都没有的,我们可以共同去开发。我们以标准作为价值取向,所以我们把"双证融通、产学合作"作为我们人才培养的主导模式。然后各个系里面针对专业的具体情况,辅之以特征模式,有的是订单啊,有的是搞校中厂。

问:我觉得这个是非常了不起的,短短三四个月的时间筹备就取得优秀了。

答:评估准备不止三四个月,而是一年多。只是真正进入冲刺阶段的是最后关键的三四个月,许多具体工作我都是深入一线亲力亲为,像报告的起草啊,评估大材料的准备啊,专业剖析、听课啊,这些事情你都得去操心。所以我们的院长报告汇报下来以后,我们的周市长①评价蛮高的。院长报告整个PPT什么的都是我自己做的,整个汇报下来以后大家还是比较满意的。

问:您认为学院评估能获得优秀成绩,关键靠什么?

答:我觉得靠一种士气吧。学院评估前的几次全院教职工大会给我的印象非常深,也非常感动。有两次我还没有讲完,全场长时间掌声打断了我,我讲不下去了。一个是我结合当时的"八荣八耻"讲的"以相互支持为荣,以彼此推诿为耻","以学校利益为荣,以小集团利益为耻"。当时我记得大家自发地鼓掌,我很感动。还有一次是评估专家组进校前的誓师大会,我在分析了我们的现状,我们评估面临的困难和挑战后,就讲我们再唱一次中华人民共和国国歌,借用国歌,讲到"常州轻院到了最危险的时候,每个人都被迫发出最后的吼声,起来,起来,起来,我们万众一心,向着我们的目标前进,前进,前进",当时也是掌声雷动。大家觉得,我们学校的评估是一次很大的机遇和挑战,学院资金困难,评估前又是基建,又是换领导,又是这么大的摊子,困难很大,矛盾很多。大家选中我担任院长,不是说我有多大本事,有多大能力,而是相信我在这个学校几十年了,我有这份感情,有这份责任,同时我有这份信心。

---

① 周市长即周亚瑜,时任常州市分管教育的副市长。

三、选择与适应：面对人生的两种态度

最后一个比较得意的算是一件小事情吧。就是上个学期,学生搞了一次活动,结束之后,系里面以及学工处的同志和我讲,反响不错。当时活动是在报告厅里,让我和学生谈心式地对话,其中有一个主题是"选择与适应"。现在的年轻人过多强调的是选择,注重自我价值的体现、个性的张扬。讲到这个观点的时候,我当时结合自己现身说法。我们国家人多,资源少,可能某种意义上啊,要求学生更多的是适应,而不是选择。到生产一线上去,你不能这山望着那山高啊。发达国家人少资源多,我们国情不一样。当然我们也不能一概而论,也不是不要选择,但是对我们职业教育来讲,如果过分地要求学生去选择是不能适应我们这个社会的。所以,结合我自身的成长过程,和学生讲体会。当年"上山下乡"不是我的选择,毛主席一声令下,知识青年到农村去接受贫下中农再教育,你选择什么,只有适应,在农村好好地干。后来读大学是我愿意的,但是这个专业不是我的选择,我想到中国人民解放军洛阳外国语学院去,但是家庭成分不好,政审不合格,不能去,只能适应。当时的专业一个是南京化工学院的有机合成专业,还有一个是江苏师范学院政教专业,我都不喜欢,没有办法,后来读了南京化工学院的有机合成专业。大学毕业以后当老师,也不是我的选择。那时候都希望到国企去,仪征化纤当时政策在调整,在我们前一届招人,在我们后一届也招人,就是我们那一届不招。后来分配我到常州轻工业学校当老师。到学校我从老师干起,当过专业科长、实验科科长、教务科长、教学副院长,现在担任院长。其实当院长也不是我的选择,如果现在是公开竞聘,我肯定不会竞选,真的不是我的选择。但是对我来讲,我觉得是干一行爱一行,倒不是爱一行干一行。我干了这个事情以后,我怎么去把它做好。我改变不了过去,我要改变现在;我改变不了他人,我先改变我自己;我改变不了事实,我就改变我的心态。很多事情,你过分地拘泥于一些过去的事情是解决不了问题的。这个怎么解决、调整?当时和学生聊的这个事情,还结合邓建军文化。邓建军他自己也讲啊,如果是眼下这个社会,他肯定也是考到重点大学去了,也不可能到常州轻工业学校来。当时他家里的兄弟姐妹多,都是农村户口,虽然是中考前三名,没办法只能进这个学校。但是他干了这一行以后,就爱岗敬业,踏踏实实地把这一行做好。和学生聊下来效果还是不错的。结合我们的学校文化,结合我们的人才培养,更多的要给学生这种适应,而不是导向"这山望着那山高"的选择。我和学生说谈恋爱你可以去选

择,但是即使是谈恋爱,选择了以后你也是要很好地适应,你不适应,结婚后夫妻老是要吵嘴的,要三天两头打架的,哈哈。

问:可不可以理解成您通过和学生的座谈,通过您人生历练形成的思想的讲解,给学生一种很大的影响?

答:这个我倒不敢讲产生多大的影响,因为事后是分管学生工作的一些系主任、书记给我反馈的,然后是学工处负责人给我发短信、打电话讲这个事情。我们聊的过程,他们觉得对学生,包括对年轻教师都有启发。倒不是我去找他们,是他们找到我了。你不能说学生的一些活动找到你,你校长推脱不去吧?

问:可能这样的事情在平常的工作当中也有很多吧?

答:平时我们坚持一点,学生在网上信箱给我写信的,有的是匿名信,包括骂我或者骂学校的,都要回复,而且我要求所有的都有下文。有的批评有关部门,我会督促他们去整改落实。学生当中有的有牢骚、有情绪,有的反映事情不是实事求是,我们把答复后的情况以及我们处理的意见再和学生讲。有几次,我印象很深的,有一个学生来找我,我和他先后讨论了三五回,这个学生非常感激。他没想到院长的回信这么及时,而且对他当时的一些冲动的话好像没当回事情,最后还能处理得这么及时,还是很满足的。

问:您作为一把手校长,和学生沟通的渠道看得出来是畅通无阻的,并且能够及时地给予回应,学生们当然满足啦。

访谈后记:苏霍姆林斯基曾经说过,"校长要领导好一个学校集体,就必须深刻理解教育过程的最微妙的细节,并理解它的深远的根源",这句话可谓是理解周大农院长治理学校并写就成功之作的最好注解。换言之,校长要胜任领导学校的重任,就必须是一个真正懂行的人,用周院长自己的话来讲就是"只有管理者的真懂真抓,才有教师的真心真做;有了教师的真心真做,才有学生的真学真会"。正是缘于他对制约学校发展的真正短板"课程"的准确把握和高度重视,才有了后来的学校精品课程建设辉煌成果的取得以及教师队伍素质水平的整体提升,而这些恰恰又是保障学校教育教学质量的关键。

从访谈中不难发现,周大农院长的责任心很强。从上任伊始迎接评估的夜半起床到精品课程建设的坐堂开讲,以及对学生心声的全程关注,无一不是这方面的具体体现。

　　张旭翔,男,1958年7月生,博士,教授。历任华北工学院(现中北大学)教师、系副主任、系主任,南京邮电学院应用数理系主任,南京信息职业技术学院院长等职。现任南京信息职业技术学院党委书记。

　　主要研究方向为电磁波在无线通信干扰及电磁兼容等领域中的运用以及高等教育管理,发表论文十余篇。

我们的产品是服务,我们的服务对象才是学生。

——张旭翔

第二章 匠心独具谋发展

——访南京信息职业技术学院张旭翔院长[①]

答:我先介绍一下,这是我们高教所徐所长,正好利用这个机会来向你学习。[②] 我把我本人的情况做一个简单介绍。1978 年我在南京理工大学读书,到 1985 年研究生毕业,我是连着上的,然后就分配到——当时是分配的,就是原来的华北工学院,现在叫中北大学,我在那待到了 1998 年,在那儿完成了整个职称的晋升,1995 年就被评为教授,在那儿做系主任。然后 1998 年呢,因为我是南京人,就调到现在的邮电大学,在邮电大学待了 5 年。从 2003 年 2 月份,我就到这个学校,就在这个岗位做了 10 年出头的院长,目前全省的高职当中在同一个岗位、在院长这个岗位,我可能算是元老,就是跟我同时期或者比我晚几年的有的当了书记、有的升了什么官、有的退休了,现在剩下的像我还在这个岗位原地踏步不进步的寥寥无几,哈哈。我呢,学的是弹道,就是军工专业,本科、硕士、博士,读了 10 年都是弹道,那么应该讲改行做了管理。这是一个简单的介绍,下面就谈谈你给我出的这个题目吧。

自己认为啊,这 10 年来比较自豪的或者觉得比较成功的,第一个呢,就是使我们从一个中专校完成了到高职的转型,而且学校现在进入了江苏省高职当中的第一方阵——因为我们已经是国家骨干院校。这个转变不仅仅是一个名字,更多的可能是内涵方面的。因为原来是中专,它的理念呀、管理呀、行为方式呀,等等,虽然名字更新了,但还留有很多的痕迹。那么如何能够成为高等教育的一

[①] 2013 年 10 月 24 日在南京信息职业技术学院进行了访谈。时任院长的张旭翔现已转任该校党委书记。

[②] 该校高教所徐胤莉所长一同参与访谈。

部分，可能需要很多方面的转变，我觉得在这一方面做的工作是比较多的。首先要让自己能够感觉、让别人也能感觉这不再是一个中专校，不再是那个层次的教学了。所以在高职理念方面、科研方面、团队成长方面、师资建设方面做了很多的工作，我也比较刻意地在学校营造一种民主的、崇尚学术的、强化专业建设的、和谐的、具有凝聚力的氛围，应该讲这几个方面都有成效，就是我们的老师自己也觉得这个明显和以前有很大很大的不同，导致现在的整个发展的态势比较好。应该讲我们的这个理念，还有我们对这个前景的展望，在整个士气上应该是不错的。我认为这个可能是这10年我给南信院留下的财富之一，这是我的第一方面。

第二方面实际上还是和这个有关，就是完成学校管理机制的重新设计。你知道在中专校，很多的工作应该讲都是一竿子插到底的，都是一种垂直的管理，而且以校长的意志为主见，那么带来很多很多的问题，不再适应这个万人规模以上的学校的发展，也不再适应高等教育的发展。所以呢，我帮助学校完成了这个管理机制的重新设计，这是我们这么多年来非常注重的方面。

这个主要就是两方面的事情：一个就是在没有任何人要求的情况下，也不像什么评估啊、评比啊，有教育厅、教育部的要求，在没有任何一个上级领导要求的情况下，我们学校在第4年，就是2008年全面实施ISO9000的管理体系。这当时在高职院校中是不多的，而且是我们主动地去做的，这个使得管理上更加规范，那么也让大家明白我们学校服务的对象是谁，我们的产品是什么。我们原来在这一方面概念应该还是比较模糊的，我们的产品可能更多的人讲的是毕业生。实际上我们的产品不是毕业生。通过ISO9000让全院人知道我们的产品是服务，我们的服务对象才是毕业生，把这个概念搞清楚了，啊，现在来讲比较清楚了。另外呢，在这个管理的流程上比原来清楚多了、规范多了，任何一件事情它有它的工作流程，突发事件有应急方案，就是我们按照流程、指导书去做事。显然管理的这种效率、面貌、规范都有了比较大的长进，这是一方面。

另一方面就是我们在全省高职当中比较早地实行二级管理，二级管理我们也走了几个阶段。在一开始，二级管理可能更多的就是一种资金分配，那么走到今天的二级管理，更多的可能是在你的教学质量、你的自主办学和经费的结合这几个方面。后面我们还得往下走，要更多地在这个内涵方面、质量方面下功夫，就是定性的一些东西。现在我们做得还不够，我们可能在这方面还得继续再往下走。这样的话，我们在如何放权让二级学院自主办学，在二级管理当中如何规范方面应该是做了很多的工作，这个应该讲是能够在高等教育行列中健康发展的保障。一个院校长不能再像过去一样什么事都没有章法，随意地去做，什么事情应该有个规章制度,有它的一个流程。这是第二个感觉比较成功的地方。

第三个呢,就是这10年来精心打造了高等教育的文化氛围。这个文化氛围的内涵还是比较丰富的。一个就是高等教育的办学规律和高等教育的办学宗旨,我们一直提倡的就是我们是高等教育,它的最重要的核心就是育人。我们在这一块应该讲有比较多的共识。育人应该讲就是一种全方位的培养,所以跟这相配的,我们把学校的人才培养方案进行了第三轮的全面修订。在这个修订过程当中,提出了一个"新四块"的课程体系,把传统的基础课、专业基础课、专业课和选修课这种格局完全打破。我们学校现在的课程有四个部分组成:职业素质课程、职业能力课程、专业基础课程和个性拓展课程,我们把课程分成这么四大块,等于是重整,重新组合。在这个过程当中我们把素质教育贯穿始末,那么这个项目呢,也获得了江苏省的教学成果一等奖。在今年应该是第七年或第八年了吧,至少是第七年了,对这块虽然有不少非议,对我们这种课程的构造有一些不同的意见,但是这种教育的方法、方式,这种体系还是得到比较多的认可。

另一个呢,我们在打造高教氛围前提下,也充分引入了企业这一块,我们各个分院和企业的合作,应该讲从当初最简单的订单班,逐步走向共同打造混编师资团队、公共基础服务平台,共同成立研究中心、研究所,最后到目前走向"南信院校企合作3G时代",我们把校企合作引向一个更深的层次。这个项目今年也获得了特等奖。在这个理念上的创新,在这个操作层面上的这种创新,应该讲效果非常显著,也具有高职特色的文化氛围。虽然我们一直在思考,我们的一些做法可能和上面的提法不大一致,但我们不仅仅把学生就业看成是自己的重要责任,更多的是关怀学生今后的职业生涯发展,就是为他们以后成为社会人,能够适应这个社会,能够有发展潜力,能够通过自己努力一步一步进入更高层次,我们在这方面做了很多工作。五六年前我们就提出来了,南信院的毕业生应该有南信院的烙印,这个烙印又能呈现在方方面面,这样,我们一直在创造的这种文化的氛围应该就初步形成了,当然还有很多的工作要做。其他的我想就不用多说了,比如说成为国家骨干院校啊,校企合作面的拓宽啊,其他的院长可能也做得到,啊,都能做得到。我想这个呢,可能更多地跟我的思路,和我们团队的这种认识有很大的关系,那么才形成今天这种比较良好的发展局面。我想讲的就是前面的三个问题。

问:张校长,针对这三个问题我想向您提几个问题,当然您讲得很全面很系统啊,也很精练。

答:好的好的,我们相互探讨。

一、立与破的抉择

问:第一个问题,就是您提到把学校从原来的中专校引导发展成为一所高职院校,同时还是高职院校的排头兵之一——国家骨干院校,那么这个说起来很简单,从中职到高职,我想做的时候肯定不容易,很多举措的实施可能非常难。那么具体您刚才提到了从理念到科研到人才培养整个方面啊,说是变革也好,说是一种脱胎换骨的变化也好,我想这个里面肯定有这方面的内涵。能不能举一个具体的例子,比如说理念,那么从中专校到高职院校,这个转变你们具体是怎么做的,我很想知道这个。

答:应该讲这一步,我们蛮痛苦的,就是我们过去习惯了的很多事情,比如说过去校领导对某一门课或对某个教师或某一件事情直接表达他的观点,啊,"就按这个去做",那么这个当中就没有一种程序上的要求,或者说没有形成一个决议。类似的这种情况过去应该说很普遍的,而且应该说教师都能够接受,因为过去学校小,人也比较少。

那么我来了以后,我想我这个 10 年可分三个阶段:第一个阶段是从 2003 年到 2006 年,脑袋里想的就是怎么既继承老南信院的传统又有超越,也就是说如何把一个中专校变成高等院校,不仅是名称的变化,还有内涵的变化。比如说,我们开展全院的职教理念大讨论,坚持每年的教学工作会,一个会议一个主题,就是为了解决这种转变。然后每一年我们有一个中层干部的培训,每年培训都有一个主题,如执行力、打造学习型社会和学习型组织,等等。就是通过这些让大家能够逐步地认识到,我们做的事情不再是以前那种完全就是为了教学生一技之长,给他一个饭碗,更多的是关注学生的全面成长。另外还有一些,比如说,我一来的时候是 40 分钟一节课,一上午是 5 节课,我说这个和高等教育不符,第一件事就把 40 分钟改成 50 分钟,和大学一样,大学就是 50 分钟啊。然后人才培养方案,更多的是课程和实训,应该讲那时候概念还是比较新,就是说,至少你跟这个大学课程要像,所以在很多的课程理论方面和一些实训范围方面加大了研究和扩展的力度。我想我在第一个阶段就是把中专变成高职,当时应该讲变成高等教育,更多的是关注这个,让你知道你是大学老师不是中专老师。这是我开始做的一件事。

但是从 2006 年评估以后一直到 2010 年,我一直设想把我们学校变成不像大学的大学,又反过来了,但这不是反复,是螺旋式上升,因为我们职业教育不等同于本科研究型教育。所以我们当时可能有好多口号，比如开门办学、校企合作办学，大量地引入企业，让学生课堂的时间和实训的时间达到1∶1，甚至课堂教学的时间占得更少，一直在做这些工作。我自嘲把高职变成大学了，然后又打破它，让它又不像大学。但这是个螺旋式的上升，在这个过程当中我们引进来很多很多的企业，像流水一样也走了很多企业。因为我们理念、兴趣或者说利益的共同点没有找到，那么仅仅是一种我提供人，你提供名字或者有限的经费进行订单班培养这种教育，在当时的背景下也取得了相当好的业绩。应该讲我非常大胆地把一个企业引进我们学校，然后学校也投了100万元，这个企业就是南极星科技公司，专门做贴片的，就是我们手机芯片的贴片。那么在全省，这一阶段应该讲是一个走向高职的初级阶段，也让我们的整个办学思路、方法和常规意义上的高等教育有了区分。这个当中也受到了一些人的批评，说你们瞎搞，这个学校不像过去那种宁静的学校了，诸多地方不是那样的概念了。

到了2010年以后，我们进入骨干院校建设的时代，那么我们对这个问题的认识就更加不一样，层次上、做法上应该讲有很大很大的区别，不再像过去那种盲目地去做，是在一种理念的指导下，也就是说在体制机制上我们去做如何出新，在校、企、市的合作模式下，我们如何来加强和企业的这种深层次的合作，而不仅仅是一个我供你要的这种关系。那么从进入2010年以后，这几年我们更多地关注完全有别于过去的更深层次的校企合作。我举两个例子：一个是我们从两年前就在和一个企业合作，建立南信院科技园，现在我们的科技园已经是南京市的市级科技园。那么这个科技园应该讲摊子很大，由企业投资3个亿，共同打造一个10万平方米的科技园，这个科技园建成以后，把企业引入到学校，把他们的设计室、实验室引入到学校，而且和我们的教师共同去完成项目的开发、课题的申报和对学生的培养。你看我们东边的这片地，现在树已经挪走了，地面也已经翻铺了，已经开始成为工地了，估计要一年半左右的时间。这个项目发改委、经信委已经批准了，我觉得下面在深化校企合作当中的平台我们有了，基础有了，这个应该是我们做得比较大的一件事情。第二个，就是在创新体制机制方面，我们把学院当中的将近1000人完全交给中兴和我们合作成立的中兴电信学院，我们把4140元的学费全部给它，中兴投设备、投师资、投它的专业课程、投它的企业文化理念。

问：中兴是一个公司？

答：中兴通讯是全国最大的通信公司之一，另一个是华为。它现在放在我们学校的设备就超过1个亿，这个恐怕本科院校也做不到，而且通过这个项目我们延伸了很多东西。比如说我们的混编师资团队,我们的老师既是学校的老师又是中兴通讯公司的培训师,而且其中有两位已经成为其金牌培训师,不仅为我们的学生上课,也为它的全国各地的培训人员上课,它的培训师也为我们的学生上课。它的设备既用于它的培训又用于我们学生的培养,这种校企合作就不再是过去那种简单的订单班的形式。而且通过与我们学校这么多年的合作,就在这个月,中兴通讯和教育部签署了一个战略合作协议,就是以我们这种合作为模式或基础,那么下一步再往前走就是共同去承担中兴通讯的科研项目。他们拿出1个亿来支持20个学校,1个学校投入500万元,第一批显然我们学校是其中之一,这一批就4个学校。那么我们的老师就不再仅仅是教学、培训,他也会承担科研开发任务,而且这个任务有平台、有要求、有指向的,这种合作的深入性和以前远远不一样。这三个阶段从时间段来说还是比较明显的,作为我们过来看,是一步一步地在往前走,应该说作为高等教育的一个类型,我们越来越有它的这种样子,我们既属于高等教育的范畴,但也有职业教育的特色,而且有别于现在的中专和我们过去的高职初期阶段。

二、管理要把握本质

问:由此我引申下来的一个问题就是,按照您前面介绍的经历来讲,应该说您前面是作为一个学科的专家,研究弹道是吧,然后又到南邮就是现在的邮电大学,应该是普通本科院校,那么您现在在这里当院长,从开始这个中职校的底子,现在成为高职院校,那么到目前为止这一系列的措施啊,当然这个措施背后是理念了,应该说是一个重大的转变,从学科专家到这个普通高等教育管理者,然后又到职业教育的这个领导者。我想这三个不同的角色啊,其背后所需要的这个理念或内涵可能是完全不一样的,我感兴趣的是您是怎么做到的?

答:哈哈,这个有点难了。一个啊,我到现在为止也没丢我学术方面的专业,因为我还在南邮带研究生,我的专业还在做,我现在的研究生就在我的学校,我把那儿的人拉到我这儿来,我是他们外聘的老师——因为我人走了嘛,所以说是外聘的老师,每年带两个学生,这是题外话。你讲的这个转变也可能我们那个年代培养的我们的这种理念也好、思维也好,就是说只要做一件事你就要全身心地投入。实际上我从南邮过来之前我不知道在中国还有这么一类教育,因为我1985年就在高校里,到2003年2月之前我还不知道有这么一类教育,有这么一个层次的教育,不知道。当时组织部在南邮推荐干部的时候也是讲到某一个职业院校当院长,说实话我就稀里糊涂地来了,常常说人往高处走嘛,因为能不能到这个学校也不能由我决定,而且在南邮是中层干部推荐的。为什么推荐的是我呢?我也不知道,反正我获票数非常高,可能跟我在那儿做管理时大家的认可度有关系。

过来以后,应该讲首先就是加强学习,在这个当中包括自身学习,包括教育厅、教育部组织的学习,包括向兄弟院校学习,逐步逐渐地形成这么一种思路和做法。因为在这个当中,实际上我觉得有一个东西是贯通的,也是能够坚持到今天一直都一脉相承的,就是不管你是什么类型的教育,我首先问你属不属于高等教育范畴?他们说:是的。好,那么高等教育当中有它的办学规律,它的宗旨应该是一样的,那就是育人。所以我们一直在强调,你是培养人,你不是培训学校,专门搞培训的。一个人在你学校经过3年的培训,有了一技之长,后面他什么事情都与你无关,我觉得这是驾校,教人拿个本子来当司机的。驾校的学员一段时间以后几乎不可能记得当初教他的那个教练的名字,但是学生可能记一辈子你是老师,你影响了他的一生。这一点理念我想高职院校是应该完全一样的,因为我们是高等教育,我们的一言一行可能影响学生的一生,我们的一个决策可能对他们一生都有影响,所以在这种理念的驱动下,我想既然是高等教育,那么我在高校待了这么多年,我们抓住一点,就是学习。

我们教育部过去一直提倡高职教育就是就业教育,到现在还在讲以就业为导向,实际上在这个当中我们有很多自己的想法,我们认为就业很重要、非常重要,但绝对不是我们的根本,我们的根本还是育人。虽然有时候觉得毕竟是教育部的话,但我们有自己的理念,这个理念就来自于我们这么多年来对这种高等教育的认知度,在这个当中我们更多的还是一些学习。刚才我讲了为什么这么转变,我们也接触到很多的职教方面非常有思想、有理念的专家,在和他们以及同行院校长们进行交流当中,逐渐形成了这种想法。另外还有一个,就是我们学校领导团队和中层干部团队,对这一块的认知越来越贴近,我们都有这种思路,而不是说院长这么想,"那你和教育部不是一回事,我们不能按你说的这么来办",不是这样,而是大家都认可我这种想法,所以啊,在这个方面我们走得比较健康。现在来看,教育部的口气已经转过来了,高职教育也是育人教育,实际上我们早就这么做了,可能很多事情还是要凭良知,不能唯上,就是我们根据多年的经验发现要跟着良知做事情。我们看到这么多的家长能把孩子送来,我们认为这个年龄段的孩子正处于将成型而未成型的时候,你怎么教他,那可能对他就是一辈子的影响,这件事非常重要,那么可能也就是这么形成的吧,哈哈。

三、规范和创新并举

问:好的。针对您刚才讲的第二个成功之处就是整个管理的转变,我想请教一下。你们2008年引用的ISO9000是吧,那么怎么想到把这个引用到学校管理的?

答:应该是这样。首先我感觉到我们学校管理不规范,实际上当时的出发点就是这么想的,就是管理不规范,而且我也在全校大会上讲,我在前面几年要做什么事情都是有根指挥棒,比如评估,今天叫你干这个,明天叫你干那个,唯独这件事情没人让我干我也想干。我感觉要想成为高等教育,虽然讲求学术自由、思想自由,但是管理上要规范,所以那时候校训就是我提出来的:厚德、重能、规范、创新。"规范"这两个字恐怕很多学校不会提及的,你没有先规范如何去创新?特别是我们电子类的学校,它的很多的标准规范条例是用生命换来的,这个电你不规范,你拿手摸摸试试,就要出人命。规范就是不容许你怎么样怎么样,这是一个狭义的理解。规范肯定是一种约束,是为了你能够往前走,使政策能够贯彻下去,使执行力能够得到加强。所以当初虽然也有人跟我讲ISO9000是企业的,你学校在提倡大学的氛围,又要用这种企业的规范标准来做,是不是有矛盾?我说肯定有矛盾,但我们思想上的自由不应该成为一个不让管理工作规范的借口,这是两件事情,我们做事可以规范,我们的想法可以创新、突破。当时有人提议可以一部分做ISO9000,一部分不做,包括党政工作是不是不做ISO9000,教学这块不做ISO9000,后勤做ISO9000,其他的做ISO9000。我说干脆就一块来了,你既然衣服都湿了,你留个干帽子干吗,干脆都湿了。这个当中应该讲阻力也很大,在建立ISO9000的时候很多部门也非常有意见,因为那个指导书写起来非常非常麻烦。我们每一年内审员要培训,马上又要来了,每一年外审的要进来,不合格照样给我们开不合格项,那是很严格的。那我们要整改,而且我们每年要交钱,我想这个钱,小意思,对学校规范管理的促进肯定是有好处的。现在我们每一个分院、每一个部门都有我们的内审员,有问题我们会自己先入手,这个实际上是个促进,是个提高。就是这么个思路,后面再延伸出我们的服务对象啊,我们的顾客啊,那都是通过ISO9000贯彻后我们经过学习,认识不一样了。

问:下面一个问题本来也是我想提问的,实际上您刚才也部分地提及了这一点,就是ISO9000是企业的东西,那么您引到学校来,这里面是不是有点水土不服?如果存在水土不服,那么你们又是怎样来克服的?怎样把它引为己用的?

答：应该讲在 ISO9000 的这个专家里面，也非常清楚企业的标准不完全适合学校，那么他们，周长春你认识吧，就是我们高教协会的秘书长，他在主持做的一件事情就是高校的 ISO9000 标准，这个东西好像已经出来了。这几年在外审我们的时候，尽可能套用适合我们学校的这个标准，我觉得这是个好事，就是把 ISO9000 精华部分的好多内容移植到我们这种事业单位、这种教育单位的管理上。对这种管代、这个最高管理者的一些理念，我们可能要进行一些转化，转化后和行政和党委合起来。他们这个最高管理者应该讲是一言堂，那他是最高决策者，但我们是党委领导下的院长负责制，虽然我是最高管理者，但我不能够按那个标准去做，毕竟考虑到我们的实际，这样的事情我们还是要兼顾到我们现在的管理体制，也就是经过了改良，更多关注的是我们下面的细节，这些流程啊、指导书啊，这些东西我们可能更关注，上面那些顶层的跟目前体制相悖的我们可能还是按照现有的办，否则要出事的，你院长到时不听党委的你会有麻烦的，哈哈。

问：现在这个已经实施了 5 年了是吧，这 5 年下来，总体的效果如果给他一个评价，是怎么样的？

答：应该讲 80 分，我还不敢讲得很高，因为有时候有惯性思维。因为实施了 ISO9000 以后虽然规范了，但有些事情确实带来了麻烦，比如有些事情走程序还是比较费事耽误时间，从某种意义上讲局部的效益是有降低的。"这件事怎么还办不了？""流程啊，或者还要几天什么什么的。"我就拿它没办法了，因为 ISO9000 是你要求搞的，你让我办的嘛。这里是有一个问题，就是如何把它变成一种习惯思维，而且是能够提前去做一些事情，这个贯彻起来可能就会更好一些。还是有一些不尽人意的地方。我觉得收获主要还是理念上的，我们的产品服务对象明确，我们再持续改进这些理念，这个就非常深入了。

四、以文教化细无声

问：好的，针对您提到的第三个成功就是精心打造文化环境氛围，再请教一下。您是什么时候有这个计划或者什么时候开始实施的，就是说打造文化氛围这个举措？

答：应该比较早的，应该是在 2005 年左右由我提出来的，是第一次评估的时候我提出来的，就是培养具有南信院烙印的毕业生。我记得我在我的总结陈词上最后讲的，就是我们作为一个学校，是通过为社会做贡献，获得社会认可的，我们的价值是在这。那么在这个过程当中，实际上我们在文化氛围打造当中有一些具体的做法,我也简单地介绍一下。比如说我们有8门课程,就是文化素质的课程,这8门课程的教材都是我们自己编的,而且它的这种形式不完全在课堂上。如我们的《人身安全》这门课,可能是我们最早在全省推广的,就像这个考驾照那样的模式,你随时随地到机子上去做的。我们当时想,哪怕你抄一遍、背一遍都有好处。我们很多的学生在这种突发的一些事件或在陌生的一些领域当中他没有概念,比如说出现火灾的时候怎么逃生?出现这种突发事件怎么急救、怎么自我保护?等等,像这些东西你哪怕就背一遍或者抄人家一遍,我觉得对你都有好处。但这种课程也不需要我们耽误太多时间去灌输。那么我们把教材发给你,没有提供题库,你去考试去,我们有指导,我们每年都有相应的一些演练,这多了。我们把它称为隐性课程,和显性课程结合来提升学生的素质。另外我们的心理健康中心是全省的示范基地,我本人是全国高职院校心理健康学会的主任,我们对这个非常重视。因为到我们学校来的学生几乎都是被动来的,我们历年都有没能进本科但考分比本科线还高的学生。你比如A、B、C啊①,他有个C就到不了你们这样的学校去,就到我这来了,很多人是抱着很多的想法,考试考砸了,等等。那么他们进来的时候心里有一定的负面的东西,如何能把它化解,如何告知他条条大路通罗马,成功不取决于一个学位,等等,需要很大的精力去疏导。你知道在很多学校办这个心理基地或者心理研究所的时候,他们有个理念,关注的是那些可能容易出事的人,我说不是,我关注的是全部,那个毕竟是少数,因为我们所有的人都需要一定的心理调节,遇到困难怎么办?沟通不畅怎么办?等等,我们面对是所有的人,甚至包括我们的老师。我们在这一块做的应该说也是我们文化氛围的重要一部分,现在可能全省包括教育厅都认为我们做得相当不错,3年前还是4年前吧,就给我们评了全省的示范,全省的高职当中就1个还是2个,很少。

问:确实早,2005年就提出这个理念并去做了,我想这确实是非常超前的,所以后面成绩的取得也是有依据的。那么在这件事情当中,通常来讲一把手校长一般都是宏观的啊、重大的战略可能倾注的精力更多一些,那么文化这个东西往往是软性的,好像看不见、摸不着。我刚才为什么请教这个问题呢,因为通常就我们职业院校的管理来讲,有三个层次啊,开始是人治;然后努力地往制度方

---

① 根据江苏省目前实行的高考政策,录取时除了必考科目成绩之外,还对考生选测科目有具体要求。高考选测科目各科满分为120分,按考生成绩分布划分六个等级。A+:前5%(含5%);A:5%-20%(含20%);B+:20%-30%(含30%);B:30%-50%(含50%);C:50%-90%(含90%);D:90%以后。

面走,那么是不是达到了制度管理的这个层面,现在不要说职业院校,本科院校都很难说;最后才是最高层次的文化管理。所以您8年前就这样做我觉得确实是了不起,我想请教的就是您作为校长,在这件事情上起了什么作用或者您具体做了哪些?

答:应该说起的还是引领作用。某种意义上来讲一个文化,有人说是一把手文化,一把手喜欢什么可能就会形成什么,关键是你做一把手,你倡导的东西自己要有一定的把握,就是说你可能有你个人的爱好,你可能就倒向不正确的一面。在这个方面我有非常切身的例子吧,也可以在某些方面说明我的一些风格。我刚来的时候,这个学校打牌是3副牌,我知道你们常州是4副牌,那么后来呢,就是2副牌,斗地主啊,当时叫什么八十分,现在叫掼蛋。我来了以后呢,我本人爱打桥牌,就是1副牌,就是从一种烦琐走向一种简单,但这种简单当中可能是智力的东西、技巧的东西,技术的含量可能会更高一些。现在高职圈子里都知道我喜欢打桥牌,而且我带了一个团队,我们一个团队有二三十个人,哈哈,这当然是个玩笑的话。

我的理念就是我们把一些繁杂的东西尽量简单化,但是简单不是粗率,它应该是一种提升,它有一定的技术含量,有一定的水准,这个可能和我的管理理念也有关系,包括这个文化建设,实际上我很早就提出来了打造这个校园文化,当时我们做了很多的,其实我要求他们做了很多的事情。比如说全校的形象设计,包括我们这个杯子,包括今天给你看的这个名片,我们学校所有的老师都是这种形式,还有我们的纸签啊,还有我们的这个PPT,PPT这个叫什么背景呀还是眉头,哦,叫模板,都是一样。这实际上就是,您刚才讲的,通过一种制度,通过一种贯彻,慢慢地形成一种自觉的行为。比如我要求我们南信院老师不许在外面说别的学校坏话,这个不可以,你只讲你的长处,你别用别人的短处衬托你的长处,你别去说别人,你就谈你自己。而且我觉得南信院在省会城市,我们要有一种大气,有一种大度,这个应该讲我们现在在这个过程当中都能够自觉不自觉地流露出来、表现出来。未来的路还很漫长,真正地形成一个自觉遵守的规则,使其成为我们的价值观、人生观,还有路要走,这个不是我们一个院长或者一届两届能够完成的事情,可能这个时间要更长。我在这个当中一个是倡导,一个可能就是做了一些制度设计,包括我刚才讲的8门课,虽然没有排在你的教学计划当中,但是一定是作为我们必修课当中的一部分,你必须要拿这个学分。通过这种贯彻,让学生也好、老师也好,能够形成一种自觉性的行为,我可能做的就是这些事情。

访谈后记：记得有一则比喻是这样的：在企业这个组织中，如果员工是因为怕公司的管理者而不敢做坏事，那么这个管理者一定是一个魅力型领袖，也肯定是浩然正气的道德坚守者；如果员工是因为在这个公司没有机会做坏事、不能做坏事，这家公司一定是制度规章制定得很科学而且执行得非常严格；如果员工是不愿意做坏事，乃至连想都没有想过做坏事，这家公司就达到了员工能够慎独的心治状态。所谓的慎独就是一个人在没有监督的情况下，个人也能严格地按道德标准来要求自己。慎独是儒家修身的最高标准，也是管理的理想目标。

上面阐述的实则上是管理的三个层次，即人治、制度管理和文化管理，后者是前者的跃进和提升，其中文化管理是最高层次。文化管理是以人为本的，也是高效的和持久的，同时也是最难达到的，因而也是每一个管理者的理想追求——学校管理者也不例外。

从访谈不难得知，张旭翔院长既是在办学中用心追求文化管理的探索者，又是在育人中独具匠心、勤于思考、善于创新的实践者，由此成就了学校一个又一个令人瞩目的成功之作。

另外，值得一提的是，就在本次访谈结束后不久，中共江苏省委组织部、省经信委领导来校宣布张旭翔院长转任南京信息职业技术学院党委书记一职，从而终结了张院长访谈中戏称的院长"元老"身份，这从另一个侧面反映了张院长匠心独具的成功治校得到了认可。但是另一方面可能也揭示了这么一个事实，即一个合适的任期是高等院校校长治理学校并取得成功的关键要素之一——因为相对于西方知名大学校长通常有一个较长的任期，如在美国哈佛大学历史上27位校长中（不含现任校长福斯特），任期达十年以上的占一半以上（共有15位），有6位任期在20年以上，其中埃利奥特（Charles W. Eliot）任期达40年，博克（Derck Bok）任期前后达21年，而目前我国高校校长的任期普遍较短，一定程度上影响了校长治理学校的心境、规划、措施及成效。从这个角度而言，张旭翔院长较长的院长任职经历是令人艳羡的。

　　杨泽宇,男,1955年11月生,中共党员,大学学历,研究员,教授。历任江苏省南通河运学校教师,学生科副科长、科长,团委书记,副校长,工会主席。2002年6月任南通航运职业技术学院副院长、工会主席等职务。2007年2月起任南通航运职业技术学院院长、党委副书记。国务院特殊津贴获得者。

人要对得起自己,也就是说,你这一辈子做人做事都要坦坦荡荡、尽心尽责,要有一种敬业奉献精神,要有一种使命感、责任感、担当力。

——杨泽宇

第三章　把平常事做到极致就是成功

——访南通航运职业技术学院杨泽宇院长[①]

问：杨院长，非常感谢，要不我们就开始？

答：好的。这个也很惭愧，其实也没有什么值得说的。你上次发了个短信，因为我自己个人的科研能力有限，所以我对从事科研的学者、专家还是很敬重，有什么事情找到我，能够帮忙的话尽可能地帮忙。提的这个问题呢[②]，说实在的，我也做了一些思考，想了一些。怎么说呢，反正一路走来感觉到……也是感慨万千。

我们这个学校从中专到大专，从一个千把人规模的学校到现在的万余人，原来七八十亩土地，不到100亩土地，现在占地有近千亩，原来就六七万平方米建筑物，现在有32万平方米的建筑面积，形成了一个基本上现代化、人文化、生态化的一个校区，得到了社会各界赞誉，无论是领导、学者、同行，都非常认可。学校这几年发展也是比较迅速的，尤其是整体迁入新校区以后，成为江苏省首批高职示范院校，这个是在2007年，2009年成为交通运输部的首批示范职业院校。2010年我们成为首批国家示范（骨干）高职院校建设单位，今年的8月6号顺利地通过了省级验收，现在正在网上进行评优，所有的材料都挂在了网上，如果李老师有空的话能够帮我们点击一下投上一票，实事求是地投上一票，进入我们学校的主页进行网上评比。

问：好的，我一定投。

答：谢谢。

[①] 2013年9月17日在南通航运职业技术学院进行了访谈。
[②] 指笔者发给杨院长的访谈提纲。

一、新校区建设的韧劲与定力

答：说到最满意的事情呢，我想了一下，满意这个怎么说呢？也很难。我觉得如果说最满意的一件事就是新校区的建设。因为这个新校区来之不易，是我们两三代学校航运人期盼奋斗的结果。而我作为一个参与者、组织者、领导者，我感到在我的职业生涯中，这应该是最引以为荣的一件事情，因为我介入新校区建设是从跑新校区立项开始的，我那时候是校区的建设总指挥，但还是副院长，不是院长。我为什么说是两三代人？就是有三任领导倾注了心血，特别是我们的老校长施肇基，没有他的前瞻性的科学决策，就没有今天的这个校区，他当时就是决策的核心。当时学校里边也不是每个人都理解的，但是作为一把手，他能够果断地做出这么一个决策，而且也得到我们班子的认可，大家都支持这个事。那么，定下来以后，我作为执行者，我跑项目，因为我当时分管后勤基建。所以从立项报告，从一个部门一个部门去汇报工作，请求支持，盖章签字，反正一路走来我估计前前后后几十个图章有的。我有一个比较，因为南通大学的建设和我们的建设前后基本上就差个年把时间，它比我们早一年，但是外界对我们学校的评价就是三个字"不容易"。因为南通大学之所以能够建，它是省市共建，它是政府来建的，它由三所学校集中起来一套建设管理班子——南通工学院、南通医学院、南通师范学院，三所学校的基本建设的力量、后勤的力量，再加上当时工学院的老书记袁靖东，还有我们教育厅的老副主任冒瑞林，一帮老领导在专门抓这个事情，他们处理事情的话，很能够得到大家的支持。而我们这个纯属是自己的事情，没有说是政府来给你办什么事情，是你要去找政府。所以这件事情，我感觉从决策到后来整个工作主要靠学校自己。当然在整个的申报、立项过程中，我们也得到社会各界的支持。比如说，南通市政府是支持我们的，它在土地的出让上面给我们很大的优惠，这也是支持；交通厅的领导为了我们的事情也多次找市里边协调请求支持，我记得在这个过程中，我所找的一些领导，如我们交通厅的游庆仲厅长、丁建奇副厅长、汪祝君副厅长、钱国超副厅长，他们都给我们很大的支持。我们开发区管委会党工委的宋飞书记（后为副市长），开发区后来的党工委书记陈德兴，还有当时南通市常务副市长蓝绍敏（他现在是泰州市的市委书记）等领导，对我们的事情真的也是非常关心。但是我所说的我们和南通大学不是一个层面，是什么意思呢？通大完全是省市共建，它是一个政府行为，而我们是一个自发行为，我们所幸有这么多好的领导，这么多关心教育、支持职业教育的领导。

我们这个校区建设非常圆满,大家都很认可。我觉得我最认可的是我们楼起来了,人没倒下去。我们有这么大的工程量,这么大的资金量,我们学校是优质地完成了这个建设任务,而且人是安全的,这个是不容易的。有的学校却因为新校区建设人倒下去了。我在学校待了那么长时间,是1978年到这个学校的,1985年进校领导班子。1978年到学校工作几年后,开始担任学生科的副科长、科长,我在工会呆过,当过工会委员,兼任过工会主席,我在团委担任过团委的副书记、书记,在学生科也待过,1985年进领导班子担任副校长,所以说我也走了很多的部门。但是我感到在这么多的学校工作经历中,对我们新校区建设指挥部这个团队是最满意的。与其说是我带领他们完成了这么一个校区建设任务,不如说是他们成就了我,也给学校交上一份满意的答卷。

当时指挥部成立的时候,我代表指挥部表态发言,我就讲要"三个对得起":一个要对得起历史,是吧。因为整个这么一个任务,这么大一个项目,历史地落在我们肩上,不是天上掉下来的或是哪儿来的,这是一个历史的选择,那时候正好是职业教育发展的一个契机。在自己的职业生涯中不是每个人都能经历这样的建设,说有几个亿这么大的项目让你去锻炼?没有的。我所尊敬的老校长施肇基,他就是在决定了征地后不久就退休了,他没有亲身参加这个建设,那么他也工作几十年了。像我们工作这么长时间以后碰上这么个大好机遇、一个历史的机会,那么就要抓住它,我感觉我们就是要对得起历史。第二个呢,要对得起党委和全院师生员工。因为这个班子是党委、行政,经过慎重挑选组织起来的一个团队,有从各个部门抽出来的人,不是一个现成的班子,各个部门的都有,我们能够走到一起,那是党委和全院师生员工信任我们、托付我们来做这件事情,我觉得绝不能辜负大家的信任。第三个要对得起自己和家人。对得起自己也就是说,你这个人,你这一辈子做人做事都要坦坦荡荡、尽心尽责,要有一种敬业奉献精神,要有一种使命感、责任感、担当力。在这方面我觉得这么好的一个机会,一个给你体现个人能力的机会,历史给了这个机遇,学校给我们搭建这么一个平台,或者叫舞台,让我们在人生中演出、演绎这个活生生的话剧,我们应该把这个戏唱好,所以自己对自己要有把握。不要以为这个事情找到我好像很苦,哎哟这个烦死了,没意思。还有觉得呢,好像牛得不得了,好像这个事情只有我能做,我们也有些同志有时候为学校做点事情就好像觉得舍我其谁,尾巴翘上天,他没想到集体的力量,没想到组织的力量,他只想到自己个人的力量,我觉得这个也是非常不好的。所以在这些方面,你对自己要有正确的估价,所谓对得起自己,你对自己要有正确的定位、正确的估价。还有就是要对得起家人。我们当时是2004年开始动工的,项目的启动时间是2000年,到正式办好各种手续、土地到位、拆迁,已经是2004年了,我们要在一年不到的时间里完成这么一个建设任务,当时的目标就是要让3800个学生入住。我记得比较清楚的是2004年的11月23号指挥部正式挂牌,我们要在2005年的9月18号,新生报到的这一天,要让3800个学生入住,否则带来的后果不堪设想:学生招来了没地方住,这个对社会、对政府、对学生、对家长都不好交代。所以,这时候只能背水一战。搞校区建设又是一个高风险的高危岗位,因为在这个里面有许多东西非常有诱惑力。在这之前,我从1985年开始一直搞后勤工作,我实际上已经感受到了有许多东西非常有诱惑力,如果自己没有一点定力的话,是难以抵制诱惑的,是非常容易下水的。有一些人到你这儿来跟你讲,就我们两个人,天知地知你知我知,他就给你个信封啊,给你个什么东西啊,不像你跟我谈话,告诉我今天谈话要录音,他说不定兜里揣了录音机你还不知道,所以这种事情,关键还是要自己把握。所以我觉得呢,你在这个岗位上,吃再多苦,家人是盼望你有所建树,平安归来,不要出事情,对吧!你不要最后弄得事是人非。其实我们有一些从事基建工作的同志,辛苦也很辛苦,也就是当时脑子一时糊涂,弄点钱就被送进去了,真是不值得。家里是期望你平安归来,所以要对得起家人。我当时就提出这三个"对得起"。新校区建设指挥部这个团队是我最为满意的一个团队,我们的新校园建设我也是比较满意的。

问:您刚才是说2005年9月18号之前要完成相当于第一批工程,3800个学生要入住?

答:我们当时的建筑面积是11万平方米,学校里面的自来水基础设施、道路、强电弱电、给排水、基本绿化全部完成。

问:结果如期完成了?

答:对,如期完成。

问:那么在这个里面,您作为总指挥,具体做了哪些主要工作?

答:我不是学建筑的,我是学船舶机械制造与修理,是武汉水运工程学院船机修造专业毕业的。我到学校以后从事轮机专业英语的教学,然后从事后勤管理,实际上我对这个基建也是不太懂,我主要是起了个组织者的作用。但是作为一个团队的领头人,我感到最核心的一个东西就是你自己要正。你什么时候都要身先士卒,你不能够要大家给我上,而是要大家跟我上。我在新校区建设的第一年,我只休息过一天,我记得是2005年的正月初五,老家来人,我回去接待了一下,吃个饭。大年三十、初一、初二、初三我是和驾驶员还有工地上养的两条狗,在这儿值班,我让其他同志都回去休息,我说你们很辛苦,抓工程、跑现场、跑外头的,你们回去,我在这儿。所以,在三十晚上,我的家人——我爱人、我女儿、我的同学,隔壁邻居,大家一起跑到工地上来,陪我过这个年,放放鞭炮,唠唠嗑,说说话,来过除夕。因为我感到你在这个里面,你不身先士卒怎么能行。另外还有很多事情,就是你要在困难的时候冲在前面,无论是在处理和拆迁户矛盾的时候,还是在碰到一些关键的有一些风险的时候,你一定要冲在前面,至少你要到现场。而我呢,一个是冲在前面,第二个肯定都是在现场。你在现场有些事不要你干,别人他会主动去做,因为他感觉到你在旁边,他的行为你看到了,他就感到十分满足。因为你不仅仅是个人,你是代表着组织,所以给了大家无形的力量。你和大家吃在一起、住在一起、干在一起,你说这样,什么样的困难不能克服,什么样的任务不能完成。

另外,还有一些相对比较轻松的事情,就是一些大型设备的采购、一些重要供应商的选择,要去考察,这个相对来说,除了责任大一些,但是不会太累,不会熬夜,往返也有人接待你,还说不定可以顺便到四川啊、广东啊、福建啊这些地方看看去,难得一次。这些"好事"你不要去,应让其他人去。说实在的,你作为一个领导开会的机会相对较多,像这些后勤的同志难得出去,这种机会你让他们去。一个,是对去的同志的信任,让他感到有尊严地在工作。这个事情,一般要领导把关,领导相信他让他去,他觉得这是对他的信任。第二个,有时他尽管嘴里说不想去,至少内心想这地方我没去过,开开眼界见识见识,有什么不好的,对不对?这种事情我肯定是让他们去的。

问:就一般的理解啊,像搞基建的事情不仅是苦力,这里面还有很多矛盾、很多困难,我想您在这过程当中是不是也遇到过类似的困难?

答:这多了,和地方上打交道,和拆迁户打交道,这个就是要群众的智慧,你要发挥群众的智慧。我们一般碰到问题的话,我很少个人独断。有什么问题,我们指挥部有个办公会,各个部门的负责人集中起来开会研究,经常开会研究。具体说,碰到有些事情,没有可比性啊,没有借鉴,比如我们在拆迁过程中,碰到拆迁户无理阻拦,我们从没依靠当地政府,叫他们也头疼啊,我们自己努力想办法解决。记得有一次,他们弄了十几个不三不四的人跑到工地上阻止我们,不让施工,说你们这个问题没解决啊什么的。这儿总共360几户拆迁,大概有20几个钉子户,他们自己的一些过分的要求没得到满足,最后就跟你搞,政府也没办法。有一户把90多岁的老人放在拆迁的土地上面,塑料棚子一搭,放在里面,冬天啊，就这么搞。反正最后我们都采取各种措施来解决。你比如说建围墙，南通大学建是建好了被人家给推掉，再建再推，后来据说动用了200个警力，前前后后延续了半个多月才解决。我们建围墙就很简单，我们把当地的这个所谓"老大"喊来谈，"围墙你帮我们按照图纸施工，承包给你"，适当给点优惠，"但是你必须把它完整建好，推倒撞坏由你负责"，就像打太极，我们就地借力，所以很顺当的，我们没有动用一个警力，没有去求援。这类事情太多了，所以凡事要因事制宜、因人制宜、因地制宜。这个地方的民风，这个事情的性质，这个当事人他是什么样的性格，你都要去了解，摸摸底。我们有一个拆迁户，就是我们这个崇川楼的一项，整个崇川楼已经施工了五分之四，就他那一户放在那不拆，我记得是2005年的5月1号，我们在四周设置了一个警戒线，防止其他人任意进入施工场地。他家里面实际都搬空了，就房子不拆，吊着你，儿子么也是喝了酒耍酒疯，拿着啤酒瓶子砸了一半，就好像要那个……。那次正好下雨，我们也采取了措施，跟他谈，谈了以后下雨我们就先撤，他看下雨么，估计不会施工了，就走了。他们人一离开，我们马上就全部进场，"哗"一推，全部都解决问题了。对于这种事情你也要有个前提条件，即要合法占理。第一个要合法，不要做违法的事情。第二个要占理，你要占到道理，你不占理，这个也不行。

那么整个校区建设过程中，比如说我们老校区的土地置换，我们也选择了一个非常好的时机。在2007年的4月份，我们上市拍卖，当时我们的地价是南通市第二个标王，一个平方卖了9950元，这笔资金为我们新校区的建设提供了非常有力的支持。当然这里边市政府，具体是蓝绍敏常务副市长给予我们很大的支持，我们和政府是四六分成，我们拿六，政府拿四。蓝副市长代表市政府说：由于南通航院它所涉及的专业、它所培养的人才，是为我们南通地方经济社会发展服务的，所以南通市政府决定从自己的40%里拿出50%，就是总价的20%奖励给我们。这个20%基数不同，它是4.6个亿的20%，它不是400万元的20%。另外，你们要是准时交地，准时把老校区土地交给政府的话，我们再奖励你5%，总价的5%。那么实际上我们最后拿到的是总价的85%，对这个比例还是比较满意的，当然最满意的是全部给我们。市里对我们还是关心的，开发区也是如此。新校区的土地价格也是通过我们多次的沟通汇报、请求支援，最终得到一个比较好的价格。

问：那这件事情做好以后，感觉这件事情的影响有哪些？

答：如期地完成了这个任务，使我们当年的扩招顺利完成。因为当时学校为了发展，已经在南通外国语学校租了一个校舍，里边有2000多个学生，然后新生

3000多个还加上一部分老生3800人要过来,那边的房子人家要交掉,租期到了,人家市里边也要收回,所以这个问题当时一下子解决了。那么第二个呢,为学校的下一步发展奠定了很好的基础。这个实际上也是学校在跨越式发展中非常重要的一笔。那么后来的几年里,我们这个校区建设有个特点,从2005年到2010年基本上没有停过,没有明显的一期工程、二期工程、三期工程。如果要说一期工程的话就是以2005年的9月18日为最显著,就这个一期是满足3800人的。实际上2005年的9月18日前我们又开始搞一些建筑,这些建筑不是这期用的,是后边用的,我们每年就根据资金的情况,逐渐逐渐按照规划,按照总体规划来一步一步地往前走,一直建到2010年。我们这个校区总体置换,2007年那边置换掉,整个2007年的暑假实现了学校里的整体搬迁,开启了南通航院一个新的天地。应该说是这么一个过程,学校的整体建筑、校区的总体建设完成的标志是我们对面的体育馆,体育馆的建成使我们整个校区指挥部的任务基本告一段落,后边就转入正常了。这个新校区的建设,为学校的快速发展提供了坚实的基础条件支撑。

另外一期还有一个什么呢,就是2005年我们还有一个任务,教育部的第一批人才培养工作水平评估。因为我们学校呢,说实在的从中专开始,一直有它的非常鲜明的专业特色,所以有一定的影响。尽管有一定的影响,但人家始终觉得你的学校太小,地方太小,你的生均面积不够,你的招生数不够,那你这样弄下去的话就要挂黄牌了。所以我们这一块做的是:一个,新校区保证了3800个学生的顺利入学,为下一步的发展奠定了基础。第二个,我们成了南通地区第一所通过教育部人才培养工作水平评估的院校,而且是优秀等级。这个实际上对我们后边能够参加省示范的遴选、部示范的遴选乃至国示范骨干的遴选,是起了连带作用的。如果当时评不了"优",你是个"良",那么你也没有资格参加,你要参加省示范遴选的话,你评估必须是优,不是优你就不要谈,是这样的一个情况。

二、拄着拐杖去答辩

问:那您感觉第二件成功的事是什么?

答:第二件成功的事情应该是我们骨干高职院的建设。我2007年当了院长以后,提出了两个目标:一个就是要早日跨入国家示范行列;第二个就是要为能够成为应用型本科打下一个坚实的基础,我们这一个航院梦还是要升本。为什么?因为航海人才培养规格决定了它必须是本科层次,这是一个国际公约所规定的东西。专科是勉勉强强、马马虎虎，也是符合国际公约的，但是它最理想的是本科层次。那么我们的造船、我们的交通，像这些方面的技术人才，我觉得它的定位规格也是本科层次最为实用的，所以我们就定了这个目标。那么要实现这个目标，关键在于机遇，不是说你要升本就给你升本的，不是说那边你去报名、去参军，我今天就招兵，你报了名、体检符合条件我就招你，不是。有好多学校符合条件都没升本，国家有宏观上的控制。

那么我第一步就是要成为国家示范，这个事情成功了。当时骨干高职院申报时，我患腰椎间盘突出症，我的腰椎间盘突出是在校区建设里边形成的。2005年我在工地上的时候许下了诺言：一定按期完成校区建设任务。因为当时的汪诚强副院长（他是主持行政工作的副院长）一直担心来不及，我套用了别人的一句话，就是当时北京亚运村的建设总指挥张百发，他说他要完成不了，就从最高层跳下来。我就说汪院长你放心，为了新校区我就是死也会死在工地上，我们一定会完成任务，你放心。所以我当时在工地上犯病时，几个同事搀着我到张芝山医院去。一拍CT，腰椎间盘有问题，需要牵引等治疗。而我没有时间到医院去牵引，后来通过熟人把这个牵引的床借到我的指挥部，放在我的办公室里边，一边工作，一边牵引。所以，在这个新校区建设里边我是豁出去了，也正由于当时落下这个病，到现在我的腿还是不行。在骨干院校建设答辩的时候，包括省级答辩、国家级答辩，我当时由于腰椎间盘突出，有一次早上起来锻炼不注意，摔了一跤，踝骨骨折，我是拄着拐杖去答辩的，因为其他人不好替代，所以只好我去。我那个模样去答辩也感染了不少人，得到不少同情分。但我觉得这个仅是一块，更主要的是我们这个申报团队，包括龚教授当时都是主力队员，撰写建设方案以及我们院长答辩这个东西。我们都是没日没夜地关在这个招待所里的，饿了就到招待所的食堂吃点，晚上就是方便面。省内大概15所学校申报的，然后江苏报了11所，最后经过国家评审剩下8所。8所分三批，我们是首批，首批就2所，我们第二。说实在的，当时也是比较激动，只管自己门前雪，不管他人瓦上霜了，哈哈。

问：这个成功的关键您感觉是什么？除了您刚刚说的团队的作用。对于你们学校来说，它的主要意义又有哪些？

答：这个成功我觉得是我们南通航院建校50年来的积累，凸显了我们学校的办学水平、办学成果。因为没有这些积累，你到不了这个层面，这是一个标志，这是对以往的一个总结，对以往的一个固化，不是说你这个骨干院校是一夜搞成的。因为我始终感觉到我这个人呆人有呆福：学校里边好多好事情最后都落在我手上。你像省示范啊、部示范啊、国骨干啊、新校区啊、什么省文明单位都落在我手上。但是,我从事学校工作这么多年的体会是,这种事情绝对不是一个人一蹴而就的,不是一夜之间形成的,它必须要有积累。盖个房子有可能,搞外延的扩张只要有钱一年半年就可以搞起来,但是内涵这种东西是几十年的,是"冰冻三尺,非一日之寒"。所以我觉得我们申报成功,是对我们50年办学所取得成绩的一个高度肯定和认可,是一个固化。它的主要意义体现在三个方面:第一个是为我们学校在新时期举国上下重视职业教育这种形势下的发展提供了一个新的平台和支撑。第二个是使我们学校在跨越式发展过后,有了一个支撑的平台,也明确了我们学校的发展方向。因为国家骨干高职院建设,它的主要任务和前面的示范建设有区别。示范建设是以人才培养模式、人才培养质量为主要标志的,像课程的改革等,某种意义上实际是质量工程。而骨干高职院的建设,以体制、机制创新为主要突破点,这就是个全新理念,所以业内有些人硬要把高职也分出个"985"、"211",一定说示范比骨干好,骨干不如示范。因为两种类型的国家试验田,它所种的苗是不一样的,所以我觉得在这方面不是这样的。第三个呢,我觉得为我们在内涵发展、在教育教学改革的机制创新方面、在人才培养模式方面找到一个抓手。前面所讲的对我们学校下一步发展起到一个重要支撑,主要体现在央财投入2000万元,省财投入2000万元,这些都是真金白银,其他没有拿到的学校就没有这个,我们至少有4000万元。另外行业、企业还有支持。我们自己还可以作为专项进行拨款,我们享受了省财政的本科拨款水平,我们有专业设置的自主权,不要审批只要备案,我们有自主招生的权利,像这些对学校的建设和发展都太重要了。看起来是这么简单的一个事情,我们有些老师还说不就是2000万元嘛,有什么了不起的,被我狠狠地批评了一下。我们有些人真是身在福中不知福,不知道我们这些做事情的人的心,多艰辛、多难啊!这个国家骨干示范的建设,也是属于圆满成功的。

三、"草船借箭"谋发展

第三件比较满意的事情,我感到就是我和我的团队创新了航海专业的人才培养模式。在我目前所了解的高职院里,还没有像我们这样的做法。我在骨干院校建设中搞了一个项目,一个重点项目,就是打造"海上教学工厂"——一个生产性的实习船。当时在定项目的时候,我是主创人员之一,在整个项目组内,不是每个人都赞同的。现在大家都说这个好,当初不是每个人都认可的。但是我对这个问题是经过深思熟虑的。很早就有老师给我建议,说学校里边什么时候自己要弄条船。我们的副院长李军也跟我说,他到外面去,校友们建议学校和企业合作搞条船。像这些东西都是前几年说的,并不是在搞骨干申报的时候说的,他们说了以后尽管我当时没有动作,但这些建议都深深地烙在我脑海里。因为有许多东西不是一说马上就能办的,但是我把他们这种好的建议都放在脑子里,我一直在寻求机会。

  我感到这次机会来了,而且我对这条船的设计是有考虑的。我想利用南通天山港电厂,它是烧煤的,它要从秦皇岛运煤,这个航线又是近海航线,我们学生用不着去办理海员证,只要具备基本安全证书就行了。那么学生上船很方便,而且航线相对固定,航期也是相对稳定的,对于我们安排教学很方便。我在考虑这个船的时候呢,觉得它的功能第一是生产,第二就是教学、实习、认知,还有一个是科研,那应该是五大块:生产、教学、实习、认知、科研。生产是企业里边的主项,我没有财力来专门维持一条船,专门去搞这个东西,搞这个实习。尽管交通运输部和教育部联合发文《关于进一步提高航海教育的质量》里边提出要建立国家实习船队,我看这个可能就是白纸黑字,一纸空文,很难指望什么时候能实现。谁是责任主体?文案上都没有,只是喊喊而已,一个伴动的动作。那么我就通过生产来补这一块。第二个教学,我们通过这个船,这个航行,我们有许多教学——一些实际教学可以在上面实施。第三个是实习,就是在理论课以外的一些实操。如果说把它浓缩起来,也属于教学这一块吧。还有个就是认知,因为给学生设计的时间不长,总共一个航次往返,就半个月,我希望学生在船上学会走路、吃饭、睡觉。现在高职院校里没有一个学生能上船实习的,航运期间不具备这个实习条件,都是在黑板上开船,在模拟器里面比画。(插话:那你这是一个突破。)对,有些学校也想搞的,但都不是很顺利,而我们实现了。学校与南京江海集团下属的两江海运公司合作,投入了2000万元,而一旦我们不再合作,也就是说以后船如果要转让,这个2000万元合作公司是要还给我的,我不是投资,我不是投入,我是借给他使用,他还要付我一些钱,付我银行的贷款利率,还要比正常的高出一个百分点,而这2000万元的一个百分点,我要用来解决学生上船实习的劳保用品、伙食补贴,我们老师的一些航行补贴。现在已经上去十多批学生了,两艘船一个是"长阳门"号,一个是"长春门"号。都是5.7万吨的巴拿马型散货船,上边设有40个床位,一般的这种船配员是24人,那么它还有16个床位空出来,可以安排1到2个老师,十几个学生在上面。那么我们两个班,一个班分成两个小班上去,还有一个班在校内进行其他的实训或强化,分期来搞。学生上去以后非常高兴,非常认可,而且船舶公司对我们这个事情也是非常支持。

问:由于我不懂,请教一下,像这个船整个买下来要多少钱啊?

答:大概要1个亿吧,要看多少吨位,像这条船打造下来的话,大概在1.2个亿到1.6个亿之间吧。

问:所以就是你刚才讲的,如果让学校自己来搞一条船,实际上这个负担还是很重的。

答:学校里边去贷款1.2个亿也能搞,校区建设现在还欠债,可能你们学校也欠过债,问题是运行费用太贵了。你一天烧多少油?几十吨,上百吨,这个油多少钱啊。你人员工资要多少啊,还有港口使费等各种费用,那是不得了的事情。所以在这方面,我感到这种合作是一个创新,有些学校非常羡慕,这也是我们这次骨干建设的一个亮点,这个也是我所得意的。因为当时申报骨干院校大家都支持,建校区也是都要建,但是对实习船这个事情是有争论的。这个2000万元的使用我们是在教代会上投票的,教代会上投票也不是百分之百,大概有百分之七十几,百分之八十不到的人赞成。我们也进行了深入论证,因为我感到在工作中,越是有争论的、有争议的,这个才显出你的真知灼见,才能反过来验证你的决策、你的思维是正确的,"实践是检验真理的唯一标准"。那么这个项目不仅仅解决了航海专业人才培养过程中的一个实习问题,我们还形成了这个校企合作。对方也知道,我首先安排他公司订单班的学生到船上去实习,他当然很高兴了,对吧?他将来的员工到了,他也很高兴,对不对?还有一个,船上的船员是我们的兼职教师,他们来指导,我们只上去两个老师,有时只有一个老师,他的船长、轮机长就是我们的兼职教师。我们的老师上去可以顶岗,又成为企业的一员,他把自己的理论知识通过实践来进一步巩固,还可以带着一些科研项目上去。我也说了,认知以后还有一个科研嘛,所以这是一个非常好的一举多得、一本万利,双赢的事情。所以我想来想去这三个大概是我最满意的,其他好像没有更好的了。

访谈后记:领导者影响力的方式有多种,Kipnis等人的研究表明,如果将这些影响方式中的共同特征进行归类,按照其使用频率的高低,从高到低依次是合理化、硬性指标、友情、结盟、谈判、高层权威和规范的约束力等7种技巧。笔者的一项研究揭示出,中国高职院校校长中最为常见的方式是"身先士卒,用自己的实际行动去感化他人,获得支持并改变其行为",杨泽宇院长的治校经历可谓是这一方式的最好注解:学校新校区建设中的"有伤不下火线",拄着拐杖亲自去参加国家示范(骨干)高职院校创建答辩。或许正是因为其充满了这样的毅力和情怀,同时在办学过程中凡事追求卓越,才成就了学校发展的一个个成功之作。

冯志明，男，1965年11月生，江苏海门人，大学本科学历，副教授，中华全国供销合作总社职教科研中心兼职研究员，全国供销合作职业教育教学指导委员会委员，江苏省职业教育教科研中心组财经商贸组组长。曾任江苏省南通商贸高等职业学校校长、党委副书记。2014年7月起任江苏商贸职业学院院长、党委副书记。

2012年9月被江苏省教育厅授予"江苏省职业院校技能大赛先进个人"，2013年12月作为《五年制高职软件人才培养模式研究与实践》主要完成人，荣获江苏省教学成果二等奖。

制度不在多,关键是要在执行中起到作用。

——冯志明

第四章　做好"改革"这篇文章

——访江苏商贸职业学院冯志明院长[①]

一、借力改革激活力

问：请问您是哪一年到这个岗位的？在校长岗位上您认为最成功的三件事是什么？

答：我是在 2009 年才进入校长岗位的，原来一直分管其他事务，2009 年我们学校党政分设，我从副校长岗位转到校长岗位上，一晃四年了。说到这个话题，我们有一年一度的述职报告，去年年底我把自己这 3 年来的工作做了些梳理。要说最成功也谈不上，只能说有点感触，认为自己还做了点事。我去年用了 3 个关键词来总结：第一是改革，第二是升格，第三就是大赛。这几项工作自我感觉做得比较有意义。

说到改革，在我当校长这几年我觉得改革一直伴随着，到目前为止仍在进行中。做得好不好要让人家来评价，我想至少在我们学校发展的过程当中，会在将来产生一些积极作用，或者说可以从中得到一些可汲取的东西。除了人才培养模式创新、课程改革、招生就业模式转换等方面的教育教学改革外，这几年我们还重点在机制改革上做了四方面的探索，或者说实施了四个方面的改革。

第一方面改革，或者说这几年改革的重头戏，我们把它称作学校内部运行机制改革。这项改革我们通过五个步骤，完成了一轮循环。

---

① 2013 年 9 月 17 日在江苏商贸职业学院进行了访谈。

第一步是改革启动和方案设计。由于考虑到我们自己定的目标是要向高职院靠拢,2009年9月我当了校长以后,当月月底在学校班子的支持下,就启动了改革这一件事,也就是学校内部运行机制改革。内部运行机制改革主要包括五个方面:第一,对学校整个机构和岗位按照高职院的要求进行调整。当时尽管我们实际上还是五年制高职校,但我们按照高职院的要求,按照学校确定的"十二五"(当时还在"十一五")战略目标对机构进行重构。第二,对整个人事制度全面改革。主要围绕新的岗位设置,确定每个人的岗位说明书,每个岗位要做什么事,需要具备什么条件,需要符合什么要求,实际上就是明确每一类岗位的聘任条件。第三个内容呢,就是个人的绩效考核。原来我们一般都是年度考评,当时我的想法就是要把企业的绩效管理思想引入到事业单位,不能只在年终弄个结果,要从年初的目标制定,或者说是一段时间的目标制定,被考核者也就是我们的员工要共同参与,共同确定目标,然后加强过程的管理、指导,最终管理者再去分析目标的达成情况,指出改进的方向。真正意义上的考核不是说为了一个结果,而是一种螺旋式的上升,就是绩效考评。第四呢,就是分配,这也是最关键的问题,就是怎么配合国家绩效工资制度,让我们的分配真正起到激励和约束的作用。这项工作应该说是对我们原有的模式——原来我们是中专的模式,进行幅度比较大的调整。第五呢,就是配合上面四项内容的制度建设,让改革后的各项工作有章可循。

说实话,这项工作学校很早就想做,但由于涉及整个系统的重构,涉及的方面比较多,最终都归结到每个教职工的切身利益问题,所以单纯依靠我们自身可能有点限制。后来专门请了专家,他也是国家人事部的特聘专家,由他组织了11个人的工作团队,成员基本是他带的博士生、硕士生。当时我们也提了一些要求,比如我们自己也参与,团队中必须有高校的,需要懂得高等教育和职业教育的。团队中必须有懂教师的,因为教师的积极性能不能调动起来,就预示着改革能不能成功,这也是改革的关键。团队中还要有懂教学的,了解学生工作的。当时这个团队在我们配合下,历时一年半,基本把系统的方案设计出来了。整个方案包括岗位说明书在内仅文字大概就有30万字。这个方案对于学校来说是一个比较大的挑战。但是改革这个问题大家都很敏感,方案做出来了,当然我们在做的过程中也进行了访谈,基本对我们现有的教职工、原有的中层干部都进行了访谈,针对原有机制有哪些弊端?对改革有什么诉求,以及希望怎么样改革?等等,都做了全面的调研。但真正到了实施的时候,这个还是很敏感的。改革,我的理解,实际上就是利益调整,就是要鼓励什么,约束什么。

第二步呢,就是要解决改革方案的认同问题。当时我们发现专家团队形成的方案,我们参与制作的人和一般教职工对方案的理解是不同的,所以必须解决一般教职工对方案的理解问题,这样实施才有群众基础。为了达到这样一个效果,我自己去宣讲、解读方案,当然学校组织人事部门也做了大量宣传工作。特别是教代会召开前,我自己去每一个系部、每一个部门宣传、解读专家形成的改革方案。五个教学系部都是我亲自去讲方案的理念是什么,方案的核心部位在哪里,方案实施过后预期达到什么样的效果,方案与国家政策是怎样衔接的,类似的事情兄弟院校已经做到什么程度。通过对五个系部的宣传、解读,当然行政、后勤部门也都进行了宣传、解读,我感到学校教职工对改革方案的理解和认同度有了明显提高。

第三步就是方案实施的程序问题。改革必然涉及教职工切身利益,改革方案必须要通过教代会审议。当时我们也有一些同志担心,通过教代会审议,会不会有比较大的问题?能不能顺利通过?是不是拿一个原则意见提交教代会审议?毕竟这个方案本身是对我们原有体系进行了全面的重构。大家的担心也在情理之中,但根据一年多来我和专家一起做这个事,再加上之前我们做的一些调研,包括开座谈会以及宣讲、解读方案过程中和大家的沟通来看,我觉得学校多数教职工还是思改,对教代会审议通过改革方案很有信心。当时我说了句玩笑话,如果把90%以上的代表赞成看作是优秀的话,审议通过时我认为可以通过全体教代会代表票决;如果说需要达到95%以上代表赞成的话,可以按以往举手表决的方式进行,对95%以上的代表投赞成票我个人有这个信心。事实上,后来提交教代会审议的改革方案、"十二五"规划等几个重大问题,都是全票通过的。

第四步是方案的具体实施。2011年我们教代会后着手实施改革方案,从机构调整、岗位设置、岗位聘任、绩效考核到薪酬体系改革,以及相关配套制度的实施,到现在已经两年了。两年实施下来,我感觉到我们初步的期望值——机制的转换,已经基本实现。比如我们原来从中职校过来的,相对而言,大家对教学工作比较重视,对科研工作不是很重视。那么这次改革后,明显地,教师自己自觉重视科研。目前我们把教师的工作分为五个部分:第一部分是教育工作即学生工作,第二部分是教学工作,第三部分是科研工作,第四部分是教改,第五部分就是其他一些临时性任务。前三部分内容都是量化的,后两部分内容实际上给了我们管理者一个抓手,比如教改,我们要搞一个精品课程,可能要一个团队。过去呢,如果没有一个规定,有的人积极性很高,有的人不一定愿意参加,这次我们都把它放进个人考核中去了。又比如科研，我们把每一个我们学校可能涉及的科研项目，都按类型列出来了，并赋予了一定的分值。如在不同刊物上发表论文、开展不同类型的课题研究分值都是不一样的，然后按照不同的岗位对于你的要求，定个人的基本标准，当然不同类型岗位的标准也是不一样的。我们改革方案的基本特点为：一是你完成基本工作任务，你才能从经济上、分配上把你的一份拿回去。完成得好，学校还可以再奖励，完不成，那一份学校也会相应扣除。二是科研工作过去一般只针对教师，在这个方案里，对我们的管理层，包括我们自己，乃至一般的行政管理人员都提了相关要求，只不过与教师有所区别。管理的话，我们认为也要搞研究，只不过研究的领域、范围、内容、侧重点不一样。三是较好地解决了过去最难处理的问题，也就是老师和其他专业技术人员、行政人员、工勤人员之间的平衡问题。

第五步就是进行改革方案的优化。这次改革，两年下来了，今年下半年我们给人事部门的任务就是在实践中有的要更加校本化，结合学校的实际再作修改完善，为下一轮即明年新一轮岗位聘任服务。

改革方案从 2009 年做到 2011 年，2011 年着手实施，现在方案已经在运行了，从目前的效果来看，我感觉还是比较有意义的。当然工作中还是有很多有待完善的地方。

问：请教一下，当时您怎么想到要改革的，或者这个改革的背景又是怎样的？

答：改革是这样的，从学校来讲，我原来做过一段时间人事工作，虽然人事是校长直管，因为我具体做这个事，实践中有一些体会，总觉得学校教职工的活力不够，这是其一。在我校发展历史中，曾经历过一段最艰难的岁月，就是从 1992 年到 2002 年的 10 年，我们是公办学校，但是没有财政拨款。在这个过程中，很多人都难以想象我们学校是怎么挺过来的，我认为当时我们就是靠改革。《中国教育报》在 1995 年 4 月发表过一篇文章《激活一池春水》就是写的我们学校。到了 2003 年以后，我们恢复了财政拨款，日子也越来越好过了。但是社会在不断进步，在这个过程中，我自身感觉队伍的活力不足，这是一个促使我内心要主动积极去做这个事情的原因，因为毕竟自己在管理岗位上尤其到了校长这个岗位上，如果没有教职工的内生动力，学校要办好，难度就很大了。只有我们教职工内生动力充分了，那么再加上外因帮助，学校的发展很有可能又会上新的台阶。更何况到了"十一五"，我们已经提出要创造条件，创建独立设置的高职院。要达到这样的目标，尤其是这个时候，我们提出这样的目标，已经不是 20 世纪 90 年代或者像 21 世纪初大批量老中专升格的时候了，我们现在要升，那肯定要付出更多,社会、组织认可的程度一定要更大。那只有把教职工的内生动力调动起来,同时学校管理预先与高职院接轨。这是一个直接的原因。

从另外一个角度来讲,当时我们省社党组也有这个希望,在2005、2006年的时候,向学校提出来要搞内部机制的改革。2006年开始,校内也做了一些调研工作,当时因为我具体做这个事,实际上在2006—2009年三年内,我们自己也做了一些准备工作甚至也形成了一些方案。我们曾经调研过一些民办院校的机制、公办院校的机制、不同类型中高职学校的机制,我们系统内的北京、山西的一些院校,我们江苏的有些院校我们也去调研过,都得到了一些体会,应该说基本的思路已经形成了。到了2009年自己当了校长以后,感觉时机应该基本成熟了,就推动班子决策这个事,所以最主要的就是要激活活力,再加上上级组织也一直有改革创新的要求。

问:改革过程中,您作为一把手校长,具体做了哪些工作?

答:第一是决策,就是改不改。第二就是顶层设计,在整个改革过程中整个方案的框架设计,基本上是我们自己团队做的。有个记得很清楚的例子,是关于学生工作这一块的待遇设计问题,因为专家他们都来自高校,相对学生管理来说自主管理成分比较重,班主任、辅导员压力相对较小,当时我们还是五年制高职校,初中生也都是未成年人,就这个问题专家和我们沟通以后,我们说这个方面要更加贴合我们学校的实际,要大幅度提高这类人员待遇,要把学生的教育管理放在第一位。第三,当时从我们学校来讲,整个推进和操作实际上很多事都是我自己亲力亲为,虽然我们成立了一个工作小组,也有一帮人,他们做了很多具体的工作,但很多具体工作关键需要有人去组织和推动,我就做组织和推动工作。比如方案制订过程中召开座谈会,如工作小组开方案座谈会,下面同志就不一定这么重视了,如果校长亲自开座谈会,大家就可能表达得比较慎重,讲得也比较真切,他讲出来的问题,我的理解是作为他个体来讲是必须要解决的问题。所以我觉得改革中我具体做的,一个是决策,一个是顶层设计。当然我们请了专家,和专家共同设计的,但很多思想是我们的。第三个是工作过程中一些具体问题的解决。

如果把学校干部队伍改革作为一个相对独立的内容,第二项改革就是干部队伍改革。从时间上看,干部队伍改革在学校内部运行机制改革方案形成之后,又在其他各项改革具体实施之前。干部队伍的改革在党委决策以后,我的主要工作是具体实施。我们学校经过长期断奶的过程,2011年学校新班子组建后感觉我们干部队伍的年龄偏大,需要让一部分优秀的中青年教师走到管理岗位上,因为事业的发展必然要有一代一代的人去做。同时,学校改革的总体框架在内部运行机制改革的方案中已经基本定了,在这个框架之下实施改革,我们感觉干部是一个决定的因素,因为很多事情需要中层的管理者推动,他们是核心的因素。学校机制是一个问题,但一个好的机制还要适当的人去运营,所以在这个情况下,我们学校党委在广泛听取了中层干部和教职工的想法后,首先实施干部队伍的改革。当时我们提出要建立合理的干部梯度结构,提出了《关于中层干部竞聘轮岗的办法》,这个办法主要是针对学校实际,解决干部队伍建设的机制问题,包括退出机制和选拔任用机制。在退出机制上我们实行了校内退二线制度,一批到了一定年龄的干部退到幕后,把岗位腾出来,然后在全校范围内让所有人进行竞聘轮岗。这项工作对全校来讲力度应该也是蛮大的,当时我们学校有7个老同志退到二线。当然我们的制度设计里也考虑到这个问题了,相对而言保留了他们的一些待遇,主要是把岗位腾出来让年轻人锻炼,他们的主要任务不是冲在一线了,而是在后面支撑一批新上来的年轻人。在选拔任用机制上我们采用了竞聘上岗;当时我们学校所有的中层干部全部重新参与竞聘。考虑到当时面比较大,怎么来组织这件事？我们采取委托第三方的方式。因为做内部运行机制改革方案时我有这个体会,第三方做方案,相对来说比较客观,对学校来说可以多面听取意见。我们所有的竞聘轮岗,从笔试到面试,基本参照公务员考试的模式,我们都没有参与,在笔试包括面试前,受托方提出是不是让我们党、政两个一把手参与评分投票。我说因为我是行政校长,所以要参与一定是书记参与,因为她是管干部的。后来我们书记说这次全部委托第三方,我们一个不参与,我们制定游戏规则。长话短说,结果有21名新的中层干部上去了,就等于一下提了21名,17名中层干部全部轮岗,等于整个干部队伍只有少数几个在原来岗位上,比如说保卫处没有动,其他的即使在原来岗位上,职能也发生了一些变化,因为机构调整职能也发生了一些变化,等于就是整个中层干部完成了一次轮岗。我觉得这次轮岗的意义不仅在于选的干部好不好,更重要的就是完成了一个学校中层干部选拔任用的机制问题包括建立了轮岗的机制,这个在其他学校早就已经做了,对我们来说相对滞后一点,就是定期要进行岗位的交换。在某一个岗位上工作时间太长,有的同志会缺乏激情,因为是重复劳动,他到一个新的岗位,总有一些新鲜感,我自己也有这个体会,到了一个新的岗位,必然要思考一些新的问题,工作要有激情一点;轮岗对有些在核心关键岗位上工作的同志也是保护,防止在同一岗位工作时间过长;从机制上说,也是党风廉政建设、反腐败工作的一项举措,因为当时对有些岗位上的同志校内也有一点这方面的反映。在选拔程序上我们采用自主推荐、民主推荐,然后面试、笔试、再面试、群众测评,最后组织考察,等于说就是把社会上相对成熟的机制在我们学校实践了一下,让大家看到,现在我们的干部选拔,也不是我们党委校长室几个人议议,张三行,李四不行,实际上呢,是全方位的考察,最后还要群众公认。所以说,第一次干部竞聘轮岗的作用,不在于只是选了几个干部,更重要的是建立一套机制,还有一个直观的结果,改善了干部队伍的年龄结构。我们过去的干部主要是在45岁以上,经过这一次的竞聘轮岗以后,30岁以下的干部有两人,占到百分之七点几,30—45岁之间的是大部分,45岁以上的也有,一个干部梯队的结构,通过这一次的改革,基本上相对合理了。当然也有人认为动作比较大,等于全校改革,现在我们仍然在总结。

问:现在轮岗是几年一次?

答:5年一次。

问:那么您刚才讲,包括您和书记在内都不参与面试投票,都交给第三方,这样你们没有顾虑吗?让任用选拔干部的权力旁落?

答:因为原则是我们定的。举个例子讲,比如考试的命题范围、命题内容我们定,但具体考题我们不管,我们主要是定大的范围,实际上就是我们主要希望考查他这方面的知识和能力,最后的成绩应该说是帮助我们对他的知识和能力情况进行了划分。面试的过程我们是参加的,仅仅是不投票、不打分,事实上所有的班子成员、教代会代表(没有参加竞聘的教代会代表)全部参加,只不过是我们不参与投票。群众测评的规则都是我们来定,当时的方案是:如果有三分之一以上的教代会代表和群众认为不称职的话,都是一票否决。所以说,游戏规则都是我们定,当然这个时间内我们方方面面的工作要速战速决,也就是说大的方向我们来掌握,游戏规则我们来定,最终学校的组织考察面还有一定的余量,我们是定了一定比例的,就是由班子在这个范围内最终确定,所以说最终还是有一定的调控权。但是我们的出发点,就是要相信受托方,相信大多数,毕竟都是在阳光下操作,面试一次我们要公示一次,笔试一次要公示一次,群众测评出来要公示一次,全校有那么多双眼睛监督,如果真有一些比较大的瑕疵,肯定会反映出来。选出能胜任岗位要求又是群众信任的干部,应该说是我们正确行使好权力的最好体现,所以,从这个意义上说,我认为不存在学校干部选拔任用权的旁落问题。从这一次开始,学校基本上把干部选拔任用的机制初步建立起来了,把结构调整过来了。这个是由党委集体决策的,在这项改革中我主要工作是负责操作,把每一个环节设计好,避免出现一些不必要的问题,把党委的意图贯彻好,比较好地把干部队伍选出来。这也是第二项改革。

第三项改革就是后勤改革。过去后勤,我们教职工反映还是比较大的,基本上我们是承包给人家的。那么这一次改革呢,第一就是顺应教育部鲁昕副部长曾经在安徽开后勤保障会讲的,高校后勤改革关键是要提高后勤保障的质量。第二也是学校自身发展的需要,我感觉到,现在对职业教育的需求,已经不是基本需求,是一种品牌的需求。怎么来树立品牌?我在学校一直灌输两个观点,我们搞职业教育的,过去一直以教学为中心,这个一点也不错,现在我的理解是,要以服务对象为中心,套用企业的话,就是要以客户为中心。当时我提了两个服务对象,第一个就是学生。现在上学都是收费的,我们给学生提供的是教育的服务,他买了我们的服务,我们应该将他服务好。过去讲要因材施教,现在要针对个性的发展,实际上是同样一个道理。第二个呢,我们的产品要得到用人单位的检验,要把他们服务好。所以在学校我一直灌输这个观念,就是第一我们要把学生和家长服务好,第二要把用人单位服务好。把这两个服务对象服务好,实际上对我们职业教育提出了更强的针对性要求。每一个单位可能需求不一样,那你要定制化地为其服务。每一个学生和家长的要求也不一样,你也必须最大限度地满足他们的要求。再加上现在各个学校的招生竞争激烈,要招生必须要有口碑,学生的宣传是最好的口碑,包括在校的学生、毕业的学生。关于食堂这一块,国家政策也是要提高质量,食堂不是一个盈利的地方,后勤不是一个盈利的部门。所以从 2011 年暑期开始启动后勤改革。但是这一项工作非常艰巨,艰巨到什么程度?艰巨到我们保卫处考虑我们上下班要不要他们接送,他们担心我们领导的人身安全。但是我说你们不要担心,第一,我们会合情合理处理这件事;第二,毕竟是正义的事业,改革不是为了个人,而是惠及每一位师生。当然,大多数承包经营户的诉求可以理解,因为他们在学校时间比较长了,他们都不愿出去,但事实上承包经营的合同都到期了,在合同到期后学校采用新的后勤保障模式,于情、于理、于法都是说得过去的。2011 年暑假,先是干部队伍的改革,接着就是后勤改革,后勤改革主要是不再与所有原来在学校承包经营且合同到期的个体户续签合同,学校实行新的后勤保障模式。简单地讲,一是学校自己组织后勤服务公司;二是参与学校后勤服务的,必须通过公开的招标方式竞争进入,更重要的是把为师生服务的条款加在合同里面。到目前为止,后勤服务改革第一轮基本完成了,我们组建了自己的后勤服务公司,现在食堂我们自己经营,其他所有进入学校开展后勤服务的单位都是通过招标方式竞争性进入的,而且都是业内规模比较大、管理比较好的单位。应该来说,后勤服务公司经营食堂以来,教工食堂大家还是非常满意的,学生食堂菜价的稳定,我估计在南通市的大中专院校中我们控制得是最好的,改革的效果还是非常明显的,去年我们也是南通市教育系统的示范食堂。整个后勤保障应该说学校的调控能力增加了。后勤改革虽然取得了比较好的成效,但仍然在进行中,为什么这样说呢?因为食堂全部由学校后勤服务公司自己经营,在改革初期特定的情况下有其选择的合理性,但我们感到这不是一个最佳的选择,如何既保持学校的调控权,又引进竞争机制进一步改善服务、提升质量是下一步改革中需要考虑的问题。由学校后勤服务公司直接经营,最大的好处就是学校的调控权增加了,它能把学校的意图贯彻下去,如我们可以明确规定每天1元以下的菜要有几个,1.5元以下的菜有几个,2.5元的几个,最高的不能超过3.5元。如果太贵,必须要通过伙管会,经过讨论后才能涨价。最近有人来讲菜太贵,尤其是素菜涨的幅度更高,我说你要走程序,类似于听证,伙管会要讨论情况是否属实,要向工会的民主管理小组通报。改革以来,不管菜价有多大波动,我们学生食堂的菜价基本稳定。但独家经营,即便后勤服务公司是学校自己的,即便经营得好,从机制上说我认为也是不完善的,是下一步需要进一步优化的方面。后勤服务的专业化是一个趋势,在后勤服务中保留一块由学校自己经营,目的是为了防止垄断,在保障师生利益方面增强学校的调控权。这项改革基本也不亚于前面的改革,前面的改革基本是我们自己家里的改革,而这项改革基本针对外面的人。进来容易,出去难。毕竟学校有六七千人的消费群体,相对而言经营的稳定性比较强,原来的一些承包经营者由于自身的一些原因,他们也知道在新一轮公开、公平的竞争中与一些有规模、有品质的公司相比尚有差距,这样,后勤改革过程中的难度就显而易见了。

第四个方面的改革,目前正在实施,就是学校治理体系的完善。一是我们要进一步推进依法治校,这两年我们把原来的制度都全部重新梳理,合适的就保留,该完善的就完善,不合适的就要废除。过去我们的制度有厚厚一叠,我的想法是制度不在多,关键是要在执行中起到作用。二是进一步大力推进民主管理,我认为管理应该越来越公开、越来越透明,民主管理程度越高对我们出来的政策的考验程度也就越大。现在我们学校500多名教职工,非事业编制的有很多,非事业编制人员怎么管理?今年假期回来,9月1日刚刚开始,我们出了一套《非事业编制分类管理办法》,这些制度全是我们自己制定的,总体上大家反响很好,认为制度对稳定非事业编制人员起到非常好的作用,究其原因就是在制度的制定过程中反复听取了各方面的意见。所以,民主管理程度大不大,实际上是考验我们行政管理的品位。校长可以动用我们的权力,说就这么决定了,可是人家心里不服。我们把这个制度制定出来,让大家提提意见、说说想法,你的施政理念能不能让大家认可,实际上反映了校长的品位,校长自己驾驭的能力。这个对于我们自身要求也很高,不能想当然的,你必须在每个政策、制度出来前,去充分地调研,既要符合发展趋势,又要切合实际。最近我们正在做行政工作流程,为什么想到要开展这项工作呢?因为大家有反映,说部门当中有时存在扯皮,影响工作效率,我们现在做的这个流程,就是在听取大家意见基础上,对每一项行政工作明确一个工作流程,今后工作中就按照这个流程走,主要是想对校内行政工作进行标准化管理。比如说,学生要办理进校手续,校内财务报销审批等都会有相应的流程,该要你这个部门下结论的时候你就必须下,目的是明确职责和提高行政效能,这个我感觉做起来也是比较有意义的。三是在学校管理中要积极引入第三方评价,这方面我们已在一些具体项目上开展试点,如何全面推进我们正在积极思考。

问:我觉得这四项改革牵涉的面广、量大,同时也有很多硬骨头,那么在这个里面,您感觉主要遇到了哪些困难呢?

答:困难肯定是有的。第一是改革氛围的营造。改革能否顺利,最关键的是人的思想政治工作,就是要化解人的不良情绪,确保合理的诉求得到充分的体现,不合理的需求把它解决掉,氛围不好,改革的难度就加大了。所以说,做宣传工作也好,思想政治工作也好,主要是为了营造一个好的氛围,我觉得氛围是一个基础,这一方面虽然是务虚的,但还是非常必要的。改革一定要让大家要有一定的预期,让大家做好心理准备,一旦搞得不好,就会有抵触情绪。

第二个就是团队问题。如果说班子里面分歧比较大,这个事情就很难办了。那么就我来讲,首先要把班子的思想统一。我们为什么要请专家团队呢?确实我当时是有顾虑的,顾虑就是班子里能不能形成比较大的共识。对于我来说,当时班子里我是最年轻的,再加上我本身就是留校的,学校里有很多师长、同学,有些是有利因素,有些是不利因素,有的是可以相互转化的。从有利的方面讲,毕竟有很多是师长辈的,学生在这里工作总要扶持一把的;不利的因素就是都涉及利益,最后砍下去的这一刀,有可能曾经的老师、同学都要受到影响。所以要有一个好的团队去设计方案,要有一个好的团队去宣传方案,还要有一个好的团队去客观地解决改革中遇到的问题。

我们学校的改革之所以推进得比较顺利,我的体会是:第一不仅仅是我个人、我们班子,而是全校教职工思改对改革顺利推进起到了非常关键的作用,为我们做这项工作奠定了一个非常好的基础。因为大家都想改,事情就好办了,反过来,如果大家不想改,你非要改的话,可能就会产生另外一种情况,现在大家感觉自己的才能、潜力激发不出来,大家都想改,这个时候就产生了共鸣。所以说这一次改革呢,到最后实施的时候,难度不是很大,至少比我预想的难度要小。举一个岗位聘任的例子,刚开始有一些难度,很多人都认为他自己应该在什么岗位上,如副教授,他觉得应该是在副教授一级,至少也在二级,后来我们所有的材料都公示了,而且专门组成了一个校内的甄别小组,以制度文本为依据,反复甄别材料、岗位条件、最终岗位聘任等级,最后大多数对结果都很认同。又比如有些制度文本的条款有些含糊,大家对宽严尺度认识不一致,最后由校内甄别小组在全校范围内听取意见基础上,统一放到一个层面上把握宽严尺度,最终实施时在文本的基础上做了16条公开说明,按说明统一把握宽严尺度。现在来看,经过一年多运行,很多人都理解了,特别是改革中利益受到影响的,事后我也有和他们个别沟通的,告诉他们学校怎么想的,我也跟他们很直截了当地讲,改革必然是利益格局的调整,改革必然要有一些人要做出一些奉献和牺牲,你们在这里面做出的奉献和牺牲,是为学校改革做出的奉献和牺牲,你牺牲了个人,牺牲了局部,推动了学校的改革,是值得的,学校发展了,我们每一个人都会从中得到好处,都可以享受改革的成果。如果大家为了一些小事卡住不改了,很有可能学校发展就会受到影响,学校这个蛋糕就做不大。我常打一个比方,一个蛋糕巴掌这么大,全部给你一个人就这么多;如果一个蛋糕做到一个大的台面这么大,那么你拿十分之一也比巴掌大的蛋糕全部给你要好得多。当然刚开始有些人是有点情绪的,总的来讲,比我预想的要好得多,所以我说思改是个基础,团队是个关键,操作上要稳健,这也是一个保障。我们从前后一轮一轮的宣传到教代会,基本上该走的程序都走过来了,所以到实施的时候,最后可能就只有一两个人还有一些不同想法,那时不是我要去说服他,而是周围的人在说服他,反过来我还要去安慰他,有的人有点想法肯定是正常的,因为有些事情实际上站在个人角度上是有一定合理性的,但从全校角度上,从大局上来看,也许现在就是要你做点奉献。要说难度还是后勤改革难度大一些,其他的改革相对而言不是那么难,因为后勤改革涉及的不仅仅是学校的人。

问:改革以后产生了哪些影响?

答:改革产生的影响很明显,最显著的效果就是活力明显增强。比如说当班主任,现在主动当班主任的人多了。又比如科研成果,我们就不看其他指标了,从课题到论文到项目去年就有大幅度增长,包括核心期刊发文的数量,关键的是这种自觉性更强了。课改原来是个难题,现在大家抢着要去做了,学校的学术氛围浓了，因为我们有明确规定，比如副教授要开多少讲座。我的想法就是要把大家工作的积极性调动起来，原来工作是被动地让他去干，现在他主动地要去承担这个任务，精品课程建设、教师技能大赛，等等，参加的人主动性更强了。除了活力增强外，改革对队伍的自我成长有明显的推动作用，教师的发展也有了更明确的导向，职工创新争优的意识也比过去提高很多，总之，现在大家都抢着做事。

二、坚持不懈谋发展

第二件有意义的事是学校升格。我们学校在当前这种情况下升格很不容易，其实这项工作我们"十一五"就启动了，到"十二五"列入省里规划，今年的1月18号，省政府正式批准，5月15号国家教育部也备案了，也就是说，学校在原来的基础上，正式组建江苏商贸职业学院，这项工作是里里外外、方方面面共同努力的结果，在一定程度上，我们这个班子在一代又一代人努力的基础上，再经过这几年我们的努力，实现了学校几代人的一个夙愿，在这个时候，把学校重新变成一所独立设置的高职院，在大背景不是十分有利的条件下，解决了这个问题。当然前面的事情也是为这个服务的，所有的改革都是围绕向高职院靠拢的。在这个过程中，围绕升格，这几年我们突破了很多东西，原来没有正高，现在我们有了，科研也上来了，实训的条件也改善了，整个校园面貌也发生了比较大的变化。升格从学校发展的历史来讲，是几代人努力，方方面面关心的结果，只不过到了我们这个节点上，把过去的因素用好，把新的因素整合好，抓住一个有利的时机，迅速推进，最终获得政府批准。那么为什么我觉得这项工作有意义呢？就我而言，在自己当校长的份上，把学校由一个高职校变成一个高职院，比较好地完成了学校"十二五"的发展目标和任务。尽管成绩往往容易记在我们领导头上，但是，事实上学校升格是一个班子在努力，全校教职工包括一些退休老同志都在努力，只不过当前我们在这里主政而已。这件事我个人感觉还是非常值得的，虽然过程非常辛苦。

三、大赛引领提内涵

第三个比较有意义的，就是刚才讲的大赛。学校最终的竞争力是要靠内涵建设。内涵建设怎么搞，怎么去引领呢？我们做了两件事。第一件是人才引进，学校里要引进一批"狼"，从生物学的角度来讲，就是要形成这种竞争机制。这两年我们出台了引进高层次人才的办法,也引进了教授。关于引进高层次人才我们出台了政策,如引进正高,我们给30—50万元的安家费,15万元的科研启动费,首轮聘任期间每年增加岗位津贴是4—6万元,还要给两年的过渡性住房,如果合适的话,我们还要解决配偶的工作;引进博士,包括从行业、企业引进高技能人才,我们也出台了相应的政策。当时我们的思路就是学校要从外面引进一点,这样才能形成竞争机制,前面才有引领的,但这个我这里不想多讲,因为目前做得还不是太好。第二件是通过项目来促动内涵建设。最初我的想法是我们实训室条件都非常好,有这么好的实训室,有这么好的实训条件,怎么发挥利用?为什么不好好利用起来呢? 这个时候我首先想到这两年国家技能大赛制度已经出来了,当时我们想方设法就是要通过全国技能大赛来锻炼自己。

我们首先在两个项目上进行突破。一个项目是物流技能大赛,当时我们向省厅汇报,希望把我们这里作为省内物流技能大赛的赛点。我们有两个朴素的想法,一是要把设备利用起来,二是如果我们这个赛点是全省的,全省物流专业搞得好的肯定都要来这里比赛,这样也给我们一个引领。当时我们的物流教师不是太理想,到现在物流团队的平均年龄也只有32岁,但是同时也利用这个心理,你作为主场,成绩也不能太差了,对他们自身有压力,现在看来,我觉得当时做得对。物流技能大赛,第一年我们学校作为赛点,我们的老师和学生都憋着一口气,希望通过大赛展示自己、证实自己。同时,因为是第一年组织大赛,我估计省里也没有过多的期望值,但现代物流的项目,我们看准是学校发展的方向,是南通经济发展的方向,所以我们是重点扶持的。我跟他们讲,人力物力学校全力保障,全力以赴争取大赛取得好成绩,除此以外没有什么要求。第二年我们提的要求是必须要拿金牌。第一年比赛之后,我们拿到了省里的一等奖,代表江苏参加全国的大赛,又拿了团队项目全国一等奖,还有单项一等奖尽管是另外两所学校的,但是他们都在我们这里集训,最好的老师对我们也是有带动的,省里也把我们学校确定为首批技能教育研究基地,连续几年作为江苏省物流技能大赛的赛点,集训全在这里。通过这次大赛夺冠,我们这支年轻的团队成长起来了,现在他们能有一定的实力去和省内、省外的队伍去抗衡实际上靠什么? 现在回想起来,就是靠大赛的引领。技能大赛,不同的人可能有不同的想法,至少在我们学校,基础比较薄弱的时候,大赛的引领,培养了一支团队,奠定了现代物流在全国的地位,我们是首批全国物流技能教育研究基地,也是省里的物流技能教育基地。更重要的是,把我们的一支队伍带起来了,而且都很年轻。这次江苏中职物流专业的人才培养方案制订就是我们学校牵头的,这样我们就有一定的话语权了。

另一个项目是报关技能大赛。报关技能大赛中职没有设，当时我跟他们提出来一个想法，第一，我们是五年制高职校，第二，我们的目标是评高职院，我们应该争取机会参加全国高职高专的技能大赛。我认为我们的报关专业团队有一定的基础，70%的教师是从企业来的，当年我跟他们提出来，积极参加，允许失败，不要有负担，轻装上阵。他们是从企业来的，知道我这个人很宽松，我说你们不要把目标提得太高，目标越高，压力就越大，压力太大，可能就会适得其反。我说还是那句话，首要的是练兵，练完兵我们回来再总结。事实上第一年去的，只有我们一所五年制高职校，我们以江苏联合职业技术学院的名义报的名，最后在全国技能大赛上，我们不光拿的是一等奖，而且还拿了团体第一名，单项奖有两个学生拿到了一等奖，其中一个学生还是第一名。这是第一届，是行业举办的。第二届就是国家教育部举办的，就是去年，全国一共74个队参加比赛的，我们又拿了团体一等奖，两个个人一等奖，一个个人二等奖。通过全国报关技能大赛，我觉得我们基本上实现了这样一个目标，拉近了我们和财经商贸类高职学院间的距离，提高了学校在行业的知名度，比如说全国报关协会去年把全国的培训就放在我们学校，包括师资培训。我觉得通过大赛的引领锻炼了两个团队，这两个团队中，物流团队去年被评为江苏省"工人先锋号"，报关团队是南通市的"工人先锋号"。团队提升的格局都是通过大赛的引领带动起来的，所以在我们学校大赛促进了队伍提升，推动了学校内涵水平的提高。

访谈后记：在现代中国的语词里，怕是没有什么比"改革"这个词更令人印象深刻的了。谁也不会忘记，正是源自20世纪七八十年代的一个个石破天惊的改革壮举，使中国发展了经济、改善了民生、增强了国力，一步步走到今天的大国地位。同样，在教育领域，以1985年《中共中央关于教育体制改革的决定》文件出台为标志，职业教育获得了前所未有的大发展，显著优化了中国教育的结构，培养了数以亿计的技术技能型人才，有力地支撑了中国经济社会的发展。事实证明，积极稳妥、方向正确、科学有效的改革是解决问题的利器，是促进发展的生产力和动力源。学校治理同样如此，冯志明校长的治校实践正是最好的例证之一。

访谈冯院长给我的又一感受就是他对职业教育事业的热爱，从他充满激情的理性话语中随处可见。或许正是缘于这样的一份热爱，才促使他在校长岗位上善于发现问题、勇于抓住机遇、敢于知难而上——从上任伊始启动内部管理体制改革，到带领大家提升学校层次以及创造机会提升教师水平，交出了一份份成功答卷。

陶书中，男，1964年3月生，江苏涟水人，二级教授，研究员级高级工程师。历任淮安信息职业技术学院副院长，江苏食品职业技术学院常务副院长，现任江苏食品药品职业技术学院党委副书记、院长。"江苏省跨世纪333高层次人才培养工程"首批中青年科学技术带头人，江苏省跨世纪"333二期工程"第二批学术带头人培养对象，江苏省首席工程师，全国轻工行业教学指导委员会副主任委员，全国供销合作行业教学指导委员会委员，世界中餐业联合会国际教育分会副主席，中国食品药品职教联盟首届轮值主席，江苏省餐饮行业协会副会长，江苏食品职教集团理事长。

主持省、部级科研课题20多项，荣获国家级教学成果二等奖2项，江苏省教学成果特等奖、一等奖各1项；荣获省、部级科技进步三等奖1项；在《中国高等教育》《江苏高教》《中国职业技术教育》等杂志发表论文30余篇，主编、主审全国高职高专教材4部。

我们要让培养的人才生产绿色、环保、卫生、健康的食品。

——陶书中

第五章 谋定而快动

——访江苏食品药品职业技术学院陶书中院长[①]

问：我看了您的资料,有一点我非常感兴趣,您既是教授也是研究员级高工。我们现在谈对教师要求"双师型",但作为学校领导来讲,能拿到这两个领域的最高职称,这个好像不多见。

答：我搞得比较早,因为我是在2004年评研究员级高级工程师的,都10年了。当时在高职院校里面还没有教授,高职院校最早的教授是2003年才有的,基本上都是本科院校到高职院校做领导的人带过来的。高职院校土著出身评上正教授很少,但2004年正好就评到我了。当时我的专业比较复杂,我先学的数学,后来又到南京大学去读计算机研究生,后来当上领导,长期从事学生管理,所以就很少有时间搞专业。我在计算机系做过系主任,做过很多年,后来在南大读研究生读的是计算机专业,在苏大学的是数学。后来评职称的时候比较困惑,我是在1997年破格评的高级讲师,到2002年学校升格以后变为专科,我们就转评为副教授,后面就是要评正高了。以前认为高级讲师已经到顶了,后来职称再评就比较困惑,到底评什么?把工程方面材料再整理整理,还可以,就报了研究员级高工,当时非常难。2004年就把研究员级高工评下来了,2007年转评正教授,然后2009年又赶上第一批设岗,就是一级教授、二级教授、三级教授,然后评了三级教授,今年报了二级教授,难度很大。

问：我听说像你们省管干部要统一放在你们这一个篮子里评,好像是不跟一线的一起评。一味地不让评肯定是不对的。

[①] 2013年10月16日在江苏食品药品职业技术学院进行了访谈。

答：我也说过这是不对的。像我们这种人肯定是教学搞得好，然后走上教学管理岗位，又逐步走上管理岗位，再走上院领导岗位的。现在副院长可以评二级教授，我说我作为领导怎么领导人家？

一、谋定优势巧出牌

问：好的，接下来请您谈谈第一件成功的事？

答：第一件成功的事就是学校成功进入国家骨干高职院校行列。我到这个学校三年半，不到四年，应该说这个学校过去是比较困难的，但也是省示范。当时我来了以后，2010年正好赶上搞第二批国家骨干高职院校，就是示范工程，前面搞了100所，后面全国再搞100所国家骨干，这个荣誉是非常巨大的。当时我接到通知是2010年6月，当天晚上就立即把教务处长、科研处长以及相关的系主任找来学校开会，聚齐时已是夜里11点多了。怕时间来不及，我们就住在隔壁宾馆里加班，把宾馆租下来，干了一个半月，不许回家。我们准备材料，党委书记（当时兼院长）赵炳起去答辩，一路过关斩将，顺利通过教育部答辩，江苏总共有8所高职骨干院校，这个荣誉是非常不容易的。从2013年开始，我们的生均拨款和本科是一样的，每年多了好几百万，要不然这个钱从哪里来？几年几千万还了得！这个对学校发展是不一样的，就上了一个台阶。我们在省内的影响、在国内的知名度也都有了很大的提高，这个影响也非常大。

问：您觉得能够晋升相当于全国200强了，这个里面的主要原因是什么？

答：主要原因，我想一个是我们凝练提升了学校的办学特色。我们原来叫江苏食品职业技术学院，今年8月才改名为食品药品职业技术学院。在全国1300多所高职院校中，以食品命名的或者以食品行业为背景的就我们一所，特色非常明显。和别人比，我们有区域优势，淮安市是国家重要的粮食产区，电视剧《天下粮仓》主要讲的就是我们淮安地区，高职院校主要是面向地方和区域培养技术技能人才的。国家示范、国家骨干，它要有区域布点的，前面的几所大部分都在南面，苏北只有一所即徐州建筑职业技术学院，现在改成了江苏建筑职业技术学院，我们苏北除了徐州就没有了。要发展江苏的高等职业教育，你不是只发展苏南的，你发展要均衡呀，要协同发展。从这一点上来看，我们打了两张牌，一张是区域牌、区位牌，一张就是特色牌。打这两张牌现在看是很成功的。我说学生在苏南上学，回苏北来工作的很少，但如果在苏北上学，留在苏北的就有大部分，它肯定有一部分人到外地去工作，但现在相对少一些。我们在淮安这个地方办学,为淮安乃至苏北这个区域的贡献度就能体现出来。鲁昕副部长有句话我很赞成:"今后国家应重点扶持和发展二、三线城市的高等职业教育。"因为这些院校是实实在在为本地区、本区域服务的,这些二、三线城市要发展,就要靠这些学校培养的人才。你想,学生要是去北京、上海上学,他能回淮安工作吗?肯定也会有,但是比例小。但在淮安上学,留在淮安的比例肯定大得多。苏北留不住人,待遇不如人,感情的基础就是待遇,所以苏北靠什么?也不能全指望人家的发展来带动我们发展,苏北本身也要发展。苏北就要有一大批从事应用技术的,苏北现在好多企业研发基本上搞不起来,但是技术推广、技术应用、技术革新、技术创新这块,我们高职院校是能做点事情的。我觉得我们做得最成功的一件事就是这件事,应该说比较成功的。

问:在这件事中,您在其中起到了一个什么作用?

答:当时和书记两人有个分工,我们书记他是抓全盘,我主要精力放在这块上面,然后做材料、做方案这块都是我在负责,书记负责去答辩。做出材料以后我们组织一个团队一起讨论,定调子、定标准、一起研究,往上报,这个是第一件事,比较成功的。我觉得我们成功的最大优势是有一个特别能战斗、特别能吃苦、特别能奉献、特别团结的好的团队,就十来个人,这些家伙都是拼命三郎,是一帮玩命的兄弟,周天没日没夜地干。其实不是谦虚,我觉得我个人的作用是十分有限的,有这么一个好团队,即使不是我做院长而是别的人做,学院一样会成功的,只不过书记和我两个人运气好,在对的时间点上,我们来到了这么个岗位,遇上了好的团队,又赶上了好的机遇,是运气+人气成就了学院,也成就了我们。

二、谋划发展出新牌

第二件事情就是我们在去年12月份牵头成立了一个"中国食品药品职教联盟",这件事的影响是非常大的。我们联合了我国内地12所高职院校,每个省是1所,我国台湾地区3所科技大学,即台湾元培科技大学、台湾环球科技大学、台湾东南科技大学,3所本科,还有新加坡1所科技学院。我们的宗旨就是通过"骨干互兼、教师互派、学生互换、学分互认、资源共享"这5句话20个字,最终实现互惠共赢,这个得到了与会所有学校的热烈响应。我们在淮安,在我们江苏食品职业技术学院举行了这么一个仪式,发表了《淮安宣言》,教育部高职高专处处长林宇、中国食品工业协会的党委书记王书记、我们教育厅的副厅长丁晓昌一起来参加揭幕仪式。台湾环球科技大学的许舒翔校长现场赋诗一首:"江苏食品登高呼，职技高校喜联盟。国缘酒力法无边，冬日淮安如春天。"我们市长听说非常高兴，说这个好啊，宣传我们淮安，宣传我们食品学院，还宣传我们国缘酒，我们要大力宣传。大家非常高兴，我们地位是平等的，我们成立主席团，谁主办谁就做轮值主席，然后再设一个常设秘书处，在我们学校，我们做秘书长，我们来为大家服务。第一届在我们这办，我做主席。第二届也就是今年，我们又跑到广东去办了，广东食品药品职业学院，他们承担，今年广东省是轮值主席。明年到湖南办，湖南是主席。台湾抢着办，但是因为国家"八条禁令"①下来以后，对外这块控制比较严，我们一把手校长都是副厅级干部，到台湾，审批起来比较困难。所以台湾极力争取想办明年的年会，他们做轮值主席。当时考虑再三，主要考虑到外事活动，可能批的难度大一些，广东省管干部要出境出国的话要两个副省长批，一个是分管文教卫的副省长，一个是分管外事的副省长，要两个副省长同时批，这个相当困难。后来他们建议说还是先在内地办，等以后有条件了再到台湾办。现在我们各校之间交流得很热烈，我们的成员学校好多都是利用暑假送老师到台湾去，进行进修培训。台湾的职业教育搞得非常好，它的职业教育紧扣大陆的高等职业教育发展。它那里叫科技大学，我们叫职业技术学院，实际是一回事。台湾现在的办学就是我们今后的路子，应该说全球我觉得德国也好，澳大利亚也好，职业教育办得相当的好，但是拿过来可能水土不服，因为跟我们国情不一样，我们做不到。德国可以实现先招工后招生，先进厂后入学，"双元制"，企业它愿意，因为它劳动力少，加上它长期形成的传统，企业愿意出钱来培养人，大陆不一样，人多，我一分钱不出，大学生还排队等着来我的企业，我用人不愁，我还为什么要花钱呢？所以是水土不服。澳大利亚的职业教育搞得也不错，但它的职业教育是课程包，这种模式就像我们现在的技能考证一样。考证在我们国内就办不下去，一办就办走样，全变成以经济利益为主了，我们国内好多证书为什么不值钱，一开始还严格的，后来逐渐放放放，发证单位都以盈利为目的了。说句土话，都钻到钱眼里去了，干不好，就放松要求，所以我们证书的可信度就低了。为什么人家其他国家的证书在别的国家都能用，而我国家证书不行，就是这个原因。你拿到你的等级证书，但有的人达不到那个水平。我们这个职教联盟到目前为止在全国还是唯一的一个，跨区域、跨境的、跨国的。

问：我正好想请教的，省内职教集团、职教联盟有很多，但像您这个打着"中国食品药品职教联盟"的显然就不常见了。

---

① 指中共中央 2012 年 12 月 4 日颁布的《关于改进工作作风、密切联系群众的八项规定》。

答：是啊，当初广东就不高兴啊，说你就是"食品"啊，把"药品"拉过去干什么呢？我说明年你就懂了。当时我们就有更名的计划，这个联盟成立的时候我们还没有改名，我们已经打报告到省里面去了。

问：我请教一下，您为什么牵头做这么一件事情，是出于什么考虑？

答：实事求是地讲，我们正在建设骨干院校，这一批的骨干院校建设和上一轮的示范院校建设有什么区别呢？第一轮是示范性高职院校，重在内涵建设，而这一批的骨干院校建设，它的要求要比前一批更高，教育部认为高职院校的内涵建设基本上结束了，现在关键是机制体制创新。所以我们既然进入到国家骨干院校这个行列了，那我们就要在办学机制体制上面做出一些创新和努力。根本性的改动我们做不到，上级机关也不支持，我们做不成。说实话有好多创新项目现在做行政都是不支持的，所以大的创新、根本性的创新我们根本就做不到，因为你没有上级主管部门的支持，没有行政部门的支持，你什么也做不成的。我们只能在现有体制下小修小补，在某一个方面有个小突破。这个突破就是想别人所没有想到的、别人想到但还没有做成的、别人想做也能做成但是又没有我们做得快的，我们要抢先做。实际上我们这种职教联盟就是对现在职教集团的一种补充。你看我们现在学生互换，到台湾去，已经开展3年了，每年会派些人去研修半年。马上台湾有学生到我们这来，但来了也有困难，什么原因呢？人家是本科我们是专科。教师方面，我们学校已经派了好多教师到台湾去了，集中培训不谈，我们新办的"婴幼儿保育"专业，台湾是搞得非常好的，我们派人到台湾环球科技大学学习了2个月。我们准备办"老年护理"专业，因为卫生专业我们办不了，但我们可以打擦边球，所以也派老师到台湾去学习，他们搞得确实不错。我们国家已经进入老年社会，老年管理和服务肯定是今后发展的一个大方向，有了一定的基础卫生厅才能批我们办，要早做准备，我们也请台湾老师到我们这来做讲座。在联盟内部，今年上半年，有个学校在云南，叫玉溪农业职业技术学院，有40几个学生在我们这里学习了半年；就这个星期天，甘肃兰州职业技术学院又有40几个学生在我们这边读半年，是交换的。这是联盟之间的合作关系，包括山东食品药品职业技术学院，也派了2个老师到我们这儿来进修。互相学习，从中我们学习大家的长处，看到自己的不足，这样才能更好地发展。

问：做一个新的事，开头都是比较难的，在这些事情当中您有没有遇到困难？遇到了哪些困难？

答：难啊，当时是不容易的，办联盟的时候，因为从我们来说，总希望一把手来，如果一把手来得少，那么这个联盟就失去意义了，大家都很忙，那怎么办呢，我们就是提前,除了发函,我自己还一个一个地给他们打电话,一定要来,除非地震了,哈哈,自然灾害了,来不了,没有特殊情况一定要来,最后我们这个联盟一共17个院校,只有一个院校没来,这个学校自家有事情,就在来的前两天他们党委书记出事情了,本来他们飞机票都买好了,准备来的。我一个一个打电话,一个一个落实,要求必须要全部来。大家来了也很好,交流一下子。我们到广东去开年会也是,尽管我现在不做联盟主席了,我还是打电话一个一个通知,大家互相捧场,为什么我们一个省只联合一所这种学校呢?这种活动在哪里搞,在那个省就是特色,对于它来说就是自主创新。我们今年变成了19所,又加了两个学校,它们主动加的,台湾1所,大陆1所。大陆是内蒙古的包头轻工职业技术学院,台湾的叫嘉南药理科技大学,这个学校还是不错的,它们加入以后对我们交流还是有好处的,因为我们现在不是加了"药"了吗,对我们有益的。

问:这个事情从您设想到最后办成用了多长时间?

答:两个月。

问:那这个效率还是蛮高的。这个事是您亲自挂帅?

答:自己干,当然还要请人,包括请教育部的领导、中国食品工业协会的领导,当时我们书记在教育部学习,不在家。

问:除了您亲自挂帅,还有哪些人参与了这些工作?

答:我们组成了团队,以学院办公室为主,大家都非常热情地参与,所有来宾都很佩服。我们是每个加盟院校确定一个校内联系人,确定一辆车,我们是征用教师的私家车,补给汽油费,从机场、火车站接来,全程陪同,全由那个人负责,一直到送走,把客人送到机场、火车站。这个工作花了很多工夫。

问:那么这件事情的结果,或者说影响是什么?

答:这个影响很大,有好多外省的都想来学,问我们是怎么搞的,他们搞不懂。

问:这件事请确实很复杂,因为毕竟牵涉的不是省内的学校。

答:我们先把成立的《章程》发给人家看,也要人家认可才行。

问:接待工作实际上只是其中的一件,更多的是前面各种活动的运作模式,整个方案的设计,而且要获得对方的认同是吗?

答:我们最大的不同就是,别的学校牵头的话,他就做理事长单位,我们不是,我们是轮值主席,谁主办谁就做主席。我们就和联合国一样,就你一家负责谁愿意?都是为你一个学校服务的话,别人成了配角,别人是不愿意的,所以大家都应该是主角,谁有积极性谁主办。而且当时开会时我就讲过,好多院校都有申办省示范或者国家级项目的,如果有需要,我们不一定每年就开一次年会,可以开两次。一个省就一个学校,你承办,在你那个省里,你就是一个创新、一个亮点,别人没有啊。所以现在大家抢着办年会,因为越早办越受益。湖南为什么抢办呢?因为当时正好是他们学校50年校庆,他们一定要在校庆前开这个会,让所有领导留下来参加校庆,这个就不一样了,造声势。对于台湾的学校来讲,也很高兴,因为大陆一共有十三四个学校加入这个联盟,台湾本身就生源短缺,大陆的学生交换到那边的话,它们受益啊。我们可以提供市场,给他们做招生宣传,台湾的收益更大。

问:某种程度上我们专科院校的学生去台湾本科院校的话,从学生层面上来说是不是也有吸引力?

答:对于我们大陆学校的学生来说并不吃亏,台湾学校毕竟是本科,我们实际有点高攀别人,我们去它那里可以学到更多的东西。对于台湾来说,它扩大了它的生源市场,大陆是个用之不竭的源泉。我们一个学校去10个学生的话,那么总数就有100多个,对它来说是不得了的,都是潜在的生源市场。而且台湾现在开放了,已经承认我们200所国家示范骨干高职院校的学历,这些学校的学生可以直接到台湾去专升本,语言相通,文化相近,学费不高,你看多好,还更有利于海峡两岸以后统一呢!今年开通福建和广东,明年江苏、上海肯定就可以了,我们的学生就可以直接到那边读本科,那不一样了。从今年上半年开始我们200所学校都已经有资格了,这对我们来讲是个好消息,拓宽了我们的发展空间。

问:从某种程度上来说,要到欧美国家去留学的话成本比较高,也不方便。

答:一年要20多万,农家子弟压根就没有那么多钱,语言也不通。上我们高职的大部分英语都不行,要到国外去,那确实是一件困难的事。新加坡特许科技学院也和我们有联系,我们和它也有合作,这个学校办得也不错,他们的院长李德威也和我有联系,我们也是老朋友,我跟他说了之后他也非常乐意加入,他每年都来。我们大陆很多学校和台湾、新加坡都有特殊关系,教师海外培训大多放在新加坡,也是语言相通,文化相近,新加坡的职业教育办得也是很不错的。我们当时想,找台湾、找新加坡也对我们有好处,一个经费相对少一些,语言相通,文化同根,这个还是不一样的,感情上也不一样,大家交流起来也方便,他们也没有歧视我们,我们也没有歧视他们。强大的中国大陆市场是他们今后发展的后盾,对新加坡是如此,对台湾也是如此。没有中国大陆,就没有新加坡的今天,也没有台湾的今天。

问：我想请教一下，就这件事来说，成立一个联盟的话，比如像现在您要建立一所学校，国家有规定，要经过审批，教育部发文才能办，像这样的活动需不需要一些行政部门的审批？

答：这是不需要的。因为我们是一个松散的联合体，是民间的。性质上属于松散的联合体，没有什么行政编制，就大家在一起，共同的语言、共同的办学理念，把我们聚到一起，我们一起来探讨职业教育该怎么发展，怎样来吸取境外国外的职业教育先进理念，来发展我们的职业教育。当时我们考虑到，因为不像职教集团啊，它都是省内的，省教育厅批了就可以，我这个不仅有全国的，还有境外的、国外的，这个该报哪个部门批呢。当时我把教育部的领导请来了，他参加了，揭幕了，等于教育部同意了，不是吗？行业里面中国食品工业协会党委书记参加了，行政部门教育厅分管职教的副厅长丁晓昌参加了，大家都同意了，这是一个好事情。所以我们省里都是同意的，这是江苏又一个创新。去年年底，沈厅长做教育厅年终总结报告时，把我们中国食品药品职教联盟的成立作为省教育厅去年职业教育方面创新成果来总结的，即率先在全国成立跨区、跨境、跨国界的职教联合体。这对我们也是很大的肯定。

问：当职教集团的发展，在前面遇到一定的高原期或者是瓶颈的时候，您这实际上也是一种突破。

答：那个职教集团没意思，它很难进行实质性的运作，而我这个，大家互相之间地位是平等的，运作起来很容易。我们在国内之间学生是互换的，我去10人，你来10人，学费还是在自己的学校交，互相不收费，没有什么经济上的纠葛。在联盟之间有个章程，有个运作的流程，大家讨论都认可了，就这么办，你给我派10个，我给你派10个。有什么问题可以通过我们的秘书处来沟通，或者你们两个学校之间直接沟通也可以的，但是年底要报给我们，我们要做总结的。下一步就要进行远程视频教学了，比如我们今年新开一个专业，但这个专业里面专业课老师缺少，对方学校有，那么对方学校的老师不用到这来，我们可以通过远程视频教学，他在教室上课，我们的学生在自己的教室收看，现场感特别强。我们现在已经装好一套系统，准备在联盟里面推开。比如老师在广东上课，我们学生坐在淮安的教室里收看，现场感特别强，而且可以互相提问，有两个屏幕，一个屏幕显示的是老师，一个屏幕显示的是黑板或者投影，双屏显示。对方老师也可以看到我们教室里的收看情况，而且摄像头可以转，学生可以随时打断老师提问。这一方案在无锡爱德花园酒店就有，在无锡爱德花园酒店，大师傅在后场炒菜，他戴着耳麦，一个摄像头对着他，一个摄像头对着锅，他一边炒一边对我们的学生讲,我们的学生坐在教室里看,同在现场是一样的。

问:您前面的教学已经用过这个办法了?

答:用了,已经装了,叫远程视频教学系统。但是这个呢,只能作为一种弥补,而不能作为主要教学手段。

问:我觉得这是一个很重要的弥补,因为前面讲过的资源共享,这种跨区域的有时很难实现,像师资就是其中之一,您这样一搞的话就超越了像MIT啊,包括哈佛等这种网上课程,这个就如身临其境一样的,实际上我觉得这是一种跨越。这个非常好。

三、顺势而谋更名牌

问:那么您要说的第三件事是什么呢?

答:第三件事我想就是我们学校更名,原来叫江苏食品职业技术学院,现在更名叫江苏食品药品职业技术学院。

问:为什么呢?

答:第一点是"食药同源",第二点就是拓展我们的办学。我们原来叫食品职业技术学院,实事求是说,招生很困难,老百姓一看到食品,就会认为是腌咸菜、腌猪肉、烧鹅烧鸡,认为科技含量很低,工作不好找,他们是这样认为的。但是你没有办法对每个老百姓去做工作哦。食品安全非常重要,之前我们也有医药类的专业,但是少,为了拓展我们的生存空间,食品这块特色牌可以先缓一缓,因为我们骨干也拿下来了,为了生存,为了拓展今后的办学空间,我们最后决定更名为食品药品职业技术学院。从今年招生来看,更名第一年,医药类专业的招生非常好,我们有6个专业,马上还要继续拓展,这个对我们今后的办学就不一样了。我们现在办学的经费主要是靠学生的人头费,招不到学生就没有钱。我们学校有一万一千多人,规模也不算小了,我们也不想再扩大。学校要发展,除了内涵建设,如果招不到人,你老师没饭吃,学校就发展不下去了。我们已经有五十二三年的办学历史,不能在我们这套班子的手上这个学校就办不下去了,那不是对不起教职工了吗!

问:实际上我刚才听下来,加了这"药品",虽然只有两个字,就为你们的办学拓展了一片新天地,某种程度上今后还可能超过食品专业的覆盖面。

答:上次省里一领导到淮安来开座谈会,当时淮安的高校院长都参加的,因为来得比较迟,原来通知说每个院长都说说,后来通知我们就找两个代表说说,其他的就不讲了。结果他们讲完以后,省领导一看名单,发现还有一个江苏食品药品职业技术学院,他当时就问我们的名字是什么时候改的,我回答说今年刚刚改的。他说你们抓的倒是蛮紧的嘛,国家刚刚把食品药品监督管理局提升为正部级单位,你们就改了名字,而且你们改得还比它早,说明你们有超前意识,食品、药品都关乎着国计民生,所以你们一定要把这个学校办好。我说肯定的,请领导放心。所以我们抓住了这个敏感的事,抓住社会热点和焦点,我们要让培养的人才生产绿色、环保、卫生、健康的食品。我讲我们江苏食品药品职业技术学院只做三件事:一是让人们吃得好,吃得安全,吃得放心;二是让人们病得迟,吃得好、吃得安全,生病就迟甚至不生病;三是让人们走得晚,大家都长寿多好。这既是我们的义务,更是我们食品药品人的责任,这个责任重如泰山!

问:这件事现在是成功了,不过其立意、创意,最初是什么时候有的?

答:想法实际是早就有了。因为我们的招生受到了影响,又是在苏北地区,又叫这个名字,属"农"的老百姓都不喜欢,认为土啊,我们要生存要发展啊。所以书记和我,我们两个早就在考虑这个事情,改或不改其实是一个矛盾,不改有特色,全国就一个,只此一家,别无分店,这是最大的特色,对以后更好地发展有好处。改了,我们全国的唯一性没有了,但是办学空间拓宽了,过得可能要舒服一点,所以举棋不定啊。但后来我们骨干院校拿下来以后,我们认为能改了,条件成熟了,先要吃饱饭啊。在2017年之前生存是很困难的,到2017年是谷底,2017年以后高校生源会达到一个小高峰,在这期间我们怎么生存呢?你招不到学生就没有办法生存。

问:从决定改打报告开始,到最后批下来用了多长时间?

答:一年半。

问:我们学校也刚刚改名了。①

答:全省只有两所专科学校更名,全国只有14个学校更名。你们的改名我也知道,也不容易,你们改得更高大上。

问:就我所知,非常困难,你们一年半搞下来还算快的,我们前前后后也用了很长时间,也面临着生源问题,大家一看到"技术"就认为你是高职院校,但是老百姓你不能每个人都去给他解释。这一年半中,您感觉更名最大的困难是什么?

答:最大的困难是教育厅要同意,教育厅不同意就报不到省政府,到了省政府还要征求省食品药品管理局的意见。你要厅长们都同意这个是不容易的,我

---

① 指笔者所在的学校由"江苏技术师范学院"更名为"江苏理工学院"。

们也去讲理由,一个是招生困难,第二个就是在药类专业上我们早就有6个了,已经有基础了,就算不改名的话我招的还是这几个专业的,而且还要扩大。在江苏高职里面跟制药相关的院校是没有的,药是一个新兴行业,"食药同源"。江苏是一个教育大省、强省,不能在这上面留空白,现在去办一个药类学校是不容易的。但是在我们的基础上,有条件来改嘛,我们再在药的方向上多招几个专业,那我们的发展就会快一点,就能弥补省里的空白。不能中专有,本科也有,唯独高职院校没有。省教育厅同意后报到省政府,省政府征求省食品药品监督管理局的意见,我们及时跟踪,省政府朝那里送的时候,我就打电话给食品药品监督管理局的一把手局长,我说送了,他说,好。否则你送过去了,还不一定给一把手局长看,就会耽误时间,我们没有一点耽误。省政府通知我们去拿,一两个小时就办好了。省食品药品监督管理局同意之后就不用征求其他部门的意见了,因为办学性质不变,拨款渠道不变,没有什么要征求意见的。

问:听说教育部那道关是挺难的?

答:我们的更名和你们不同,我们只要到教育部备案就行,叫备案性审批,你们本科更名要上交到教育部党组会去研究,但只要分管副部长同意也就差不多了。应该说这更名也是很成功的。现在看来效益确实不错,而且更名以后在全国我们所在的食品药品、食品、轻工行业里面,国家示范骨干高职院校就我们一所啊,所以说今后的发展路是很宽的。现在唯一影响发展的就是地理位置,就是在淮安这个地方。

问:现在交通发达,像高速什么的都很方便。

答:但考生还是想到苏南去。

问:后面的高速铁路也在立项建设,这块弄起来后也会是很好的发展。相反的,这边也有很多优势,比如环境、风景还是很好的。难怪我说您前面做的第二件事情,成立"中国食品药品职教联盟",可能某种程度上您是行业的龙头老大,也是责无旁贷要把这个大旗扛起来吧?

答:当时我们在全国没有影响,这样搞了以后在全国影响很大。包括我原来准备讲的国家级教学资源库也是,全国只立项9个,这个不容易,就像那个骨干项目一样。单就我们这个专业来看,全国报名的就有9个学校。前面专家盲审,就去掉7个。到教育部答辩,我就陪我们的项目负责人副院长去,当时又把一个国家级示范校干掉了,而且这个很不容易啊,他们学校还有一个人在教育部帮忙,就负责这个项目,却被淘汰了。全国9个,江苏拿了2个,南京工业职业技术学院和我们,真是不简单。

访谈后记：访谈陶书中院长的时候，发现他快人快语，正像他在学校管理中的风格一样：凡事谋定而后动，而且不动则已，一动就行动迅速，雷厉风行，据此成就了一篇篇学校治理的成功之作。

曹根基,男,1961年9月生,江苏泰兴人,教育管理研究员。历任常州机械学校副校长、常务副校长、校长、党委副书记。2003年起任常州机电职业技术学院党委副书记、院长。兼任江苏省模具工业协会秘书长、中国模具工业协会技术委员会委员等职务。

曾获国家级教学成果二等奖1项,江苏省教学成果特等奖1项、一等奖2项。

我们不能放过任何一件对学校发展来讲比较重要的事情,因为你不知道这次机会错过之后,后面会带来哪些影响。

——曹根基

第六章　拾阶而上攀高峰

——访常州机电职业技术学院曹根基院长①

一、抢抓机遇夯实发展基础

问：曹校长是哪一年到这个学校来的？

答：是1982年2月。

问：这一晃30多年了，还真看不出来，看您这么年轻帅气，不像是到这个学校这么长时间的样子。学校在您的领导下成绩卓著啊，现在是国家示范骨干院校之一。学校发展过程当中，我想您领导学校的成功事情一定很多，请您在这里面挑三件您感觉最为满意的、最为成功的事情，那么第一件事情您感觉是什么呢？

答：第一件事情呢，感觉就是学校入驻科教城，当初叫大学城。因为在2001年的时候，为了要升格嘛，我们也和其他几个学院一起行动啊，我们、轻工、工程（当时的化校），一共3家，那个信息学院跟那个纺织学院已经升格了嘛。我们向教育厅申请升格，结果被打回来了。因为教育厅说要考虑这个地区、行业的布局。我们机械行业就2所学校，一个是无锡职院，一个是我们，他们那边已经升格了，所以我们这里要升格难度比较大。正好2002年初，规划这个大学城嘛，我知道这个消息后，就去找当时的周亚瑜副市长，把我们学校的情况向他作了一个汇报。另外的话，我说就常州的产业结构来讲，缺了机械不行。常州是一个以装

---

① 2013年9月26日在常州机电职业技术学院进行了访谈。曹院长目前兼任该校党委书记。

备制造业为主的工业城市,如果缺了机械,这肯定是一个比较大的缺憾,所以他听了之后感觉常州大学城作为高职园区,好像是不完整。常州机械工业人才需求量很大,常州主要是制造业,所以当时在规划这个大学城的时候,就把我们学校规划在里面。那么这个报到教育厅的时候,因为叫大学城,肯定要我们成为高职院才能进啊。所以这样一来的话呢,就是到 2002 年我们 3 家同时全部升格。如果当时不去找市里面进入这个大学城的话,升格可能到现在还是遥遥无期,很难说是吧。所以我们当时就说进大学城是学校发展的重要转机,如果不进大学城,就意味着什么时候能够升格都不知道。所以,进大学城、2002 年学校升格,这是一个重要的事情。

问:换句话说,你们学校入驻大学城是你们学校领导积极主动争取来的?

答:是积极争取的。当时市里面最初可能开过两次会,但都没有通知我们,我知道之后,就去争取,去找周副市长谈,之后才把我们学校列到大学城里面的。

问:我记得当时市里好像有这个意图,动员我们学校也搬过来①,当然,最后我们学校没有过来。

答:当时市里只是想建这样一个大学城,这个大学城到底怎么建?实际上一开始不是很明晰。在这个慢慢的沟通当中,包括出去到松江大学城去看啊,把这个思路明确了。所以后来常州大学城、常州高职园区就定位在高职教育上了。因为常州算有四所本科院校,但全是 20 世纪 80 年代建的,历史都比较短,而且都是二本,跟兄弟城市比都没法比。像江苏大学、苏州大学、江南大学,包括扬州大学、南通大学,等等。但常州现在有一个常州大学了,当时的话就是没法跟别人去拼普通高等教育这一块。所以当时市里面就提出来要错位发展,人家普通高等教育搞得好,我就搞高等职业教育,所以就建设这样一个高职教育园区。从这件事情来讲,算是地方发展的一个大事,对于这些重大的事情,作为一个学校来讲,特别作为学校领导来讲,要特别关注,这样才能把握机遇,否则的话就会影响学校的整个发展。

问:像这个这么重大举措的话,本来没考虑把你加进来,后来让你进来了,这个难度比较大吧,遇到困难没有?

答:当时感觉难度也不是太大,因为开始的话,大学城,包括当初让你们过来②,仅仅开始想这是个大学城,后来慢慢地,包括上海松江、浙江杭州几个大学城我们都去看,看了之后市里面逐渐就明晰了错位发展高等职业教育。那么高

---

① 指笔者所在的江苏理工学院。
② 当初筹建大学城的时候,据说也有想让笔者所在的学校进驻的计划。

等职业教育的话,作为一个园区来讲,它肯定要有一定的数量,对吧。搞这样一个园区它要有一定的数量,它不能搞2家、3家就叫一个园区吧。所以当时去找市里领导谈的时候,反正周副市长这个人本身比较爽快,他说"对的,这个我跟领导再汇报一下,把几个学校放进来"。所以也没有太大的难度,这个谈过以后,过了几天我再去找,周副市长说已经同意把你们学校放在里面了,这样的话,我们就做好了准备升格的各项工作,应该说还是比较顺利的。

问:您作为当家人,您不要谦虚啊,您觉得在这件事情上您发挥了什么样的作用?

答:这个事情实际上因为当时是中专校嘛,中专校还是校长负责制,基本上是我一个人一手跑下来的。包括这个信息,得到信息之后我在学校和几个领导说了一下,说了一下以后我亲自去汇报、去找,然后后面的沟通,主要我一个人在做,亲自跑的。这个是学校头等大事,我都亲自跑的。2002年升格,然后开始整个学校的规划、建设,到2003年的入驻,我当时的主要精力就在这一块上面吧。现在回过来看,就是我们建这个新校区的时候,他们工程学院、信息学院、纺织学院,到后来的轻工学院,逐步逐步老校区全部置换了。但由于我们老校区那边当时有一个化工厂,后来有一个钢铁厂,到现在都没能置换。所以在整个新校区建设当中,我们比他们四个学校至少少了2个亿,是吧。在少2个亿的情况下,我们通过10年的努力也取得了较快的发展,这就涉及我马上讲的第二个比较成功的事情,就是2010年的国家骨干高职院校的申报。在整个这当中,虽然我们资金是最紧张的,但我们整个校区的规划和建设还是比较有序的。我是一期把学校运转必需的房子全部建好,后来就是添了一些学生宿舍。我们的图书馆去年才交付使用,这个图书馆是学校的一个标志,但是这个体量比较大,投资也比较大,当时就暂缓了,先把必需的、保证学校正常运转的建筑全部建好。所以2013年我全部在这里,天天是忙得昏天黑地的,几个月把这个校区建成确实很不容易。

二、审时度势迈上新台阶

第二件事情,就是2010年的骨干院校申报工作。第一轮国家示范院校建设,我们也争取过。但是当时就江苏来讲,其他学校实力都比较强。当时也是讲行业的问题,因为总的来讲,我们的基础和无锡职院来比的话,还是要比它差。因为它本身建校历史也长,另外,它原来是部属学校,所以各方面条件都比我们要强一些。所以在示范建设的时候,也是无锡上了,而南京工业职业技术学院本来属于轻工的，但是它的专业和我们重合度比较大。所以在示范院校申报中，也是遇到这个行业的布局问题。我们经常开全国性会议，兄弟城市同行业的学校对我们也都比较了解，见到我就问，你们示范上了没有？因为当时分了3批嘛，他们见一次问一次，我说没有。毕竟这个总的学校数也有限。那么就江苏来讲，我们也能理解教育厅，它要这样一个布局。所以常州当时就是信息学院上了，因为它属于信息产业厅的，信息学院上也是因为当时史国栋①应该说各方面能力比较强，就信息学院来讲，有南京信息职业技术学院、淮安信息职业技术学院，就各方面条件来讲，可能常州信息跟南京信息比的话并不一定有优势，但是这其中史国栋很努力，最终常州信息上了。那么常州信息上了，常州肯定也只能有一个，所以我们没有能上示范院校。

那么2010年启动了第二轮国家示范骨干院校建设，第二轮的话就是骨干院校的建设。我是1999年当校长，1997年当常务副校长，开始主持行政工作。在这个前面，我们要讲教训的话，就是1992年的申报省重点中专校，当时校长说我们的条件比较差就没申报，申报的话要准备评估啊，要花一笔钱，那个时候经费非常紧张。结果，像轻工啊、化工啊，他们当时全部申报了，结果我还去参加评估的，我去看了一下他们的条件，也不一定比我们好，结果申报了，通过评估了，就是省重点了，我们没有申报不可能给你省重点。然后到1996年开始搞五年制试点，五年制试点的前提是省重点中专才可以试点。好了，一下子我们五年制试点就拿不到。拿不到，然后也是每年去做工作，一直到1999年才给我们搞五年制试点。所以后来我说我们不能放过任何一件对学校发展来讲比较重要的事情，因为你不知道这次机会错过之后，后面会带来哪些影响。我们现在市里面发文件、教育厅发文件，都是常州信息、常州纺织、常州工程、常州轻工，最后是常州机电。我们为什么会排到最后一位，我认为最关键的就是1992年，那个节拍没跟上，所以很多事情就落在后面了。2010年申报国家骨干院校的时候，我说这一次相对来讲和前面的示范申报不太一样。示范呢，省里是分批遴选的，它一次3个或者2个，每次的个数比较少，这个竞争就非常激烈，比较难平衡，对吧。而在骨干申报的时候，它是一次遴选，全国100所学校一次遴选，那么一次遴选相对来讲个数就比较多一点。机会把握好的话，成功的可能性比较大，所以当时我在班子里面定下来，要尽一切可能，要搭上这班车。当时我还在北京开会，6月30号教育厅下发了通知，我就赶回来，从6月30号开始就搭班子来做申报的准

---

① 时任常州信息职业技术学院院长，现任常州大学党委书记。

备工作。这个申报准备工作应该说非常辛苦。我们省里面,是 9 月 6 号还是 9 月 8 号申报截止,还剩 7 月、8 月两个月时间。两个月时间我们相当一部分骨干,基本上就是每天加班。我们住在宾馆,集中来做。

　　做的话呢,首先,就是要搞清楚我们骨干院校建设的意义,就是教育部、财政部为什么启动这一项目?它建设的意义在什么地方?到底要达到一个什么样的目标?这个先要搞清楚。这个不搞清楚,申报方向就可能会偏。所以要吃透这个文件的精神,包括这一阶段来教育部的有关文件的精神,要把握好这个方向。然后确定这个建设的项目,到底做哪几件事情,每件事情做到什么样,它具体的建设目标是什么,对吧。经过多次研讨,多次讨论,这个一轮下来,我们也请一些专家来看,看了再改,改了不知道多少次,大的修改将近 10 次,小的呢就更多了。当时常州四所学校都申报了。在省里面遴选的时候,因为给了江苏省 11 个指标,就是初选给了 11 个指标,那么省里面组织了汇报答辩,然后专家进行评审,最后这个排序,我知道我们排在第 4 位,工程学院是排在第 11 位,就是最后一位,纺织、轻工学院直接被刷掉了。入围之后,后面是教育部、财政部的答辩,当时是在上海会议系统视频答辩,专家全在北京,汇报 8 分钟。答辩可以两个人参加,所以就请王副市长①,他当时也是科教城党工委书记嘛,王副市长跟我一起去答辩的。因为这里面骨干的建设最核心的内容是什么呢?是校企合作体制机制建设,就是校企合作的问题。因为前一轮示范院校建设经过 2006 年到 2009 年 3 批建设下来之后,总的就感觉到这个示范院校建设光内部的专业建设、课程建设、实验条件建设,包括师资队伍,还不够。所以在搞第二轮骨干建设的时候,明确提出要以校企合作体制机制创新为突破口,所以要加强校企合作体制机制建设。

　　那么这里从体制上来讲,我们现在的教育体制真正去打破它是很难的,但是我们在体制上总要寻求一些突破,所以当时我们制订方案的时候成立了校企合作理事会。那么理事会呢,要有有一定影响力的人来当这个理事长,所以我们就请了两位,作为地方来讲,就请了分管教育和工业的王成斌副市长给我们当校企合作理事会的理事长。行业那边,请了我们机械行业教育发展中心的主任来做理事长。所以在答辩的时候就请王成斌副市长一起去答辩了。因为这个上与不上的压力,应该说是有前所未有的焦虑、紧张。说老实话,准备啊,可能是集体的,但是到答辩就是你一个人,最后要是由于你答辩不好被刷掉了,那要成为学

---

① 指常州市分管教育的王成斌副市长。

校的千古罪人啊。所以整个答辩材料的准备,包括这个 PPT 的制作,我记得为了一张 PPT,我跟我们几个校领导,还有我们艺术系的老师,讨论了一个晚上。怎么来表达？你只能汇报 8 分钟,然后他们提问回答,时间是 7 分钟。我们的建设方案,就这么厚厚一本,8 分钟要把它讲出来,只有充分发挥 PPT 的作用才可以。你可能讲的是一句话,但 PPT 上反映的是一篇文章。所以其中一张 PPT 我们搞了一个晚上。

答辩是在会议室,边上是一个准备室。我们提前到准备室休息,在休息的时候,我就闭着眼睛在想我将汇报的这个材料,刚想了一段,下面全部空白了,也不知道怎么一回事,脑子一片空白。我说这样不行,然后出来走走,因为都是兄弟学校的,都认识就打打招呼。按照时间还有几分钟的,我就准备转一圈再进去。转啊转,一会儿叫进去,就匆匆忙忙进去了。进去之后,反而那时候,心有点定下来了,哈哈。我汇报完大概离 8 分钟还有 10 多秒,这个是恰到好处。然后给我提了 2 个问题,给王副市长提了 1 个问题,应该说没什么大的瑕疵,答辩还是比较成功的。但是答辩完出来后,这个东南西北分不清,就是那种高度紧张啊,驾驶员开车,我说你往这边走干什么,你应该往那边走,是那个方向回去啊。他说,哎呀,你连东西南北都搞不清楚了。方向搞错了,就是高度紧张造成的。这个答辩,我虽然感觉非常紧张,但还是比较成功的。答辩完之后,后来得到北京的消息,我们入围了,这个对于学校发展来讲应该是一个里程碑的事情,至关重要。现在不管怎么说,我最起码在 1300 多所高职院校中在前 200 位,前面有 100 个示范,现在 100 个骨干,前 200 位肯定没有问题。所以现在想想实际上最关键的是刚才讲的,就是抓住了国家建骨干院校的意义与目的,这个把握得比较清楚,包括我们做的这个方案,做的几项项目、设置都是紧扣了它的主题。我们每天基本上不到深夜 12 点是不会走的。在整个准备当中紧紧抓住装备制造业如何为地方经济发展服务这个中心,因为这个抓住了,才能提升到校企合作上面来,没有这个基础校企合作就是空的。所以这个骨干院校拿下来对学校来讲是打了一针强心剂,每个人都感觉到这个上了的学校发展的态势要比没上的学校好,然后教职工的凝聚力也进一步得到提升。实际上这个项目拿下来不仅仅说中央财政给 2000 万元,省里配套 2000 万元,不仅仅是这 4000 万元的问题,这个涉及整个学校发展上升到一个新的台阶。通过这些项目的建设,整体的管理水平也好,教师的教育教学能力也好,全部得到了提升。现在我们的生均拨款标准就和你们本科是一样的,这个是每年的,每年都多 1000 多万元,这个积累起来就相当可观了。

问：那么在这件事情当中,您作为一把手校长主要做了哪些事啊？

答：主要做的就是整个建设方案的设计,顶层设计,对吧。到底我这个骨干建设的总体目标是什么,具体目标是什么,目标要把它定准了。然后是具体的项目,专业建设这个是定好的,肯定没有选择余地的。其他项目,除了校企合作体制机制建设,我们定了师资队伍建设、社会服务能力建设,还有一个教育信息化建设,五大项目。因为校企合作体制机制本身就是骨干院校建设要解决的问题,对吧,我说这个必须要把它确定为一个具体的项目,你不要在专业建设里面去体现,讲不清楚,而且这个校企合作机制体制建设必须是学院层面的,这个涉及整个办学模式改变的问题。校企合作这方面我们有一定的基础,跟其他的学校比的话,我们在这方面的基础要比它们强得多。因为我们2008年就成立了校企合作办公室,所以我们整个校企合作的基地啊,包括这个合作的内容啊,原有的基础都比他们好。为什么在省里面遴选的时候我们排在前面啊,因为有这样的基础,你才能把这个事情进一步做好。这个事我在2008年就把它定下来了,所以这样的话等于我们校企合作已经做了两年。当然现在他们都有校企合作办公室啦,都有相应的机构了,独立设立这样的中层机构我们是第一个,所以有这样的一个基础在里面。

再一个的话,对校企合作来讲,为什么企业不来找我们,是我们要去找企业？所谓的一头热、一头冷,最根本的问题是我们的服务能力不够。企业为什么要找你？如果你能够给它提供足够的服务,它自然而然就会找你,它不找你是因为你的服务能力不够。所以我们把社会服务能力建设作为一个单独的项目。如何提升你的社会服务能力,你的科技服务、你的社会培训,如何来提升？那么要提高社会服务能力最关键的还是师资,你的师资队伍建设。另外一个教育现代化就是在教育手段上面如何来体现。这几个项目的设定都是围绕着校企合作来做的,这些都是相辅相成的,所以你下面几件事情做好之后,你的校企合作体制机制才可能真正建立,实际上是这样一个关系,紧紧抓住这个主题设定主目标。实际上整个申报到现在建设过程我都是亲自抓,这是第二个事情。

三、把握重点谋求特色发展

第三个事情,就是江南装备制造技术产教园,也是常州机器人智能装备应用技术研究中心的建设。这个建成之后应该说所有到我学校来的,兄弟学校的管理者也好、老师也好,包括媒体朋友、各级领导,来看了之后都感觉比较震撼。

问：为什么比较震撼呢？

答：上次路甬祥副委员长来看过之后，他在东区那边座谈的时候讲，这是他看到的国内最好的实训基地，它与许多世界龙头企业以及国内的知名企业进行了很好的合作。为什么会比较震撼，就是说我们当时考虑骨干院校建设方案设计的时候，开始考虑得比较简单，就是说骨干院校建设会有一笔钱来，前面一直没钱，实际上教学条件欠了很多账。因为我们这里共享嘛，东区的工业中心共享，学院的实训室都零零碎碎的在各个楼里面，人家到学校来看，看不到什么东西。当初就在想，反正这笔钱来了之后，要集中建一批实训中心、实验中心，这样的话，新建的设备比较好一点，有一些看点，这个也是学校的一个形象，当时考虑得还比较简单。

但是在真正做的时候，我们实际上就在思考一个问题，就是校企合作，除了理事会、执行机构要有，还必须要有载体，要有具体的载体。然后我们综合考虑了我们校企合作的原有基础等，决定建设"内园外站"这样的校企合作平台。就是学校内部，建一个江南装备制造技术产教园，就是产教合作的一个园；"外站"呢，就是我们在学生就业和顶岗实习比较集中的区域建了校企合作工作站。那么在建这个园的时候，我们也看了很多兄弟学校，信息学院那边有一个信息产业园，有好多学校建了这个科技园啊、创新园啊，我就在想我们这个园怎么建？要建这个园首先要把它的功能进行定位，要定位好。我看了很多园，发现其中有一个主要问题就是跟教学的关系。搞了一个园引进了很多企业，跟教学什么关系？在教学上解决什么问题？我感觉不够。因为作为学校来讲，最根本的是培养人，这个培养人是第一位的。其次才是科研，才是社会服务，对吧，我们不能本末倒置。所以我们在定位的时候，首先明确它是人才培养模式改革的一个基地。这是一个。第二个呢，是我们社会服务和科研的一个基地。再一个呢，就是一个创新创业的基地，当然也是校企合作体制机制创新的一个基地。所以先把这个定位定好。我们这个建设基本上是按照实训中心的物理形态来建的，因为你首先服务教学，所以基本是按照实训中心的模式来建的，而不是把什么企业引进来。我在前面引进来一个企业，在这个建的过程当中，现在已经进来了两个企业，但这个企业和一般的什么科技园啊这些东西不太一样。所以它基本的形态是实训中心，作为实训中心来讲，它就不是纯粹的生产企业，是这样一个概念，这是第一。第二的话，这些实训中心又要实现第二个功能，就是技术研发，就是科研和社会服务。所以我们又在团队建设方面组建了7个科研团队，那么这个里面就有7个技术应用中心。然后这些实训中心的设备也好，技术研发的设备也好，这些设备怎么办？我说要体现校企合作、产教合作。不是把企业拉到学校来就是产教合作了，我是通过设备和技术来体现我们的校企合作。所以我们紧紧定位围绕装备制造业，我们叫装备制造基础产教园，然后是产教合作的一个园。所以我们这个里面的设备，现在统计下来，自己投入3000万元，企业捐赠的大概是1500万元，准捐赠的是5000多万元。准捐赠就是给我用，产权是他的，这个也是建设当中的一个创新点。原来我们建实训中心啊，就是跟这个设备商谈优惠多少，然后买过来。但是我们前面这么多年也建了好多实训室，最大问题是什么？有些设备它三五年就淘汰了，三五年淘汰之后你还得再去买，这是一个问题。还有一个什么问题呢？系里面提出要建，建的时候有很多理由，建好之后利用不够。所以我们在建的过程当中，给我们管理办公室主任提了一个要求，就是我们能不买的尽可能不买，要去跟他们谈，让他们提供。这个提供有什么好处呢？一个节省了我们的投入，第二个保证了这个中心设备技术的不断更新，因为这个设备技术是企业的，而我们合作的都是世界的龙头企业，它们非常注重自己的形象，这个设备如果要淘汰了它会自然更换，因为这个产权是它的，它可以换回去，对吧。这样的话设备不断更新的问题就得到了解决。还有一个解决利用的问题，因为相当一部分设备是企业的，作为企业来讲它就非常关注我这些资产的利用，所以，反过来会督促学校、监督学校的使用。同时它也想要充分利用这些设备，比如说它的客户培训啊，它要搞些技术推广啊，它也会用到这些设备。这样的话呢，整个实训中心的利用率就得到提高。

问：那我请教一个问题，企业为什么乐意这样做啊，我这个用旧了，能够免费把最新的调过来，它从这个里面得到的好处是什么？

答：首先是它愿意拿这些设备来跟我合作。看了之后很多人问同样的问题，就是企业为什么愿意拿这些设备来跟你合作建这个实训中心呢？我说这里面一个是我们和企业有这种长期合作的背景，有这样的关系。比如说我们跟博思里斯乐建立一个博思里斯乐创新实验中心。博思里斯乐它主要搞液压气动和数字控制这一块，我们这个实训中心现在不能讲全世界，在全国肯定是最先进、设备最全、规模最大的一个中心。那它为什么愿意跟我们合作？因为在前面我们已经连续给它做了六期"订单班"，它在常州有工厂，然后我们跟它定，连续做了六期，而且现在我们"订单班"的学生已经成为它公司里面各个部门、各个车间要抢的人。所以当我们提出要建这样一个中心的时候，它厂里面很积极，毕竟常州公司还是常州公司。上面最高层要到博思集团，博思里斯乐只是下面的一个公司，博思集团在世界有很多公司，常州只是一个公司。所以在一层一层批的时候，就由于我们跟博思里斯乐原有的这种关系，和这个培养的学生在它企业的影响，便非常快、非常顺利。所以它总共投入800多万元设备。这个当中实际上也是在为地方经济发展做贡献啊，像博思里斯乐它开始是一期，现在扩大很多了。为什么总部会同意在常州建三期工程，把厂的规模扩得这么大？这个实际上跟我们毕业生对它企业的影响有关系。就是在这个地方它能够招收到比较优秀的员工，解决它的用工问题，它有这样的基础。包括我们跟安川电机，就是工业机器人方面的合作。日本人的这种核心制造啊，很少拿到外面来。安川电机想把机器人的生产拿出来放到中国，开始谈的时候基本上已经初定了在上海的嘉定，然后是一个偶然的机会，武进跟这个安川电机的社长有一定的接触，然后就跟他介绍我们这里有这样一个高职园区，他听了之后就比较感兴趣，就派人来看，主要来看我们，了解了我们的情况，看过之后，最终改变了安川电机投资的决定，把企业建到武进高新区。那么在这个过程当中，就是他决定建这个厂的同时，决定和我们合作建立这个培训中心，所以我们这个安川电机培训中心所有的工业机器人都是他企业提供的，我不买的，他提供，我只是配套购置一些周边的设备。因为它动起来加工啊、做啊，要配套一些东西，所有的机器人全是它提供的。因为我们跟安川的合作，什么NHK啊、《朝日新闻》啊，都有报道的。所以日本的电装（电装是搞小型机器人的）一看，你这个东西好啊，就找到我们，跟我们合作建立一个电装工艺机器人实训室。这个实际上都是我们长期的这种合作，我们的这种办学理念、办学成绩吸引了他们。当然他们来投资，除了跟我们合作能补充他的员工需求之外，另外一个他也看中了你这样一个环境，今后会对他这种品牌产生影响，有潜在的市场，他是看中这些。我有这样一个产教园，再把我们的想法、我们的理念和对方一沟通，因为我们接下来装备制造业更多的是向智能装备去发展，所以我们这个实训中心的规划、设计都是围绕着智能装备来做的。对方一看你的规划、一听你的思路，他想这个地方必须要占领，对吧。前面我们跟欧姆龙搞这个PIC，就是做工业控制器的，都谈差不多了，结果JE来找我们，后来我说到上海JE去看看，JE提出来能不能跟我们合作，不要跟欧姆龙合作，我们说我们已经谈得差不多了，我们不能做这种事情，今后我们再寻求其他的合作项目吧。

现在好多企业找上门来，我是苦于地方不够。现在对方是主动找，因为它们感觉在这个地方要有一个窗口。如果讲它们为什么会投？实际上有很多因素。所以现在建成之后，好多人看了之后，包括《中国青年报（职教版）》的主编看了之后说，只能用两个字"震撼"来形容。因为这些合作方都是世界知名企业，而且里面的设备、技术都是当今最先进的。然后这个整体定位,实际还是比较到位的。他们这些人看得多了,一般的没感觉的。所以我说这么多年吧,你让我讲出最得意的事情:一个是学校升格,一个是骨干院校申报,一个是这个产教园的建设。

访谈后记:一个有趣的现象是,曹根基院长描述的学校入驻科教园区如愿升格、跻身国家骨干高职院校行列成功升级、打造装备制造技术产教园形成特色等三件成功之作,犹如由低往高拾级而上的院校发展三部曲,这与以曹院长为首的管理团队审时度势、准确定位、抢抓机遇、特色发展的院校治理方略是分不开的:从觉察到学校所在地筹划高职园区建设的动向后,能够及时捕捉这一地方政府的举措对学校发展可能带来的重大机遇,然后及时行动,终于使学校成功补位入列,为学校发展争取到了难得的重要机遇。在学校争创国家重点(示范骨干)高职院校的过程中,能够准确定位申报重点,苦干、实干两个月,从而实现了预期目标,成功跻身国家骨干高职院校行列,同时用实际行动兑现了申报承诺。根据自身特点和发展目标打造了令观者震撼的装备制造技术产教园。而支撑这一切的背后实际上是领衔校长具备的敏锐洞察力、准确判断力和过硬行动力。

周俊,男,教育管理研究员,江苏省人民政府督学,扬州大学兼职教授、硕士生导师。

曾获扬州市有突出贡献的中青年专家、江苏省职业教育先进个人、江苏省职业院校技能大赛先进工作者等荣誉。

多年来,专注学校管理、职业教育发展战略、校园文化建设、学生素质教育等领域研究,建树颇多,先后发表30多篇学术论文,出版专著3部,主持4项省级及以上教育科研规划课题。

学校的发展不能是被动地适应，被动地听命于上级领导布置，被动地做一天算一天，干到哪里就到哪里，一定要找到一个魂。

——周俊

第七章　紧紧把握学校发展的核心要素

——访江苏省扬州商务高等职业学校周俊校长[①]

一、用"三个满意"理念引领学校发展

问：周校长您是哪一年到这个学校担任校长的？

答：我是 2002 年 4 月 23 日来这个学校的。

问：一晃 11 年过去了，学校搞得非常漂亮，我也是扬州人，之前都是从学校旁边走过，进来还是第一次，真的非常漂亮。在这十多年中，学校发展有目共睹，作为校长来讲，您做的事情非常多，包括成功的事情也一定很多。在您成功的事情中，能不能挑三件感觉最为成功的事情？第一件事情您感觉是哪一件？

答：现在感到成功的事情，第一件事我觉得是提出了或者说总结概括了学校的办学理念。我们学校的办学理念是"三个满意"：政府满意、企业满意、家长满意，这个我感觉比较成功。为什么呢？正是在"三个满意"的引领下，学校取得了很大的发展。由于我们这个学校原来是劳动部门的技工学校，原来是属于省商业厅，2000 年划归教育厅，后来把我从扬州大学调过来。那么这样一所学校呢，怎么发展？原来的规模比较小，占地面积只有 10 亩地，60 几个教职工，700 多个学生，总共在校生 16 个班，所以呢，当时整个学校发展一直到现在，我们认为"三个满意"提出还是非常正确的。第一个是政府满意，也就是说要使学校的发展和社会经济的发展相合拍，把我们学校的发展纳入到社会的发展对人才的

[①] 2013 年 9 月 24 日在江苏省扬州商务高等职业学校进行了访谈。

需求这一大的背景之下，特别是我们这样的一所学校，是隶属省教育厅的，所以我们就主动地对接当地的人才需求。我们所能对应的是这样的一些行业企业，也就是说使政府感到我们这样一所学校在扬州确实是以自己的方式促进了社会的发展，为社会的发展做了一些贡献。在政府满意这一背景之下，学校注意研究地区产业结构的变化，注意研究地方政府的社会经济发展规划。第二个是企业满意。什么是企业满意呢？就是说我们怎么样培养人、培养什么样的人，这个不是由学校来定的，而是由企业来定的，也就是根据企业的需求来确定。我们定期联系企业，到企业访谈，了解企业需要什么样的人，需要学生有哪样的素质，根据这个来调整我们培养学生的思路，所以我们的学生比较受企业欢迎。特别是我们一部分实习生要派到中央或国家机关去，如中央组织部、中央办公厅、外交部等，铁道部也有一些，另外中纪委也有一些，我们每年进入到北京市场实习的学生都有200到300个。因为就业这一块它有个双向选择问题，用人单位满意了，也就使得我们对学生的培养更有针对性，更有适应性。现在企业的确希望学生技能水平好，但更主要是认为这个学生要能吃苦、会合作、听话（笑），这些对企业来讲更重要，所以我们就改变了原来的思路。原来呢，我们认为只要把学生技能水平提高就行了，其他的什么表现啊、素质啊不予过多考虑。但是我们确定了"三个满意"后，就调整了这个思路。第三个是家长满意，就是要小孩成人、成才。首先要成人，然后成才。所以在这"三个满意"中我们没有提出学生满意，主要基于学生是未成年人，他的世界观、人生观、价值观都有一个重新塑造的过程，而且中国职业教育的现状也证实了这一点。我们的生源都是没有办法去上高中的学生，在这些学生中存在很多不良习惯，很多行为都需要纠正，所以我们这种生源的限制也就决定了让学生满意的话，需要有一个过程。所以当时呢，就没有提出学生满意，回过头来看我们这"三个满意"是正确的，因为我们认为对学生来讲就是一个引导。这也是我感觉比较成功的。

问：请问这个理念大概是什么时候提出来的？

答：这个理念正式提出来大约是在2004年。当时是在教代会的报告中提出了这"三个满意"，报告是我自己写的。

问：您为什么会想到提出这一理念？这"三个满意"是基于什么样的考虑？

答：我想学校发展一定要找到一个魂，这个魂是什么？学校的发展不能是被动地适应，被动地听命于上级领导布置，被动地做一天算一天，干到哪里就到哪里，就是一定要找到一个魂，各项工作有一个准绳，判断学校这项工作能不能做，首先要有准绳。而且我们根据"三个满意"的理念提出了"三个发展"：学校发展、教师发展、学生发展。因为当时呢,2004年的时候,学校酝酿要搞一个新校区,就是现在这个地方。当时我们学校连省重点都不是,后来短短的时间内,变成省重点、国家重点,所以学校发展得比较快,当然是外延发展得比较快。在发展的过程当中,我就想,学校发展,教师怎么发展?因为我记得以前读《斯大林选集》的时候,斯大林在哪篇文章里曾讲过,火车在急速行驶的时候、在急剧拐弯的时候总有些东西会被抛出去。因为当时我们学校教职工比较少,而且我们原有的老教师、技能大师,学历都是中技,就是这样一部分老师,怎样适应学校的发展?不是学校发展了,规模做大了,新的理念贯彻了,而把他们边缘化了。当时考虑这些老师怎么发展,所以就确定学校要发展,教师也要发展,教师自身素质要提升,教师自己学历要提高,都考虑这些问题。同时学生也要发展,因为前面没有提到学生满意,但学生要发展,那么从哪些方面发展?主要是技能的发展、素质的发展。

问:在这个办学理念提出的过程中,您作为一把手校长感觉自己起了什么样的作用?

答:应该说起了一个促进的作用。因为理念提出来以后,学校的各种对策、各种政策举措都是围绕这个理念来制定的,都是根据这一理念来确定我们自己的工作策略、工作重点。

问:这个理念的提出过程,包括完善、最后得到认可,这里边有没有人不理解?这个好像比较虚,理念的东西摸不着、抓不住的,在理念形成、实施的过程中有没有遇到什么困难?

答:这个困难当时也有,特别是一些老同志,他们认为我们要务实,这个东西太虚了。有些老师认为只要把技能抓好了,把学生的技能水平提高了就行,因此对这个有些不理解。但即使暂时不理解,我想从学校来讲,从我们自身来讲,一是围绕理念确定学校的工作重点、工作路径、工作措施,老师必须要去做,必须按照这个来做。二是通过各种形式去宣传,首先从干部开始,干部要接受,干部接受后也就影响了教师。

问:现在回过头来看,这一理念的提出,它的结果、作用、影响主要有哪些?

答:我想重点作用有:第一,就是学校发展的一个魂,我找到了。第二,学校各种工作重点的确立、工作路线的选择都找到了一个标准。我们各项工作围绕什么去做?对于学校来讲,上面的要求也是不断地提出来的,那么学校怎么去发展,而且不是被动地适应市场,一定要走在市场的前面,就是说,我们培养的学生要和其他学校有所不同,因为我的发展策略就别具一格,与众不同,也就是说走特色化发展道路。这个特色化发展说的就是我们的"三把刀"专业,过去就有,但是起先大家没有这样提,我们明确提出以"三把刀"专业做为我们的特色,乃至在整个校区的建设过程中,都嵌入了"三"这个元素。大门南面,三堵墙;东面实训大楼,凸出三堵墙;正大门这一块,正中心是教学楼、南边是图书信息馆、北面是实训大楼,也是三个。所以,整个设计中嵌入了"三"。因为"三"在中国古代汉语中是概数,"三"在《易经》中谈得也比较多,最高就达到了"三"。当时我们嵌入这个元素,以扬州"三把刀"作为专业特色。但是实际上,我们的专业远不止三个,但最有特色的是"三把刀"。另外学校里有各种塑像,如扬州"三把刀"的塑像。前段时间教师节时,市委书记来我们学校视察的时候,看到"三把刀"的塑像感觉很不错,说扬州其他地方怎么没有呢?这个也是一种与众不同,所以我们的办学就是想别具一格。从这样一个思路出发,我们确定了与众不同这样一种管理理念、管理的主心骨。

二、用"五维素质教育"全面提升学生

问:好的,非常感谢!您第二件成功的事情是什么?

答:第二件我感觉比较成功的,从大的方面来讲,是我们对学生的"五维素质教育"——从五个维度对学生进行素质教育,就是课堂教学建构素质、社团活动拓展素质、行为习惯强化素质、劳动提升素质、社会实践提高素质,从五个维度来影响学生、提升学生。这个方面我们做得还是不错的,2012年4月份教育部召开一个"创先争优推进视频会议",这个会议要开放到全国所有的大学、地市一级的教育工委。会议是在教育部二楼会议室大礼堂举行的,主持会议的是杜部长,袁部长在那讲话。当时选了四个人发言,一个是天津教委副主任,第二个是北京师范大学的党委书记,第三个就是我,第四个是云南昆明四中的。就是分别代表教育行政部门、大学、职业教育,还有普通高中。我讲的就是我们怎样发挥"五维素质教育"的作用,引领学生成人成才。

问:那么提出"五维素质教育"是基于什么样的考虑,它的背景是什么?

答:这个背景就是现在社会对学生的要求,企业对学生的要求,也是从企业满意引申出来的。就是我们和一些企业接触、去走访的时候,了解他们对我们的学生最不满意的是什么,最希望我们学生怎么样。他们提出来,学生首先要听指挥,要能吃苦,要能够与人和谐相处。他们最不愿意看见的就是学生不听指挥,怕吃苦,同事之间相处不好,有的甚至动不动不辞而别,他们最不喜欢这样的学

生。所以根据这个我们就想到素质教育,素质教育要优于技能教育。过去我们课堂教学就是学习技能,但是我们在这个过程当中职业素养怎么去培养?过去我们有的老师不太注重这个方面,而且这个是通过企业的实践得出的。比如说像厨师,其最主要、最重要的职业素养是卫生干净。如果一个厨师不讲卫生,脏兮兮的,他的烹饪水平再高,人家也不敢消费,所以呢,这是一个启发。第二个启发是,我们当时在全国烹饪技能大赛上首先提出有两个100分。后来全国烹饪技能大赛也接受了我们这一理念:技能操作100分,过程100分。为什么?我们现在烹饪原材料浪费太多。你比如切个土豆,他为了切得方便,四边一起切,只剩中间一块,就不需要削皮了,你说这个浪费不浪费?有的鱼它就需要一点点,其余都不要了,浪费太严重。后来全国技能大赛组织者也看出了这一问题,原材料浪费不得了。我们带去雕刻的东西,一个大客车拉过去训练用,原材料都是自己带,用一点,其余全部都浪费了,很可惜。所以当时我们就思考,怎样使学生养成不浪费的习惯、节约原材料的习惯。没有哪一个企业、老板希望员工这样大手大脚,愿意这样浪费原材料,增加成本。所以当时呢,我们从这几个方面感觉素质教育很重要。但是怎样把这个素质教育拧成一条线,过去认为素质教育是在哪?是在课堂之外来进行,课堂之内就不需要,好像讲技能、学知识、学文化,就不一定需要去学其他的东西。当时我们就感觉课堂教学一定要建构学生的素质,职业素养要在课堂上通过老师的一举一动体现出来。所以根据这一情况就提出了一些具体要求,比如我们的烹饪专业学生,实习的时候必须排着队进实训室,必须要穿工作服、戴工作帽,你没有做到这一点就不允许你进入实习间去实习。我们还确定了10个抓手,回头有个材料会给你。比如从学生的早上开始,我们首先把学生宿舍抓好。因为我原来在大学里做过系主任,做过党委书记,大学生的宿舍是很脏的,我们现在的学生宿舍超过了大学。每天早晨所有的老师,包括我们,一进学校,第一件事情就是进学生宿舍。我每天早上还有三层楼的督查任务,我检查我这三层,学生的卫生怎么样、被子有没有叠、地有没有拖、走廊里干净不干净。所以每天早上在我去之前,他们有一个流程,有一个中层干部负责打分,每天记录下打分评价,所以各个系呢,为了把自己的工作做好,它班主任、系主任在我们检查评分之前已经把工作做了。所以每天我们去宿舍的时候,都是干净的。学生早晨起来养成一个良好的生活习惯、卫生习惯,把地拖一拖,把被子叠好。这次我到北京去的时候,在外交部有个同志就给我讲,你们学生真的不错,有一位已经毕业两三年了,当初在他那实习后就留了下来,做了个小组长,管七八个人。有一次他偶然到这七八个人的宿舍一看,大吃一惊,厨师还叠被子？过去厨师都脏得一塌糊涂，但这个宿舍被子叠得整整齐齐。一问，就是你们这个学生提出来的，他在学校就养成这个习惯了，这是从早上开始的。所以早上我进入学校大概是 7 点 40 左右，路程比较远，坐车要半个小时，到了学校以后首先进入我所检查的三层楼，如果我不在家，就委托办公室的同志替我去督查。

问：我觉得您作为校长，事务性的工作非常多，您每天还这样做，为什么呢？

答：如果我作为校长不抓，仅仅只是发发号令，很可能这项工作就会流于形式，那么我去了，其他副校长也会去，中层干部都会去，而且我们是连环的，你系部能不做？我们每个月有个月度考核、行政考核，就是月度积分，有行政工作、学生工作、教学工作积分，积分都有排名，这些工作都列进去。假如你有个宿舍连续几天查了很不好，我们就委托机关哪个处室去帮助这个宿舍，但是你要扣分。管理学上讲，人们不是做你所希望做的，而是做你检查的。作为校长来讲，我有很多很多的希望，但是我们各个处室、各个部门，不可能说校长希望他们做什么事情就做什么事情，但是我检查什么，他们就必须做什么。这是我每天早上规定的动作。然后我从那出来，8 点钟，学生开始早读了。这是从 2005 年开始的，早上有个早读课，读古诗词，就是国学，学校编了一整套课本。早读课看看学生读得怎么样，我有两层楼的督查任务，一个个地去评分，一直要搞到 8 点 30 这项工作才结束，才回到办公室。我每天早上都要去检查，你看，早读检查表，这就是我的名字，这个分数最后全部要返还给系里。每天都这样，我不在家就请办公室主任代查，所以我每天早晨进办公室大概在 8 点 40 到 9 点之间，然后我还要看一看。有什么好处呢，不光是检查早读，我可以了解整个教师的上课情况、学生的听课情况、卫生状况。应该说到过我们学校的人，都认为我们卫生非常好。所以说包括学生的厕所我都要进去看一看，打扫了还是没有打扫？干部是检查了还是没有检查？加上我们学生还有些不好的习惯，不少地方，你看学生在墙上用脚踩啊、踢啊，等等，看到了哪些问题，我就通知哪些部门，看到了必须要立即纠正。比如说有些学生钥匙没有带，怎么办？就爬墙，一爬墙上留下脚印，这个我看到了就通知他系里。同时呢，我去还有个什么好处，我自己都这样做，我管理人家、要求人家这样做他就不可能有怨言。论年龄我比他大，论职称也比他高，就不谈职务了。从年龄来讲，我五十多岁的人了，从职称来讲我也是正教授，要求他们做什么事情，他没有什么怨言，因为我自己都做到了，而且我发现了问题，就打电话过去解决问题。包括学生教室里面，有些比较脏，做得不太好，而另一些教室里布置得很有特色，我就要求人家来学习。所以在校长这个位子上接触的事情比较多，就利用这个行政权力把一些老师好的做法推行下去。另外，围绕素质教育，早读课我们有要求，第一个动作要全部站起来，背诵、朗读专业誓词，这个专业誓词就像共产党员入党的誓词一样。比如说我是烹饪专业的学生，我要怎么怎么，每个专业都有自己的专业誓词。这个专业誓词是由专业老师自己提出来的，学校不做统一要求，有些老师甚至还发明了班级誓词，围绕珍惜班级的荣誉要怎么怎么，把专业誓词读好了以后读班级誓词。你说这个有什么作用呢？我想作用也不可能立竿见影，但是就像春风化雨，慢慢地发挥作用，经常讲、经常听到比不讲、没有听到要好，这是一个水到渠成的过程，他不可能是立竿见影的。又比如说，课间要打太极拳，我们不是做广播操，是全体师生打太极拳。一个呢，阳光体育运动本身就需要学生注意体质；第二呢，我们的这些学生动作太莽，他们的个性都是很急的，我想通过打太极拳帮助大家养成一种平静的心态。市场经济吧，本身就很浮躁，急功近利，这是市场经济不可否认的一个缺陷，也使人们心理变得浮躁。那么，怎样使自己保持一个平静的心态？可以打太极拳，那个音乐是慢悠悠的，动作也是慢悠悠的，你想快也快不起来。当然对学生来讲，他们不大容易接受，比如说到冬天，那就不可能打太极拳，要跳三十二步操，动作很快，节奏很强，这个大家很愿意。但是平时打太极拳的时候就是要磨他们的性子，慢慢磨。我们还通过太极拳比赛来促进，每年11月份，有新生太极拳比赛，所以新生一来，每天晚上晚自习以后全部在那练习太极拳，忙着比赛。二年级以上的学生也有比赛，每年一次，比赛成绩优胜的学校给予奖励。

问：其实太极拳内容我认为是博大精深的，要想把它打好非常不容易，所以找机会我来向你们学习。我是从2010年开始，自己给自己要求，每天锻炼一小时，其中包括打太极拳，虽然打了三四年，但感觉水平不怎么样，找机会向你们学习，哈哈。

答：我们老师都会的，这个也需要行政促进，要统计，要检查。其实这个对自己来讲终身受益。我看到用人单位问学生你有什么特长，学生讲我会打太极拳，用人单位眼前一亮，一般老人打得多，没想到小青年也会打太极拳。（笑）我们当时就在想磨磨我们学生的性子，这个我们做得还是比较好的。你比如抓手当中，晚上要练书法，我们在整个扬州市包括在全省，我们学生的硬笔书法参与人数是最多的，有初级、中级还有高级，这个扬州考试院对我们学校评价也很高，所以省书法协会都到我们学校，总结我们的经验。练毛笔字这个东西不是一下子能做到的事情，一般钢笔字写得快，练这个以后拓展了学生素质。我们的学生有三类证书：一类就是专业技能类的，比如烹饪的中、高级工等。第二类叫基础证书,我们有计算机证书、书法证书,还有普通话证书,那么我们学校的学生参加外语考试、参加书法考试,在扬州市呢都算是很多的。第三类证书我们现在称拓展类的,原来叫体质证书。尽管我们学校没有提出学生一定要体质过关,但是我们要求学生必须要体质测试,测试过关以后你才能拿到毕业证书,这个对学生的综合发展是有益的。我刚才讲的几个方面包括三个发展,这些举措都是为了学生,为了学生家长满意。你看学生过去在家早上地不扫,被子也不叠,现在到我们学校读过书了,最起码知道把自己的被子叠好,注意整洁了,这个家长感觉就满意啊。过去讲独生子女什么事情都不做啊,现在都会做了,他家长就满意。所以我们刚才讲的这些举措都是为了"三个满意"来做。

三、用"精细化管理"打造干部队伍

问:非常感谢!那么第三件您感觉比较成功的事又是什么?

答:第三件我感到比较成功的,就是学校的精细化管理。这个精细化管理,我喜欢用数字来概括,叫六维,六个维度。那么第一个维度呢,是思想引领。管理理论认为现在不需要讲大道理,毛泽东的管理为什么有效,就是从思想入手抓住思想,用思想来引领。我把它归纳为思想引领管理:知道我们为什么这么做,做的意义是什么。第二个呢,是制度规范管理。管理要体现按制度办事,法制健全。第三,是流程细化管理。我们学校的每一项工作都制定了流程,按照这个流程去做。第四呢,叫量考,量化考核。每个事项都有指标,按照指标体系来查对。比如说我们要求教师要读书,他读还是不读?我们很多老师没有读书的习惯,没有读书的习惯怎么办?我们提出来读书以后要写摘抄,学期结束以后要数你的字数。一个星期读一篇文章,一个学期读一本书,一个学期听满十场报告,这些都要有统计、有记录。当然我要求人家做,自己也是这么做的,我也有自己的读书笔记,每年下来要数字数,最多的一个学期能写80万字笔记,一般来讲5万字以上。我这个是有理论依据的,毛泽东在延安写《矛盾论》《实践论》之前,他从来没有研究过哲学,他对哲学有了兴趣以后,拿毛笔把《大众哲学》抄了6遍,在抄的过程中得到启发,获得了引领,写下了《矛盾论》《实践论》。我说古人讲,不动笔墨不看书,所以一开始也有很多人反对,都什么时代啦,还写什么读书摘抄,但是我们就是这样做起来,因为通过这个抓手去读书,所以呢,把量化注入管理。第五个呢,是问题深化管理。我们每个月都要剖析问题,各个口子,这个月最大的问题是什么,最大的不足是什么?要找自己的问题。往往呢,发现长处比较容易,找自己的问题,分析不足不太容易做。最后一个呢,是文化提升管理。我们建构学校文化、教师文化、学生文化。根据学校文化要求,强调忠诚、奉献、超越;那么教师呢,要强调一个忠诚,忠诚你的职业;学生呢,要诚实。所以这六个维度的管理应该说把学校的精细化管理做到了实处,我自己认为是做得比较好的。

问:精细化管理做了以后它的影响和结果,您觉得有哪些?

答:我觉得最好的结果就是在做的过程中培养了干部、培养了教师。我们教师、中层干部都比较年轻,刚毕业没多长时间,他们不知道怎么去管理。我们总结了商校工作法六个字:激励、引导、规范。就是用"激励"要求管理干部去学别人的优点、长处。所谓"引导",就是说布置工作的时候不是仅仅让他去做,而是要把工作的方法告诉他,引领比较重要。另外一个要"规范",一切都要回归到制度的框架下。我认为这三件事情:学生的素质教育、学校理念、精细化管理是比较好的,也推进学校成为全国第一批改革发展示范学校,成为全国教育系统的先进集体。

访谈后记:学者李镇西校长曾经这样说过:校长不一定是教育家,但一定要有教育家的追求。在笔者的眼中,周俊校长正是这样一位校长——这不仅从他的诸多著述中得以体现,而且从他的言谈举止以及治校过程中得到反映。教育家型校长除了具备一般校长通常所需的责任感、敬业精神、专业素养以及管理能力之外,最显著的特色莫过于在日常管理中善于分析形势,具有非凡的洞察力、预见力和判断力,且在其管理思想中处处闪现理性的光芒,这样的管理也易于服众并赢得支持,因而也更易获得成功,甚至在逆境中成功。

教育家型校长身上还有一种特殊的气质,这种气质简而言之就是显得"有文化",这种特质往往也会影响到其领导的学校。走在江苏省扬州商务高等职业学校的校园里,可以处处觉察到文化的印记就是一个体现。最为重要的是,有这样一种浓郁文化气息的浸淫,莘莘学子一定能够得到更好的发展,也更能成为社会满意、家长满意以及自己满意的社会有用之材。

　　王稼伟，男，研究员，历任无锡市教育局办公室副主任，无锡市教育局职社处处长，无锡市学校管理中心高职部主任、办公室主任。2008年起，担任无锡机电高等职业技术学校校长。

　　先后获得第四届黄炎培杰出校长奖、全国职业院校技能大赛优秀工作者、江苏省职业教育先进个人、江苏省教育科研先进个人、江苏省职业院校技能大赛先进个人、江苏省职业教育创新大赛科技创新校长、无锡市名校长、无锡市"学校管理突出贡献奖"校长等荣誉。兼任全国机械职业教育教学指导委员会数控技术类专业教学指导委员会（中职）主任委员、江苏省职业教育教科研中心加工制造类专业组副组长等职，长期致力于职业教育的研究探索与创新实践，研究成果曾获国家级教学成果一等奖、江苏省教学成果特等奖等。

文化其实就是一种风气,一种你看不见摸不着的,但是大家依然都认同的核心价值观和做事方式。

——王稼伟

第八章 登高览山始觉小

——访无锡机电高等职业技术学校王稼伟校长[①]

一、文化就是一种风气

问：您好，前面给您发了访谈的提纲，就是想请您谈谈在校长岗位上的三件成功的事情，要不我们开始啊？

答：好的，非常感谢来给予指导。我是2008年到无锡机电高职的，至今已有5年多。我原来在机关做处长，现在到学校做校长，感觉处长跟校长还是有很大的不同，所以到学校来实际上也是在学习，学习做校长——因为从来没做过。来了以后5年多的时间里，我非常真切地感悟到教育的理想只有与学校的土壤相结合才能真正落地生根、开花结果，个人感觉收获也很大，所以我最近在酝酿一篇文章，是"校长与教师共同成长"，或者说是"我们与学校共同成长"。我个人感觉比较成功的事情主要有三件：第一件事，我觉得是文化建设。文化建设，我们做了3年。第一年搞环境文化建设，第二年搞制度文化建设，第三年是精神文化建设。目前我们已经进入到了第三个阶段——精神文化建设。

我感觉一个学校的文化建设，首先是校容校貌，校容校貌是一个学校的文化标志；其次我觉得要把学校的制度搞起来；再次就是要有个核心价值观，一个学校也就是一个团队，这个团队的核心价值观是什么要明确；最后就是一个学校作为一个团队的做事方式，所谓的一种风气，一个学校应该有良好的风气。几年来

[①] 2013年9月22日在无锡机电高等职业技术学校进行了访谈。

做的这件事情,应该说做了还是比不做好,做得还是有成效的。

首先是校容校貌,我来了以后到现在有所改变。原来的校容校貌已经十多年了,来了以后投了八千多万元改造一下,还算比原来的好一点,我觉得这非常重要。制度建设,我们把学校过去的制度重新理了一遍,该增加的增加,该废除的废除,该修改的修改,最后形成了三个分册:一是管理人员分册,二是教师分册,三是学生分册。现在进入精神文化阶段,我觉得学校文化建设的核心就是核心价值观。一个学校你的核心价值观是什么?所以我们最近这一两年在搞第三个阶段——精神文化的建设。我们这所职业学校办学只有三十多年,不像百年高中那样有深厚的文化底蕴,他们都有一些传统的东西,我们没有,我觉得没有就要创造,没有文化创造文化,所以搞了校训三风的征集。我们的校训是"诚信勤韧"。诚信、勤韧,我觉得这个也是教育的两个最重要的方面:一个就是为人,一个就是做事。为人处世,为人,我们要诚信,处世,我们要勤韧。特别这个"韧",要坚韧,咬住不放松。校训实际上就是一个学校的精神,这四个字现在作为我们学校的一个核心价值观。我们买了一块石头把它刻在上面,让大家记住我们学校的校训是什么,现在大家都知道了,包括学生都知道"诚信勤韧"了。如果说过去大家对学校的校训是什么都不知道,这个搞了以后大家就有了一个核心的价值观。有了核心的价值观,大家的做事方式就容易统一,所以文化建设是作为一个校长应该要做的,而且实践下来我觉得有效果,大家能够有认同感了,有一种归属感,做比不做好,做与不做不一样。这件事几年坚持下来以后,整个环境文化变好了,制度文化也变好了。现在最高层面就是精神文化,我觉得还要把它做下去。

问:就这个事情我请教一下,通常来讲一般说这个管理有几个层次,比较低端的是人管人,其次是制度管理,最后是文化管理,您一下子就把学校管理提到第三个层次,这是基于什么样的考虑呢?

答:我在机关里待了十多年,看到好多学校的变化,当时我就想一个学校有的时候因为校长更换了以后,整个学校就从先进变成后进了,而有的学校校长更换后就从后进变成先进了。这是什么原因呢?我后来考虑,原来我们讲校长是一个学校的灵魂,这句话你说它对,它也是对的;但说这句话不对,它也是不对的,因为这是人治。如果一个学校靠人治的话,这个学校就会因为校长的更迭出现大的反复。我觉得这对一个学校的治学发展、健康发展是不利的。所以从机关到学校来了以后,我就觉得不能靠人治,我今后留下来的东西,就是留给这个学校一个好的制度、一个好的文化传统。那么今后不管哪一个校长来,这个学校都不会出现一个大的反复。所以我觉得学校管理应该从文化开始。这个文化说到底就是一种风气,看不见摸不着,就是你进来以后大家依然都认同的一种共同的核心价值观、一种共同的做事方式。我认为这就是学校文化,今后不管学校校长怎么更换,它都形成了这样一种好的风气,一代一代地传下去。职业学校历史比较短,从1979年起步就三十多年,不像百年老校。百年老校,它为什么是百年老校,就是因为它这个百年老校的风气一直代代相传。像省常中这种名校之所以成为名校,就是因为它有文化。而且它的文化是一脉相承的,并不因为校长更换而整个学校的风气就变掉了。不管谁去做校长,它都能一直延传下去。文化风气一旦形成就意义深远,所以我就想要做这件事情。

问:那么就我所知,其他校长可能他们也考虑到了,他们不是不想做,但这件事是非常难的,在您实施的这几年,您感觉到是不是遇到了困难,困难我估计肯定有,那么主要有哪些困难?

答:因为职业学校历史比较短,它没有传承的东西,而且很多都是从无到有,所以一开始大家要有一个接受的过程。学校教师在原来的轨道上走惯了,现在你突然要搞核心价值观、共同的做事方式这些东西,而且还建立相关的制度,这些使他们感到有些不适应,所以大家开始的时候热情不是很高涨。有些老师还觉得这是个虚无缥缈的东西,这个东西好像搞了没有什么价值。学校老师一开始不了解做这件事的意义,这是开始碰到的比较大的障碍。所以,我们在做的时候尽量通过全面的动员形成共识。比如说我们这个精神文化建设,学校的校训也好,校风、学风、教风也好,开始我们是在全校老师中间讨论征集,包括退休教师。退休教师很积极,围绕校训三风出谋划策,倒是在职教师刚开始的时候,他们感觉这好像跟自己没有什么关系。我觉得不能就少数几个校领导讨论决定,要通过全面的发动动员,广泛地讨论、征集,校训三风的征集实际就是在逐步统一认识。这种过程是非常重要的,通过几上几下这样广泛的讨论,慢慢地老师们就能够认同这种做法了,他们对你也有了一种认可。所以开始的时候,最大的困难是学校教师看不清文化建设的意义。因为文化建设它不像其他的功利性很强的工作,比如技能大赛、创建高水平示范学校,等等,他觉得能够理解,搞文化的东西他好像不怎么理解,职业学校跟普通中学的最大区别也在这里。职业教育搞了三十多年以后,现在确实是要从更高的层面来看待学校的发展了。一个学校的发展需要硬实力与软实力兼备,现在职业学校的硬实力应该都非常强,校舍几百亩地,设备也不错,但软实力还需要提升,学校的软实力就是文化。

问:在这件事中,您作为一把手校长、领头羊,您感觉您起了一个什么样的作用？

答：首先，我觉得学校文化建设的顶层设计非常重要。你这个文化建设到底要做些什么东西，这个你要晓得。文化这个东西很难说清，我认为学校文化建设就是做四样东西：第一，从外观上讲就是校容校貌。为什么要搞校容校貌？因为校容校貌是文化的标志，破破烂烂不行。第二，制度建设。第三，核心价值观建设。第四，做事方式。我们通过这几年的文化建设，校风校貌改变了，制度有了，核心价值观有了，共同的做事方式也有了。我一直提倡大家共同来做一件事，这就是现在我们无锡机电高职共同的做事方式。作为校长，我觉得做好学校文化建设的顶层设计非常重要。你带领老师们进行学校文化建设，到底要做什么、做哪些？一定要明确，这样老师们才有行进的方向。我们学校的文化建设，就是让老师们知道最重要的是这四件事情，如果这四件事情做成了，大家就自然而然地产生了认同感、归属感。文化最后的目的就是要大家对这个学校产生认同感、归属感，我觉得这个顶层设计是很重要的。

其次，我觉得校长在学校文化建设中一定要让大家明确我们的愿景。我们这个学校要办成一个什么样的学校？这个要让大家清楚。愿景，就是学校的蓝图。无锡机电高职校的愿景就是把学校建设成为内涵建设水平领先、人才培养质量上乘、服务地方经济突出、改革创新成效显著的全国一流国家中等职业教育改革发展示范学校，引领和带动全国机电类中等职业学校的改革与发展。怎样来办成这样的学校呢？这就要靠我们的使命感、我们的核心价值观来实现我们学校的这种愿景。我觉得校长的作用在这两点上非常关键。

问：那这件事情持续几年下来，您感觉它的这种作用或者影响比较明显地在哪些方面得以体现？

答：我觉得，比较明显的是教师的精神面貌发生了很大的变化。一个学校应该充满激情，要有一种青春的旋律、一种积极的活力，大家都要有一种奋发向上、爱岗敬业的精神面貌。在精神文化建设过程中，我们也推荐了几本书，第一本是《爱的教育》，第二本推荐了《教育诗》，第三本是现在正在读的《钢铁是怎样炼成的》。我们用"校长荐读"的活动来配合我们的精神文化建设。我们也让教师写读书笔记，还举行读书报告会、演讲会，10月份就要举办《钢铁是怎样炼成的》这本书的演讲报告会。钢铁是怎样炼成的呢？我觉得精神很重要，对一个学校的发展来说精神也是非常重要的。人要有一种精神，特别是在现在这样一种商品经济、市场经济、绩效工资背景底下很需要讲这种精神。而且老师吃的都是良心饭，更要讲精神。我们学校文化建设最关键的是改变了大家的精神面貌。在学校核心价值观的引领之下,我们营造了这样一种学校风气:大家都要爱岗敬业、认真工作,要讲奉献。这是一个很大的变化。

二、创新培养青年教师

问:感谢您第一件事说得这么详细,那么第二件成功的事情呢?

答:第二件,我觉得是对青年教师的培养。为什么要做这件事情呢?因为我觉得这件事情对教师发展、学校发展很重要。对每个学校来说,教师培养都是永恒的主题。我们在教师培养上改变了以往的做法。从2009年开始,我们就搞了20名优秀教育教学青年教师的培养实施方案。过去我们多是官本位培养老师,一个老师苗子好一点马上就提拔为教务处副主任或者教务处主任助理。我觉得官本位的培养不怎么好,所以就考虑从教育教学方面进行培养,加强教育教学基本功的锤炼,扎实打好基础。就是说这个青年教师如果将教育教学的业务打扎实以后,那他今后走管理岗位也可以,即使不走管理岗位走学术道路也可以,所以我们就搞了20名。首先是海选,就是由全校老师自己提名,我们学校的青年教师当中,35岁以下的哪些是可以作为教育教学优秀青年教师培养对象?他们进行提名,提好名后由系部进行筛选,筛选好以后报我们党政,我们再来审核,最后确定20名。之后再把这20个青年教师分成4个团队,我们每个校领导带一个团队,校领导作为团队负责人。培养周期是2年,2年一轮。每个团队再配3到4名导师,邀请老教师作为导师,并给他们确定九个培养方向,就是九个考核点。一年以后就进行中期考核,两年以后进行全面考核。年满35岁的第二轮就淘汰出去了,如果没满35岁的继续进入第二轮,空出的名额再进行海选。现在我们已经进行到了第二轮,今年第二轮就要结束了。我觉得我们这样培养青年教师,不仅能让青年教师有群众基础,而且能使他们在教育教学上建立威信。现在我们从20名青年教师中提拔中层干部,老师一点意见也没有,因为这些教师本来就是大家推选出来的。两年培养周期中,他们要进行成果汇报,展示他们在这两年内取得的成绩。学校还要评一等奖、二等奖、三等奖,这些成果学校老师们都知道。所以提拔他们到中层干部岗位上水到渠成,十分自然。我们这个20名里面有一部分走上了中层干部岗位,也有一部分走上了助理的岗位,还有一部分走上教学管理岗位就是教研室主任岗位。2008年我到学校以后,发现干部的老化比较严重,好多中层干部都是20世纪60年代的,年纪太大了。还有一些被提拔到外校去了,所以当时有些青黄不接。现在这个教师培养已经搞了两轮,明年要搞第三轮,这个事情为学校的可持续发展储备了人才。

问:那么我请教一下,第一轮结束以后未满35岁的进入第二轮,那么第二轮给他们定的目标、培养方向跟第一轮是不是不一样的?

答:不一样。对青年教师来讲,进入第二轮以后培养方案、培养计划都是因人而异的,说得通俗一点就是缺啥补啥。作为一个青年教师,比如说在论文方面比较欠缺就强化论文,在技能上面比较缺乏就强化技能。因为他们通过青蓝工程、过三关以后有了一定的基础,不然的话也不会被学校老师提名作为培养对象。应该说这件事情做下来以后,特别是对青年教师的培养,我个人觉得还是比较满意。因为人才是一个学校发展的核心竞争力。学校的比拼,不是拼土地、拼房子,而是拼老师。建设一支优秀的教师队伍就是校长应该做的事情。我觉得校长要管全局性的、方向性的一些事情,文化建设是全局性、方向性的,教师队伍建设也属于全局性、方向性的。校长不一定什么都要亲力亲为,而要抓关键的几件事情,其他的、有些具体的事情可以交给副校长们去做。作为一个一把手校长就应该跳出来多考虑学校的整体。我觉得教师是非常重要的,特别是青年教师,应该说未来的5到10年,就是看现在的这批教师,关键就是看这一批35岁左右的老师,他们能不能冒出来。三五年以后,我就要退二线了,如果这个学校还是这一批60年代的怎么行。当然不是说这一批人不好,但毕竟是年龄大了。如果这批年轻的不及早培养出来,这个学校就没有发展,就不能发展。所以这一批35岁左右的老师就决定了学校未来5到10年的发展。未来5到10年还有没有人来支撑,就靠这些35岁左右的青年教师,你能不能把他们带出来,带出来还不能从官本位培养,要先把教育教学业务打扎实。青年教师如果连一门课都不会上,那怎么服众?学术水平也没有,走上领导岗位,老师也不会服气,所以要把这个基础打扎实。不要想着做官,青年教师不能想着做官,而要想着怎么把教育教学能力提高上去。两轮下来以后接近40人,进入第二轮,但进入第二轮以后他们肯定不会再进入第三轮,因为一般被提名的都在三十一二岁。这个培养作为一个计划也好,作为一个工程也好,两年一轮,持续做下去。这样三轮下来,有接近60名青年教师会经过这种培养和提高。

问:全校大概有多少教师?

答:专任教师大约有280名,教职工我们是340名,今年下来是341名,也就是说将近20%的教师有这种机会。这是一个很好的事业基础,也是学校持续发展的保证。学校今后有没有竞争力,就要靠这批年轻人。经过3到5年的培养,他们大约40岁左右,正是最年富力强的时候。

三、营造发展环境是校长的当然职责

问:第三件比较成功的事情呢?

答:第三件只能算半件事情。我说我 2008 年来学校以后,就做了两件半事情。第一件就是做文化。第二件就是培养青年教师,当然我们面上的老师也有培养,比如青蓝工程、骨干教师培养,等等。还有半件事情,我说是要营造环境,特别是为学校发展营造有利的外部环境。我觉得这件事只有一把手校长去做。学校要发展,特别是职业学校要发展,需要方方面面的资源:政府部门的、上级主管部门的、行业企业的……这些资源要一把手校长很好地去创造发展。对于职业学校的发展,这是必不可少的。

创造发展外部环境是一个校长必须要做的,特别是在行业企业方面。我到无锡机电高职以后,跟学校合作企业的老总经常保持联系。我们现在校企合作的法规、制度还不健全,校企合作目前还不是靠法律、制度来保障,而主要依靠校企双方在合作中形成的一种相互信赖、相互扶助的关系,依靠一种大家共同的认识,如企业对职业教育的一种认识。大家建立起这种友好的关系,建立起这种共同的认识,合作就容易了。我们在校企合作方面也形成了一些典型的合作案例。比如北京阿奇,阿拉伯的"阿",奇怪的"奇"。它是瑞士的一家企业,主要搞电加工设备。它是中国第一家中外合作企业,它在我们学校建立了三个中心:产品展示中心、技术服务中心,还有员工培训中心。2013 年上半年企业在上海搞展览会卖设备,企业就先从我们学校运过去一台,他们老总说"我下次再补给你",我说"这个没问题"。这也说明他们企业是把最好的设备放在我们学校。当然,企业也是有远见的,它不是无目的地送给学校,它把这个设备放在学校这里,实际上就是培养学生对它产品的感情,今后这些学生毕业了就会想到阿奇电加工设备。

问:那它一个北京的企业,老总怎么会想到贵校?

答:因为在华东地区、在无锡,也有他的企业。在无锡,他先从认识我们的学生开始。他觉得我们的学生进入他的企业后表现不错,然后就找上门来,慢慢地大家就有了越来越多的合作。我个人体会跟这些老总一定要建立良好的私人关系,这能有效促进校企的合作。我们学校合作的企业很多,包括北京发那科也是这样。它的老总本身对职业教育有一定的认识,也觉得企业应该提前介入职业教育和培训。在校企合作中,我们发现和企业的合作都是以企业对职业教育的认识为基础的,所以我一直跟企业谈,你们绝对不能把我们职业学校当作你们的超市,肥皂用完了就来买,没有工人了就急急忙忙来找工人。而应该提前介入,渗透你的企业文化,培养定制你企业所需的人才,这对企业的长远发展是有意义的。慢慢地,他们也有了这种共同的认识。作为一个校长,这几年来我积极营造对学校发展有利的外部环境,具体说来,有以下几点:一是成立理事会和专业教学指导委员会,主动引进企业,打通企业参与教学的主渠道。多年来,学校理事会和专业教学指导委员会为学校的专业建设和课程建设提供了许多积极的意见和建议,充分发挥了行业企业在学校改革发展中的作用,有效推进了"校企合作、教产合一"的办学模式,形成学校建设专业品牌的强大合力。二是建立校企合作专职队伍,主动走进企业,打通工学融合的主渠道。学校每年将校企合作工作纳入学校计划,成立"校企合作工作领导小组",设立招生就业处等专门机构,全面指导和协调学校校企合作工作。同时在各系配备一名专职就业专管员,指定毕业班班主任担任就业联络员,全面加强学校与合作企业的沟通、协调。三是建设"学生实习与就业基地",为我校学生实行工学交替、顶岗实习与高质量就业提供了有力保障,建立了多种校企合作订单培养机制。同时学校在人才培养的过程中,注重引进行业标准,确保实践教学内容与国家职业技能鉴定、职业岗位实际需求全面接轨,推进双证融通。四是建设"产、学、研"基地。校企合作中,学校充分发挥教育资源优势,对企业员工开展电工、数控加工、自动控制等内容的培训。目前,北京发那科、苏州宝玛、北京阿奇等知名企业的产品展示中心、技术服务中心和技术培训中心相继落户学校,校企合作产生良好合作效益及社会影响。五是探索现代学徒制人才培养模式改革。我们于2011年申获了江苏省教育科学"十二五"规划课题"深度合作:现代学徒制的校本研究与实践",并于2013年成立了省内首个现代学徒制试点班,分别是与铁姆肯(无锡)轴承有限公司和苏州宝玛数控设备有限公司合作的现代学徒制"无锡机电铁姆肯班"和"苏州机电宝玛班"。现代学徒制的探索促进了系科专业建设,企业提前介入到人才培养的环节,提高了人才培养的针对性。在大家的努力下,我们也确实为学校的发展创造了一个比较好的环境。这些是校长应该做的,也是我感到比较成功的两件半事情。当然还有一个更重要的,就是一个学校的规划。到无锡机电高职后,我们制定了学校"十二五"发展规划:学校在3到5年内应该怎么发展?这也是一件非常重要的事情,我觉得应该把文化建设和学校规划放在一起考虑,校长就是做这些事情的。

访谈后记：在所有受访校长中，王稼伟校长的经历可谓比较独特。记得有一次，因为工作的需要，笔者带一个来江苏培训的外省职业学校校长班去王校长的学校考察，在王校长介绍过学校的发展情况后，当时班上的一位校长提问说：在我们省，一般都是先做校长，校长做好了、有业绩了，然后才去市教育局做处长，您怎么先做处长，然后做校长呢？当时笔者记得王校长幽默地回答说：成功的男人都是先做校长然后做处长，相反是先做处长然后再做校长。

当然，王校长是开个玩笑，这样的人事安排得益于他所在的无锡市施行的教育人事改革。众所周知，大凡改革，总会伴随着成功与失败的可能，从访谈中呈现的王校长学校治理的一斑不难窥见，先做了处长多年的王稼伟校长视野的宽度、思考的深度和措施的实度显得不同凡响，所谓"会当凌绝顶、一览众山小"，而这可能正是其能够绘就一个个成功之作的重要原因吧。

　　秦榛蓁,男,1960年5月生,中共党员。兼任中国职教学会商科专业委员会学校发展委员会副主任、中国职教学会商科专业委员会高职研究会副会长、江苏省职教学会教育管理工作委员会副主任、无锡市职业院校建设与专业设置评议专家委员会委员。

　　先后获得无锡市教育局优秀青年教工、无锡市优秀青年教师、全省归侨侨眷先进个人、无锡市优秀教育工作者、无锡市名校长、中国职教学会商科专业委员会2007年度职教杰出贡献奖等荣誉。2009年入选全国职业教育百名杰出校长。

校长眼界的高低,决定了学校发展道路的宽窄。

——秦榛蓁

第九章 学校发展是最大的成功

——访无锡旅游商贸高等职业技术学校秦榛蓁校长[①]

问: 秦校长您好,首先感谢您在假期里接受我的访谈请求,请您先简单地自我介绍一下好吗?包括个人简历以及获得的荣誉等。

答: 我个人是恢复高考之后上的大学,1978年恢复高考的第二届,所以说从个人成长背景来讲,我们经历了"文革",无论是对学习还是对工作实际上都是比较珍惜的。我的第一学历是1978年考上大学1982年毕业,是恢复高考的第二届本科生,专业是数学。1982年大学毕业之后,一开始被分在一个普通高中,考虑离家比较远,后来就申请分到一个离家比较近的职业学校。也非常巧的,从我个人经历来看,一直没换过学校,1982年到现在,31年一直在这个学校。那么关于职称,我评得算比较早的,20世纪90年代就评上中学高级。我一直在这个学校没有动过,这个学校是1981年开始办的无锡第一所职业中学,所以说我目睹了新时期整个职业教育的发展,有高潮,也有低谷,也看到这个职业学校从小到大、从弱到强,逐步发展的这么一个历程,所以说感触还是比较深的。我自己也是在组织和老师的关心帮助下,从一个普通老师做到了校长。这期间做过10年班主任,当过教研组长,然后是教务副主任、教务主任、培训主任,然后做校长助理、副校长,最后到校长。后来到几所学校合并,再到学校的升格,就是从完全的中职校到一个五年制高职校的这么一个过程。

荣誉方面,我获得过无锡市的优秀教育工作者、入选全国第二批职业教育百名杰出校长,这个应该算是比较高的荣誉吧,哈哈。

[①] 2013年8月12日在无锡旅游商贸高等职业技术学校进行了访谈。

一、以服务谋发展是最好的保障

问：那么您认为在校长岗位上最成功的第一件事是什么呢？

答：从我个人来讲，无论是在校长岗位还是在老师岗位，我觉得最成功的是，看着学校在自己的努力下，在全校教职工的共同努力下一步步地发展起来了。

一开始这所学校叫无锡市商业职业中学，学校面积很小，只有10亩地左右，到现在已有300亩地；在校生人数，从当时的200多人到现在的5000人，前两年高峰期的时候接近7000人；学校从当时一个职业高中逐步到中专，中专以后呢，我们又曾经跟苏州大学、电大搞过"3+2"联合办学，三年在我们这里学习，后两年到苏大、电大学习。学校规模逐步扩大，专业逐步做强，在市内、省内的影响力和辐射力逐步扩展。在这个过程中，看着学校的成长和发展，我感觉很有成就感，我就觉得大家的付出得到了认可，这种认可使得我们学校，尤其这几年，在社会上、在行业当中的影响力变得非常大。像今年招生，我校一部分专业的录取分数线已经接近或达到四星级高中的水平，当然是四星级高中里面比较弱的或者说比较靠后的学校计划外的分数线，这一点我觉得很不容易。我们今年的招生，大概是40%多一点的学生能达到高中线，这也是职业教育比较成功的一面。

随着学校的逐步发展，学校在行业中、在社会上的话语权和影响力也在逐步地扩大。以前搞校企合作的时候是我们主动地去寻找企业，而当时企业只有到了用人紧张的时候才想到我们，才到学校来找一找。而现在情况就不一样了，现在是企业主动寻找学校。这个过程中，我体会比较深的就是，在10年前就在考虑对师资队伍结构做调整，这个调整我觉得也是比较成功的。当时我们已经意识到一个事情，原来在学校或者学校群体之间话语权大或者影响大的是当时文化类的学科，最基础的学科，像语文、数学、英语等。我们做的逐步调整就是，无论是话语权还是在学校的地位，要突出专业的话语权和专业的地位。因为从职业学校的发展过程来看，像我们几个合并的学校一开始都是由普通中学转为职业学校的，它受学科体系的影响，导致语文、英语、数学学科的话语权比较大，这实际上是影响了专业的发展，所以我们好多年前就在调整。当然也不是说文化基础课没有地位，但是它在学校的主导地位已经变化了，在整个学校处于主导地位的是专业，要用专业来引领职业学校的发展。在这一过程中，我们比较成功的是培养了一批专业教学骨干。在这一调整的过程中，我们已经考虑到职业学校的功能，从原来单一的学历教育功能逐步扩大到主动为企业为行业去服务，而为企业为行业服务就必须要能搞技术创新、技术转化、技术服务,把先进技术转换成生产力。那么这一个过程我们做的就是培养出一批专业骨干,我们现在有很多个这种案例。这样调整使学校部分专业老师地位得到提升,实际上使得整个学校在行业、企业中的话语权在提高,这样,无论是搞校企合作还是搞产学结合,学校在某些方面都有一些主导功能的体现,这也是我觉得我们做得比较成功的地方。

问:请教一下,您刚才讲的,学校由弱到强、由小到大,取得了很大的成就,这个里面您认为主要的原因是什么?

答:主要原因我觉得,无论是作为学校的领导班子还是作为一个校长,一定要有敏锐和开放的视野。学校的发展,不是你想当然地靠拍拍脑袋就能把学校扩大,学校地位的提升或者从弱到强的发展,需要你把学校服务社会、服务行业的这种职能很好地进行挖掘。这种挖掘主要包括两个方面:

一是你所设置的专业要符合社会、行业发展的需要。社会、行业在发展,产业链在延伸。比如说我们学校的旅游或者商务类的专业,现在做旅游不像以前,不光是简单的观光游,旅游的产业链在延伸,那么我们的专业或者专业方向也要跟着延伸,课程和老师,要对这个行业的发展有清楚的体现和认识。在这一过程中,作为一个校长也好,作为一个学校的领导班子也好,要有充分的这种意识,不能关门办学。我就觉得从职业教育的发展来讲,自己的体会是比较深的。我1982年来到这个学校,当时完全是计划的,我们学校的前身——无锡市商业职业中学,是无锡市商业局和教育局合作办的。合作过程中,在当时的计划经济体制下,商业的运行模式也比较单一,比如说分百货的、日杂的、五金交电的,等等,营业员有百货类的、纺织品类的、食品类的,是细化培养的。后来产业的业态发生了变化,以前的叫什么第一百货公司、第二百货公司、第三百货公司,但这种百货业态逐步被淘汰了,后来出现了超市,一方面是更专业化的,一方面是更大的卖场。那么你学校的专业要跟着这个行业的变化进行调整,设置的课程也要跟着调整。

二是专业调整了,课程设置调整了,你的师资不能不动。所以十几年前从我做校长开始我就一直有这个观念,要加强教师实践能力的培养。当时虽然师资很紧张,但我们教师下企业锻炼这个机制的运行也有很多年了,当然那时是雏形,不像现在这么完善。对我们来说企业里的活当时已经开始干了,我们不仅仅是让教师在暑假或者寒假干一两个星期这种浏览式的,很多年前我们就坚持把老师送到企业,送到企业的具体岗位,要干就干半年以上,至少一个学期。这样老师对行业、企业也有一个比较深刻的了解,再加上领导和行业的引领,他们自然而然就接受你这种观念,或者接受你这种思维,这样就逐步形成了一种良性的发展。这个发展过程,我觉得作为老师也好、校长也好,都在随着学校的成长一起成长,这一点我们体会还是蛮深的。

问:坚强的领导班子和集体对学校的发展至关重要,您觉得作为当家人,您在其中起了什么作用?

答:作为职业学校的校长,首先要爱这个事业。我一开始分到这个职业学校,就是本科生,那个时候被分到职业学校的人还不多,我们那年是分来4个本科生,同时到学校的。后来在搞职业教育的过程中,我就慢慢喜欢这个行业了,这可能跟我的个性相关,我这个人是性格比较开朗的,善于跟人打交道,善于协调方方面面关系。那么作为校长,你对职业教育能够热爱了。从我个人角度来讲,我对学习还是蛮喜欢的。在当校长前我当班主任,其中有几年当了四年制中专班的班主任。中专班当时是会计专业,我就是在这个带班过程中对它的专业技能产生兴趣,比如珠算、打传票、会计基础课,我也跟着去学学,后来我觉得这对我帮助还蛮大的,这是一个。第二个,我担任教务副主任时,还兼班主任。当时跟无锡饮服公司合作,无锡新建一个大酒店,为那个大酒店培训服务、烹饪的学生,我是那个班的班主任。我也喜欢烹饪,所以跟着他们学专业,慢慢地我就对商业、对旅游也比较有兴趣。另外可能是随着与行业的接触,我也发现那些行业并不是想象中那么复杂,我对行业的发展情况应该说比较清楚,这个也可能是自己在看问题、想问题。我觉得读书读多了,思维可能比较开阔,所以从我们这个角度来看专业、看行业的话,还是能够看得比较远,这个也影响了自己对专业设置、对课程、对人才培养方案这些东西的理解,我觉得把握得应该还是比较准的。

另外一个呢,这么多年下来,我们跟行业企业的关系十分融洽,所以信息流还是比较多的。信息流通畅以后对学校的决策也好,对学校发展的把握也好,相对来讲是比较准的。当然我们也有比较好的意识,因为我是学数学的,这个数学呢,要说对我的管理一定有多少影响那不一定,但就像我们国家现在很缺的大量的这种定量分析,我学了数学后恰恰是弥补了这一块即对行业、对专业的这种定量分析,就是既有理性的也有非理性的判断,这也是蛮重要的。对学校来讲,校长确实是灵魂,校长眼界的高低,决定了学校发展道路的宽窄。

问:那么在这个过程中,除了您和学校的一些领导班子成员外,还有哪些人的影响感觉比较大的?

答：影响比较大的，我倒觉得是企业里面，我们以前打交道的无锡商业局或者旅游局。旅游局里面一些搞市场开发、市场调研的人给我们影响也比较大。我们学校在二十七八年前，当时还是在计划经济体制下，就有校务委员会，不叫理事会。校务委员会是由商业局、旅游局分管教育、业务的副局长，由他们当时的教育科长、人事科长，还有企业的总经理组成的，这种校务委员会制度后来就延伸为学校理事会制度，我们一直坚持下来。我认为这个制度的好处就是：总有一些人，或者说他是作为一个管理者或者经营者的成功人士，他有很多思路，有很多对专业、对行业发展的一些想法，这对我们有很多启发。以前在某些课程设置上或者某些人才培养方案、培养目标上我们的一些想法可能还是不太理性，有些想当然，在有了这个制度以后，他们会把他们的想法说出来并和我们的想法产生碰撞，碰撞的过程实际上就是一个人才培养方案的完善过程，所以这个制度到现在我们还始终坚持着。但我们理事会的组成人员已经从原有的商业旅游界扩大到其他现代服务领域，甚至跟媒体都有比较好的合作，而这种合作恰恰是学校的一个信息源，一个不可或缺的关键渠道，这个我觉得也是比较好的。

另外，我们在决策当中比较得益的是跟高校合作办学。从我做教务主任开始到现在应该有近十七八年的历史，我们跟比我们更高一级学校的衔接包括联系是比较多的。他们高校人才培养，现在看有些也比较僵化，但是从他们的视野或者说对专业的前瞻性思考来讲，有他独到的地方，这个对我们还是很有启发的。

二、政府给钱不如放权

问：在您领导学校发展过程中，您觉得有哪些主要困难？

答：困难嘛，就我个人的感觉讲，现在在政府的管理越来越强，这个强呢，是说得好听一点，就是很多不应该由政府承担的职能现在政府也都在承担。我打个比方，现在搞很多项目，他给点钱给你，你搞不搞？你只能搞。就像技能大赛也好，课程建设也好，政府出了很多钱，但他的抓手好像选择得不是很好。我说得直白一点吧，像学校招聘教师，政府管得较多。我们现在招聘教师已经到什么程度，这个老师要到最后确定了，我才能看到他的具体档案。现在我们学校需要什么专业的老师，我只能是用简要的东西报人事局，有多少人报名等等我们既不知道也不参与，然后由政府组织考试，当然这是体现公平。要知道一个校长，他对这个学校负责，对学生负责，他不会过多地去考虑这种人情的关系，我相信绝大多数校长都是想把学校搞好的,都是想选拔好的老师,他怎么可能是想把自己的七大姑八大姨招到学校来,这是不可能的。但现在这个机制,从招聘角度来讲,不合理也不太科学。这是其一。其二,有些老师,从职业学校的角度来讲,需要从企业、行业里来引进,就是在学校干几年,再回企业干几年,再回学校,有一个双向流动,这样要有一个比较好的机制。可能比较理想化了,但对学校的发展有好处。

还有我觉得政府花了很多钱支持职业教育,比如搞技能大赛也好,搞精品课程也好,虚的东西要少一点,要让学校、校长、老师都静下心来,踏踏实实地把一些基础性的东西做好,少做务虚的东西。你说现在一会儿是四星级评估了,一会儿又是什么"国示范"建设了,现在我们省里又在搞现代化职业学校,当然他的抓手是好的,通过这些项目的推进提升整个职业教育的办学水平和质量,方向是对的,但往往在执行过程中有很多偏差,所以我就觉得作为校长有很多无奈。从内心讲,我未必是愿意那么做,就像政府现在减免职业学校学生的学费,是好事。但你与其这样,实际上不如把生均经费的标准提高一点,给学校更多的一些自主权。当然政府也有好多好的政策,比如说我现在体会比较深的,去年开始搞的现代职业教育体系建设,无论是对生源还是对整个教学质量的提升,都很重要。从我们角度讲,我们也很珍惜这种机会,我们真的是在认真做,所以就觉得真的要把职业教育办好,要把办学的自主权给学校、给校长。我认识的大多数校长都是很有责任心、事业心的人,他不会把这些好的政策用歪的,但是说影响我们正常教学的这个因素在这,校长也很难静下心来做自己的事、做学校内部的事,这个我就觉得如果有可能,希望有所改善吧。当然我觉得我们国家靠着这种评比、项目在推进,总觉得不是个好事情,能不能从法律法规上进行制度化推进。你就说德国双元制,中国学了这么多年,你说好不好?他有很多东西值得我们借鉴,值得我们学习,但是它的先决条件,一个就是国家制度层面上的设计。当然我觉得这几年职业教育推进,政府确实有很大的投入,那么投入的效能是不是真的高了呢?那未必。所以从职业教育发展来看,现在还有一个瓶颈,就是职业教育要真的受企业欢迎,就像校企合作要真的能搞好。我们现在太多太多的是缺少对企业行业的吸引力,缺少对学生、对家长的吸引力,这种吸引力,资金是一方面,更多的从学校自身角度来讲,就是我前面说的,我们的服务、我们的创新,我们学校将技术转化成生产力的能力怎么样?实际上我觉得政府现在应该关注这个东西。你现在搞这个实训基地、那个实训基地,那么这些实训基地的示范辐射效益怎么样?它的技术转化、技术引领的功能怎么样?这个现在做得好的有,但并不多。那我想能不能在这一方面多花点功夫,让校长有能力、精力去做这些事。

三、要善于捕捉并把握发展机遇

问:从您刚才讲的我感觉到,您把学校的发展作为自己最为成功的一件事,可以看出您是非常热爱职业教育的。您成功的事情有很多,如果要排序的话,您认为第二件比较得意的、很成功的事是什么呢?

答:从我个人讲,因为我对这个学校非常有感情,曾经有一段时间我是要被调离这个学校的,后来我表态说我对这个学校,对旅游、商贸真的很感兴趣,我是看着这个学校发展壮大起来的,能明显地感觉到学校在企业、行业受人尊敬的程度有了极大的提高,这个提高使得我们的老师现在出去都蛮有自豪感的。还有呢,就是学校的地位在提高,学校地位的提高跟我们办学质量的提升、办学规模的扩大、办学层次的提升是有关系的。就是说我最得意的是我们学校这几年或者说这10年来吧能够抓住比较好的发展机会。

第一,我们2003年几校合并,正好抓住机会了,异地新建了一个校区,就是现在这个地方。原来我们学校在市中心是很小的,我们是6所学校合并的,6所学校最大的学校只有17亩地,这是一个变化,教学、办学条件得到极大改善,这个机遇我们抓住了。后来就搞了什么职教园区等,现在看来教育的功能是有一定的辐射范围的,政府有些决策现在看起来还蛮好笑的,实际上无论初中、高中、职业学校都有一定的辐射范围,不能政府拍一下脑袋就把这些学校集中到一起,教育是要方便学生的,你不好说找那么远的一片土地把那么多学校集中在那里,职教就好了?

第二,我们江苏不是搞五年制试点么,我们也抓住了这个机遇。实际上我们办五年制高职教育是比较早的,是1999年开始办的,后来成为江苏联合职业技术学院(以下简称"联院")的分院,我们又一次抓住了机会。现在看来这些机会你抓住了,你的发展就会上升到更高的一个平台。机遇错失呢,你就上不了这个平台。刚上五年制高职,我记得我们那时候综合实力排名还是比较后的,这么多年下来了,现在我们在省内的影响比较大。像我校的会计专业、旅游管理专业在省里绝对是一流的,现在我们的一些主干专业有了一个比较好的平台。顺便说一下,这个五年制啊,无论是从管理还是教学科研,无论是从团队建设还是从专业建设角度来讲,它发挥出的作用、水平与效率都非常好。

那么进入联院以后,我们后面抓住的机遇主要是"国示范"建设,因为我们是联院的分院,所以升为四星级学校是免检的。同时对生源、对教师的吸引力也比较大。后来省里和教育局要搞"国示范",我们又抓住了这次机遇,上了"国示范"。

还有就是去年搞现代职教体系的第一批试点,它的先决条件是,你首先要是"国示范"学校,因为我们上了"国示范",所以也顺利进了职教体系的第一批试点学校。我比较满意的就是这几次机遇我们都抓住了,所以无论是老师还是学生都会觉得这个学校的发展前景还是比较好的。从我个人角度来说,我觉得这个还是蛮欣慰的一件事。

问:那么刚才您讲了在学校发展的过程中,老师受人尊敬的程度得到了很大的提高,您能举一些例子吗?

答:老师的吗?那我给你举几个。

一个是像我校烹饪专业的老师,我们现在烹饪专业在市里面影响还是比较大的,现在行业里面搞新品的开发或者搞什么竞赛,那基本就是我们老师参与率比较高,除了有很多老师被请去当评委,更多的是被他们请去当技术顾问,如在新菜的研发、开发上给他们指导,这一个是我们比较得意的。

第二个像我们旅游管理专业,现在已经达到了我们自主设计开发一些主题宴会的台面,实际上已经有点商品化的苗头了。像我们去年四张台面,人家出了十几万元,最后就转给他们了。好处在哪里呢?我就觉得像这种萌芽性的东西,如果能够很好地扶持的话……什么叫技术转化生产力?你技术服务服务在哪里啊?我就说你老师能用自己的智慧,或者说用你这个团队的智慧做这件事情,然后逐渐把这件事情做大了,那你这个职业教育就办成功了。这个我们也是蛮自豪的。现在我们老师在行业里面的话语权也变大了,这个话语权增大实际上是名利双收,现在行业里搞什么活动都想到我们学校请老师的,无论是请指导老师还是请评委都要来请我们的老师。老师的名气越大,在行业中的话语权就越大,现在他们都能干副会长、秘书长了。反过来,老师跟行业的联系多了以后,他们对行业的一些需要、一些标准也都熟悉了,然后再提升一步,就是能够参与行业标准的制定和调整。我现在不能说去制定行业的标准,但在行业标准的制定过程当中,我们有了话语权。再从"利"的角度来说,那更不要说了,又有钱,又有名,这有什么不好呢。但从校长角度,这个事情你要鼓励,不能老师多拿一点钱,你校长就眼红。现在我们大概有那么一二十个在行业里面能够说得上话的人,这个我觉得还远远不够,我想能不能把这个队伍进一步扩大。另外,现在一些旅游路线设计、旅游产品开发我们老师都能参与进去。像无锡灵山的很多解说词都是我们老师写的,一些景点开发的项目我们老师都能参与的。这样呢,学校的影响力,真正的核心技术、水平或者核心力量,这一块东西越来越壮大,并且能够步入良性发展途径,那我们这个职业学校还要担心什么呢?这个也是我们这几年在探索的过程中比较有收获的一个环节。

问:根据研究的需要,能不能请您再讲一件成功的事例?

答:如果要再讲一件成功的事情的话,就是我们现在与外面合作的平台变得比较宽了。比如我校的信息类的专业,现在与高校合作的平台宽了。再如学校很多应用类的专业,比如说旅游类专业,其导游软件的开发,一开始是跟企业进行合作,现在我们逐步有了计算机专业的老师、传媒专业的老师,和旅游导游专业的老师结合后,做了一些虽不能真正叫产品,但已经是产品萌芽的东西。而且这种合作已经拓展到国外,包括跟英国已经开始合作了,他们委托我们给他们搞一些开发。这个开发实际上是属于跨专业类的,我觉得这样做的好处可能就是将来会产生一些也不叫边缘学科吧,但是可以产生一些按照产业链发展的一些东西,比如说旅游电子商务这一块的,这个专业方向可能一下子会走得比较靠前。另外像我们的计算机老师每个人都选一到两个方向,我们有四五十个计算机老师,每个人选一到两个方向,方向选定后你每个老师必须要在这个方向上走得很前,走得很前以后,他未来反馈给这个专业的信息或者对这个专业未来发展的引领,尤其是方向上的引领会走得更远。就像我们一开始说的,人家都热衷于搞动漫、搞计算机应用这些专业的时候,我们已经开始搞计算机网络技术了,我们就旅游电子商务方向不断地在往前推。我们在思考发展的过程中,也不能叫眼光敏锐,但我们的想法现在看来还是对的。人家都搞计算机应用的时候,我们的专业方向就很明确,我们就搞弱电网络这一块,弱电网络的施工等,无论是对学生的就业,还是对专业方向来讲,虽然我们的面不宽,但在这个方面的话语权就比较大,这也是我们比较值得提的一个地方。

访谈后记：记得访谈秦榛蓁校长的时候正值暑假酷暑时节，秦校长依然如约接受了我的访谈请求，让我很感动。

通过访谈，秦校长给我最大的感受是其言语中充满了对他领导的这所学校和所做的这份事业的热爱之心，所以在他的心目中，其最大的成功就是学校的发展。这一方面得益于秦校长长期耕耘于此，因而"对这个学校非常有感情"。另一方面得益于他治校有眼界、捕捉发展机会能力强以及勤于调研思考、善于内外沟通协调，从而最大限度地积聚了学校发展的正能量。

臧其林，男，硕士，正高级讲师。江苏省职业教育领军人才，苏州旅游教育专业委员会会长，苏州市十三届政协委员。

长期从事教育公共管理和旅游文化研究工作，主持或参与省级以上课题十余项，研究成果《酒店管理国际化人才培养模式研究与实践》获江苏省教学成果特等奖、国家级教学成果二等奖，在《中国职业技术教育》等省级以上刊物发表论文多篇。

选择学习就是选择进步。

——臧其林

第十章 用心烙"饼"

——访苏州旅游与财经高等职业技术学校臧其林校长[①]

一、大家齐心来烙"饼"

问：由于研究的需要，今天来请您协助，提纲前面已经发给您了，实际上很简单，就是请您谈一谈在做校长期间的三件成功的、自己感觉到最得意的事情。因为从2006年到现在，您成功的事情一定非常多啦。应该说你们学校一开始我也是来过的，在您来之前，我也来参观过，当时学校刚刚搬过来，好像周边还没有像现在这么成气候，你们好像是最早进来的学校。现在我觉得是发生了翻天覆地的变化，这个里边跟您的领导有方是密不可分的，那么您感觉到第一件成功的事情应该是什么？

答：第一件成功的事情就是重构学校文化，包括精神文化、制度文化以及物质文化等。估计你非常了解我们学校，这所学校是2004年由苏州旅游学校、苏州财经学校、苏州商业技工学校、苏州园林技工学校、苏州工艺美术技工学校等五所学校合并整合，成为江苏联合职业技术学院下属的首批五年制高等职业技术学校。这五所学校分别来自于苏州五个主管部门，都有着较长的办学历史，已经形成各自的办学模式，管理理念、管理制度各不相同，一下子整合到一起来，很多问题就出来了，尤其是人员的融合就是最大的问题。从组织文化角度看，团队合作是一个组织走向成功的关键。如果一个组织中帮派林立、人心涣散、想法不

---

① 2013年10月23日在苏州旅游与财经高等职业技术学校进行了访谈。

一,那么这个组织是不可能走上成功发展之路的。五所学校虽然在2004年合并了,新的学校也成立了,新的领导团队也建立了,但五所学校基本的办学格局还没有发生根本性改变,只不过原来的一所学校变成了一个教学系部,各个教学系部仍然保留着原来学校的文化观念、思维方式、工作习惯,没有形成共同的发展目标、价值趋向,更没有共同的团队意识、团队精神,工作起来经常是各唱各的调,各吹各的号,不利于学校的发展。虽然这种现象和行为并不是我们这所学校组建之初特有的现象,但如果在我们这所学校长期存在下去肯定不行的。我2006年底到任后感触非常深刻的事就是:学校组建已经两年了,怎么原来学校的痕迹还那么重呢?举一个典型的例子,我到食堂吃饭,发现一个非常有趣的现象:食堂有三个楼层,来自同一所学校教职工往往是聚集在同一楼层用餐,表现得泾渭分明。

问:很明显,在食堂这个公共场所就能看出来。

答:对的。另外,还有一个情况就是,按道理苏州旅游与财经高职校成为独立的五年制高职校已经两年了,学校发展办学道路、战略发展目标等带有方向性的办学理念应该是非常明确的,打个不太恰当的比喻就是:学校办学目标就是大锅里面一张要烙的饼,所有教职员工都要围绕这一张饼,角色分工、相互配合地把它烙得尽善尽美。但这所学校当时的局面恰恰是相反的:虽然在一口锅里面烙饼,却没有很好地协作烙一张大饼,而是烙了很多张不合格的小饼。问题症结在哪里呢?其原因就是新学校虽然建立了,但还没有提出一个系统性的新组织文化构建,没有明确提出学校今后发展愿景是什么、战略发展目标是什么,没有来得及建立一个符合新形势发展需要的完整管理体系,甚至学校内部的组织架构、部门职责、运行机制还处在模糊边缘。由于组织文化系统构建的缺位,教职员工不知道该干什么,导致很多工作需要人盯人才能完成,由此学校领导、部门负责人很多精力就消耗在这上面。

我到任后经过一段时间的调研,发现学校存在上述问题的根源就是没有推进新学校的文化建设。新学校文化不能是原合并学校的大拼盘,应该有个系统的组织文化构建,组织文化构建的首要工作就是要确立好学校办学理念,即要明确学校的办学定位是什么、战略目标是什么、发展道路是什么,等等,也就是我们通常所说的:我们要向哪个方向走,要达到一个什么目标?当然,定位和发展方向是所有职业学校都要做出的抉择。2006年苏州市政府提出了经济社会发展的"四大行动"计划,其中有一点就是要重点发展服务业,而我们学校办学历史上就是服务业专业居多。因此,借用管理学有关战略发展理论,结合学校办学的实际,当时就明确提出学校办学产业定位、人才培养目标定位是:为苏州现代服务业培养高素质、技能型人才,进而确定办学层次定位为:五年制高职为主、中等职业教育为辅。

当我们确立了战略发展定位和目标以后,遵循组织文化建设的逻辑,接下来要做的就是规范学校的管理,用通俗的话讲就是建章立制。你可能会问:学校不是已经建立几年了吗?为什么还要进行制度建设呢?虽然新建的高职校运行已经两年了,但由于忙于基础建设工作以及其他各种整合中的烦琐事务,没有很好地进行制度构建,只要职能部门主要负责人是来自原来哪个学校的,其管理的办法和手段就是原来那个学校的管理办法和手段,由此混杂的管理方式经常会发生碰撞和矛盾。构建一个完整的制度体系已经迫在眉睫了。

首先出台了一个党政联席会议议事规则,解决了领导决策规范化问题。刚到学校时发现,领导层开会有时开了很长时间,但一个问题都解决不了。这是什么原因呢?很简单,没有一个明确的制度化的议事规则,由此导致了好多事情议而不决。因此,很快按照国家、省、市对职业学校的有关要求,制定了学校党政领导议事规则,我们叫作党政联席会议制度。党政联席会议制度就是明确要求学校党政领导按程序要求开会、按程序要求议事,不得将党政领导决策性会议变成神仙会。我们明确规定,凡是涉及学校重大事项,如财务审批、人事管理、物品工程采购、评优评先等必须在党政联席会议上公开讨论、科学决策、谨慎决定,不准独断专行或底下交易。如果大家意见一致,立即通过;如果大家意见不一致,实行票决,以票决来解决问题。后来决策会议效率高了、学校发展速度快了,和党政联席会议制度得以顺利贯彻执行是分不开的。

在完成党政联席会议制度建设后,接下来的大约一年多的时间里,即2006年下半年一直到2007年底,学校抓住省教育厅的有关教学、学生、后勤三项规范出台的机遇,全面进行制度构建,相继出台了八十多个管理制度,既包括学生管理、教学管理、后勤管理,也包财务管理、日常办公,甚至一个会议室使用,等等。2008年,将所有新建立的制度编成了一本厚厚的册子,供全体教职员工学习和使用。经过一段时间的运行,效果就出来了,大家都养成了按章办事习惯,知道自己的职责所在,知道什么时候做什么事情,知道怎么做事情了。

系统制度制定出来后,又在2008年暑假进行内部机构重组和人事大调整,推进组织变革。所谓机构重组,就是构建一个符合五年制高等职业教育发展的组织机构体系和运行机制。针对原来非常凌乱的内部机构框架,首先进行梳理,然后按照职能需要重新确定学校发展所需要的内部机构,并明确内部各职能机构的工作职责以及各机构之间的内在关系和运行机制。机构重组完成后立即启动人事制度改革,做了学校办学历史上最难做的事情。人事制度改革的核心就是打破管理干部任命上的终身制,全面实行干部聘任制:废除干部终身制,明确规定学校每隔三年全面实行干部聘岗;干部每届任期三年,三年内如有两次考评排名最后,则被免职。干部聘任制实行之初仍有很多矛盾,但没有大的波折。一年后,因干部聘任制的推行,管理人员工作积极性得到鼓励,学校发展的内在动力得以迸发,因为所有管理干部都知道如果在岗位上不好好工作、不认真履职的话,下一任将会被淘汰。后来的两年,也就是在 2009 年、2010 年,经过选拔,我到美国马里兰大学去攻读公共管理学硕士去了。虽然我不在学校,但学校运转还是非常顺畅的,主要是因为制度构建和干部任用改革显现出成效来了。2011年,我校又开始新一轮干部聘任工作,已经没有 2008 年刚开始时的矛盾了,效果也非常好。最终大家都认识到了:哦,我做干部已经不是终身制了。最终,大家接受了干部能上能下的聘任制。所以你问三个成功的事情,我觉得第一个就是完成学校文化构建,重点就是明确发展愿景,建立科学的组织框架,制定出系列制度规范,把人心凝聚到一起来,把原来离心的涣散组织打造成一个合作团结的大团队,这是我做的第一件成功的事情。

问:这个不容易,我觉得一般来讲,两三个学校合并起来,那么您刚才说的现象都比较普遍,一种离心啊,它不是一种合力啦。你这五个学校在短时间内能够这么整合非常不容易,那么在这个里面,我觉得在中国的环境下,往往做人的工作尤其是这样的工作,应该是非常难的,您在这个过程当中有没有遇到困难?

答:有,肯定会遇到困难啊,尤其是在处理人的问题上困难最大。刚开始,就有干部抱怨人事改革,认为自己没有功劳也有苦劳啊;新学校已经组建两年多了,仍有干部总是以原来的学校标准论是非。改革总会触动部分人利益的,总会有抵触的,但不管怎样,只要改革符合绝大部分教职工的利益,那就是正确的改革。人事改革不能够有倾向性,一定要做到公平公正,这是关键。也就是说,作为学校大团队的领导者,首先要心无私念,带头对人对事坚持公平公正原则,只有这样,人事改革才能推行下去,新的制度体系才能得到有效执行,新的组织文化才能构建成功,新的团队精神才能逐渐形成。学校的一系列改革符合绝大部分教职员工的利益,因此改革方案也才在教职工代表大会得以高票通过,这样就得到一个民意的支持。实际上,普通的教职工都希望学校发展壮大,都希望新的学校能有一个会聚人心的东西,那就是文化,只有精神性文化、制度性文化才能把人心凝聚到一块。当然在执行制度的时候还要特别注重以人为本,就是要关心每一名教职工在学校中的发展,比如说教职工当中有哪些困难,作为校领导一定要关注到。在离退休教职工方面,当时我们学校有离退休教师近300名,他们也经常找学校领导要个说法。当时我和其他校领导一起专门研究了离退休教职工政策问题,发现问题并不复杂,就是一些政策性的东西没说清楚,甚至政策执行标准不一,给离退休教师带来困惑。搞清楚原因后,按照上级文件要求专门制订了一个关于离退休教职工福利待遇的办法,并不断向他们宣传国家、省、市有关离退休教职工的政策,经常组织他们开展一些活动。渐渐地,直接找学校领导讨说法、要待遇的越来越少了,来和学校领导交流的离退休教职工,多是献计献策,关心学校发展了。另一个问题就是在职教职工问题,因合并遗留了待遇存在"一校两制"问题,即在同一所学校,做同样的工作却奖金福利待遇两个层次,其原因就是因为有一个学校合并之前是非财政全额拨款单位,造成一部分人待遇只有另一部分人的一半。作为学校领导,如果要想执行好新的制度,按新的制度体系开展工作,必须解决好这个历史遗留的问题,否则也无法建立起政令统一、思想统一、目标统一、价值观念统一的工作团队。所幸的是,在上级主管部门的大力支持下,将历史遗留问题进行了化解,让学校所有人都能围绕新的目标、新的发展战略去努力工作。所以我认为,第一个成功的事情就是到任近两年时间里主要精力就是通过学校文化构建,辅以内部结构和人事制度改革,解决了发展方向问题,解决了组织发展规范问题,把一个人心涣散的学校打造成一个积极向上、协作互助的工作团队。这就是第一个成功事情。

问:好的,第一个事情再请教最后一个问题,那么在这个里面您作为一把手校长,您感觉到您起的作用是什么?

答:作为一个校长,实际上在中国东方文化体制之下的这么一个组织里,一把手就是总教练。有的把校长说成当家人,这个观念我不太同意,我觉得团队的力量是巨大的,再有能力的校长也只是学校团队中的一分子,校长要依靠团队所有成员的努力才能取得成功,校长的角色是做好团队的领头羊,在团队中发挥好灵魂作用。作为领导者,起的作用就是把握方向,你得抓住问题的要害,你抓住了要害你就知道对症下药。领导的作用,不能让大家看不到希望,作为领导,你就是一个让大家看到希望的灵魂,就是说你要起到引领学校发展的作用,这个引领作用就是让教职工看到了发展的希望,他们才会在你的带领下向前走。作为领导者所做的一切,得让大家切实感觉到学校发展有方向了,尤其是大家认为学校按照新的管理体系运行确实有了发展,而且成绩开始显现出来,他们才会认同你这个领导。当时很多制度都是我亲手去起草,这个和我的职业背景有关系。

我1991年大学毕业后在苏北家乡中学工作三年后考到苏州大学攻读硕士研究生，毕业后一直在市教育局工作到2006年，基本上三年一个工作阶段。第一阶段就是参加乡镇教育现代化推进和研究工作，至20世纪90年代末全苏州大市范围内只有几个乡镇没去过，全面系统地梳理了苏州20世纪90年代如何从完成"两基"向教育基本现代化转变的过程。第二阶段学会了依法办事。世纪之交又逢苏州大力推进依法行政工作。当时我在法规处工作，工作之余潜心学习法律知识，考了一个律师资格，再次就读苏州大学法学院。在完善法学知识前提下，将教育局直属学校的章程全部梳理一遍，倡导学校要学会依法办学。规范化、法治化的工作习惯由此养成，对后来管理这所学校起到很大的作用。第三阶段是学会如何管理、服务高等职业教育。2003年到2006年我被调到苏州教育局高等教育处工作。这几年，收获最大的就是走遍了在苏州的所有高职院。苏州是高等职业院校比较多的城市，除旅游产业外，其他各种产业类型的高职院校都有。每到一个高职院，我都会注意它的办学特点、领导管理学校的风格，从中得到很大的启发。后来到了这所学校任主要领导，此前的九年时间三个阶段的工作经历对我担任领导职务大有裨益，即全大市各类教育以及教育法规、政策了然于胸，还有什么不好管理的学校呢？

问：难怪的，就是尽管你在做这个校长之前并没有像其他老师一样在学校工作，而是直接从教育行政部门过来做校长，但也不影响您从事学校管理工作？

答：对，如果我一直在学校做普通教师，看问题视野可能会窄些；恰恰是教育行政部门多岗位工作的经历，对我现在的校长岗位起到很大的帮助。之前虽然有中学工作经历，但没有做过校长，如果在教育局机关里一直在一个岗位上工作，可能对担任学校主要领导也是不利的。在教育局机关内多岗位锻炼，对于今天能够做一个合格校长的帮助是非常大的。当然，如果我在教育局一直从事理论研究工作的话，做校长可能只是一个专家型校长；如果在教育局一直从事法规政策工作的话，做校长可能只是一个规制型校长。恰好后来有幸从事高等教育工作，跑遍苏州高等职业教育院校，清楚每所高职院校的办学特色，这对后来成为引领型校长起到很大的作用。

问：我觉得您非常善于学习。

答：这个可能跟我的成长经历有关系吧，我认为选择学习就是选择进步。我觉得一个人要经常学习，学以致用，对国家，对社会，总归是有用的。包括你一直也是这样的，我觉得是这样的。我1991年大学毕业后在苏北老家中学工作几年以后，又来到苏州大学读研究生，研究生毕业后重新工作。选择学习就是选择进步,我始终坚信这一点,不管每天有多忙,一定要看点书。无论做什么工作,都要弄明白其他人在这个工作上有什么可以值得借鉴的经验。那就要向他人学习,向其他单位学习,向其他同事学习,学习的就是他们的经验。当然,学习不是盲目的,要学会一些方法,不能直接套过来就用,一定要和自己的工作实际结合起来才管用。由于本人历史学专业背景,经常会对中国数千年的历史文化有兴趣,尤其是历史上著名人物待人接物、管理团队的办法,这些都是间接的经验,但值得去借鉴。

二、打造过硬的烙"饼"人才

问:第二件成功的事情是什么?

答:第二件我觉得比较成功的就是解决人的发展问题。解决人的发展问题核心就是解决师资队伍建设问题。因为一个学校能否成功地走向卓越,关键就是教师,只有教师优秀,才能教出优秀的学生。

作为学校领导,如何让优秀的老师来教好学生呢?那当然靠制度,我已经讲了,建立合理的激励机制,得了解教师们需要什么,马斯洛需求原理有时候还是管用的。我们既然是五年制高职校,就要求教师必须具备一定学历和水平,这是基本。我到任后,专门对学校师资结构进行了调研和了解,发现大家的年龄结构、职称结构、学历结构都存在问题,而且问题很严重。如技能水平高的教师其学历非常低,存在专科学历教师教专科学生现象,无职称的教师也非常多。单就学历而言,2006年我校有356名教职工,连我在内具有研究生学历或学位仅有16人。当然,现在(2012年底)不一样了,具有研究生学历或学位的教师已经达到140人。

面对问题众多的师资队伍,我没有回避现实,立即对规划进行调整,就是在2006年底做了"十一五"规划调整工作。首先做了一个教师队伍建设"十一五"规划,由我直接起草。针对问题,提出明确发展目标:到2010年,具有研究生学历或学位教师要达到35%,高级教师队伍要达到20%,所有教师学历都要达标,等等。为实现教师发展目标,当时特别提出了师资队伍建设的"九大工程"。比如第一是"优秀教师引进工程",2007年出台,2008年一下子就引进3个教授、副教授。"优秀教师引进工程"实施后,除特殊专业外,新进编的年轻教师,必须要有研究生学历或学位。而且还根据学校的发展定位,就是培养国际化的服务人才,大批量送教师出国培训,培养教师语言能力和国际化视野。第二就是"在职教师学历提升工程"。实施"在职教师学历提升工程"时,规定35周岁以下的教师没有达到学历要求的,必须三年之内完成本科教育,否则转岗低聘;30周岁以下的教师,三年内必须考取在职研究生,否则停止晋级评优;30周岁以上的教师,鼓励报考在职研究生,如在规定时间内考上了将给予奖励;新进编的特殊专业本科毕业教师,必须两年内考取在职研究生,否则不能晋级。这样的措施看起来有点严格,其实措施只是手段,目的是让教师们不断学习充电,提高驾驭课堂、教育学生的能力和本领。

问:难怪这几年有研究生学历的一下子增加这么多。

答:是啊。第三个措施就是实行"双师型教师培养工程"。你也看到,这几年我校在各级技能大赛上取得了辉煌的成绩,是和我们有一支强大的"双师型"教师队伍是分不开的。我们在实施"双师型教师培养工程"时,不仅仅要求专业教师要有一张专业资格证书,更重要的是专业教师必须有实实在在的企业经历,即要求专业教师要具有"双师"素质才可以。第四个措施是"外聘名师工程"。我们聘了大量的能工巧匠、行业专家、高校教授作为我校的专兼职教授,尤其是我们学校专门搞了一个"一月一讲"活动,就是每月聘请一位名家来校开展专题讲座,像礼仪大师、著名电影导演江平,苏州滑稽戏代表人物顾芗等均来校做过讲座,酒店高级经理、旅行社老总、高校教授前来开展讲座或者直接授课的就更多了。通过这个"一月一讲"活动,拓宽了教师的工作视野,提高了教师工作能力,起到很大的作用。第五个措施就是"教师业务水平提高工程"。教师除了参加国家规定的各种培训之外,我们还专门为教师拓展了境外培训渠道,一个最大的渠道就是通过和澳大利亚蓝山酒店管理学院的合作项目每年向对方派遣3到4名教师参加为期至少三个月以上的专业培训。因为合作关系,外方不收我校的培训费用,我校只需要为赴澳教师购买来回机票即可,这是非常合算的培训,几年下来,我们培养了一大批外语非常流利、国际视野广阔的专业教师。另一个渠道是和芬兰赫尔辛基商学院合作,每年派遣教师带学生赴对方修学一个月,多年下来也培训了不少教师。第六个措施"名教师培养工程"。我校专门出台了名师培养办法,建立了一系列的学科带头人、骨干教师培养和选拔的工作机制,每年通过校学术委员会进行评选选拔,这个对老师的激励作用很大。为什么我们现在能有一批技能大赛国家级教练,都是通过这个措施培养出来的。第七个措施是"导师制度工程"。导师制就是学校聘请校内的教授、副教授来做导师,指导一批青年教师,让青年教师尽快成长起来。第八个措施是"科研兴校工程"。当时鉴于学校大部分教师科研能力比较低,专门有针对性地出台了一些政策,要求所有教师根据自己的职务职称等情况每年必须完成一定的科研任务,科研任务是多方面的,无论你哪个方面有成果,都给予奖励,这个非常公平。如,有的专业教师是搞技能大赛的,他说我没时间写文章发表,学校说,不要紧,你的技能大赛成绩可以折算成科研成果;有文化基础课老师说,人家技能大赛都奖励了,我是基础课教师,没有技能大赛,不公平,学校说,你不搞技能大赛,但你有时间去研究课堂教学,多写研究性文章啊;还有的教师说我既不搞技能大赛,也不会写文章怎么办?学校告诉他,不要紧,你可以研发产品或为社区、企业开展服务,一样折算成科研成果。为了对教师多鼓励、少处罚,哪怕教师的课被评为市级优课,学校也给折算成科研成果。为什么这么做?我认为职业教育不能像高校那样拘泥于发表多少篇文章、搞了多少个课题,职业教育重点是培养出高素质、技能型劳动者,对教师的科研任务规定应该灵活多样,这样就可以充分调动教师各个方面的积极性,也充分体现职业学校科研考评的公平性。第九个措施就是"师德师风建设工程"。一个学校一味进行物质奖励是不行的,根本性工作还是要抓好师德建设。这非常重要,所以师德建设是单独作为一个工程来抓的。对师德有问题的教师,聘任、晋升、奖励等方面全部是一票否决。

前述的教师队伍建设九大工程制定实施没多久,我就出国了,没怎么关注实施过程,但教师们会主动地、自觉地执行制度。最终通过这九大工程的实施,大幅度提高和改善了教师队伍的素质和结构,学历不合格的也全部合格了,拥有研究生学历或学位的教师数量也迅猛地增加到130余人,拥有高级职称的教师也由原来的50名增加到80多名,尤其出现了一大批非常优秀的教师。

问:您抓了师资队伍建设九大工程,这件事的影响是什么?

答:很简单,通过九大工程的实施,把我校师资队伍整体提高了一个档次。教师队伍素质提高了,必然也带来教学质量的整体提升。一个学校教学质量的好坏在于是否拥有一支优秀的教师队伍。优秀教师队伍怎么去打造?关键是要加强团队建设,让教师群体变得更加优秀,而不能只培养几名冒尖的人才。以酒店管理专业为例,经过境外培训工程的实施,专业教师们个个能讲一口流利的外语,个个能用英语来上自己的专业课。当然"十二五"期间我们还会乘势而上,执行新的师资队伍建设规划,在前面的九大工程基础上更要有所提高,如"十一五"期间规定年轻教师要达到研究生学历或学位,"十二五"就提出来要达到博士学历或学位,当然读博士是鼓励性的,而不是强制性的,不能为学历而学历,要鼓励教师不断学习充电,只有不断学习的人才会不断地进步。年轻教师只要空下来就应该去念个博士,攻读博士是手段,目的是看书学习,这对教学工作是非常有用的,对其个人成长和发展也是非常有用的。在今天知识爆炸、更新速度超快的时代，不学习的人对工作的理解能力会不断衰退的，一直会衰退到无法正确理解你的工作意图和要求。我作为这个学校的校长，如果不出国去读这个公共管理学硕士，肯定也要读在职博士的。当然，攻读学历或学位并不是唯一的学习手段，我校也鼓励教师在日常工作生活中坚持学习，包括下企业锻炼，等等。

如果说"十一五"期间的教师队伍建设的措施是"九大工程"，那么"十二五"期间实行的则是"九大计划"。这"九大计划"与"十一五"期间"九大工程"相比，有明显的变化。比如说"教师学历提升计划"，主要是鼓励具有硕士研究生学历或学位的教师去攻读博士，这个属于奖励性的，执行的逻辑是：选择学习就是选择进步。然后是"职称提升计划"，鉴于"十二五"初期，我校教师绝大部分处在中级职称阶段，因此就出台措施，鼓励大家参加高级教师评聘工作，学校专门对高校系列的高级职称给予一定的奖励性津贴，如副教授每月享受300元津贴、教授每月享受500元津贴，而且明确规定高校系列高级职称普通教师可以实行弹性上班，相对自主地安排好工作时间。这样做效果很好，大家都没有什么意见。三是提出"双师素质计划"，在提法上与"十一五"比有较大变化，原因是学校非常看重专业教师的企业实践经验。四是"教师生涯发展计划"。这也是"十一五"期间没提过的新概念，主要是培养教师不能急功近利，要循序渐进，着眼于长远和未来。五是"外聘名师计划"，配套制订了外聘名师管理办法，正巧上级主管部门也要求学校要搞好柔性人才使用工作，这得到了财政的大力支持。在此政策引领下，我校聘请了一批行业名师，成立了行业大师工作室，起到很好的引领作用。其他几个计划也具有创新性，如"外籍教师聘用计划"，对提高学校教师教学能力、科研能力以及服务社会能力起到极大的促进作用。

问：我看您那边还有一个外方校长办公室。

答：对，我们这个学校的涉外培训非常多，中外合作项目也比较多。我校是为苏州服务产业培养人才的，学生毕业后大部分都在服务业岗位上工作。而且，苏州是国际化程度相对较高的城市，外籍人士比较多，这就要求苏州服务业从业人员尤其是高端服务业从业人员必须具备国际化视野和国际化服务能力。为此这几年，我们在国际化人才培养上下了很大功夫，系统设计了教师国际化教学能力培养计划，成效是非常显著的。你看到的外方校长办公室，是我校专门为澳大利亚蓝山酒店管理学院驻我校项目负责人配置的，在我办公室边上，便于及时交流和沟通，以解决合作中的重大问题，我们领导班子中有几位都可以用英文和外方直接交流的。在中澳项目引领下，外籍教师来源也非常多样，如澳大利亚、西班牙、美国、韩国、印尼、印度，等等。直接负责项目的一对夫妇是塞舌尔籍，在我校工作快 10 年了,此前他们一直在澳大利亚工作。这些外籍教师和我校酒店管理专业管理人员、教师组成了一个很庞大的国际教学、管理团队,对我校国际化办学战略推进促进很大。

三、做有特色的"饼"

问:那么第三件成功的事情是什么?

答:第三件成功的事就是以品牌专业建设为引领,全面推动教学改革。为什么这么讲?这个还要从我校的办学定位讲起。我校定位是为苏州服务业培养高素质、技能型人才,而苏州又有很多服务业。也就是说,服务业的范围很广,官方的说法就有金融、商贸、旅游、物流、服务外包等九大服务产业。这么多服务产业,需要各种各样的人才,不是我们一个学校能够完全培养出来的,我校必须在众多服务产业中找到自己的特色定位。经过市场调研,我们觉得还是在文化旅游上大做文章,同时兼顾学校办学历史特点和现状,因为苏州既是传统的历史文化名城,也是全国文化旅游业发展强市,更是闻名于世的园林城市。为此,我们在确定专业建设方向时,明确以文化旅游、园林类为主体,兼顾其他服务业专业,由此确定了三大专业板块:文化旅游、财经商贸、风景园林。为什么要这么做?一是确定三大专业板块有利于学校专业链条化发展,我们在三大板块的基础上,又分别确定建设旅游、文化创意、财经、商贸、园林等五大专业群,每个专业群中又确定一到两个专业按照省级品牌专业标准展开建设;二是确定三大专业板块有利于实训基地建设,由此我们专门制定了"十二五"实训基地建设规划,完全按照三大专业板块逐一迈开建设步伐,目前已经完成了文化旅游实训基地建设,现在正在推进财经商贸实训基地建设,预计 2015 年开展园林实训基地建设。

在开展专业建设过程中,我们早在 2008 年就提出了一个问题:服务业人才培养和制造业人才培养有什么不同的规律?如果不同,我们应该遵循怎样的规律去培养服务业人才呢?首先我们认识到服务业的工作岗位基本上是生产和销售一次性完成的,都集中在一个服务者身上一次性完成。如你去酒店用餐时,服务人员先准备好所有用餐工具,当你到来的时候为你提供服务,最后你结账,还是由这个服务人员执行的,因此我们说服务业大部分岗位是生产和销售一次完成的。在生产销售一体化的过程中,如果服务人员态度不好或技能不好,直接会影响到酒店的客户市场。制造业就不同了,制造业的生产和销售基本是分离的,即有专门的员工去从事生产,还有专门的人员从事产品检验,又有专门的销售人员去销售产品,完全是分离的,也就是说,生产人员的水平不会影响到企业的客户市场,生产人员如果水平不好,炒掉就可以了,对企业的客户市场没有什么影响。服务业大部分岗位的生产(服务)与销售的一体性决定了我们培养职业人才时一定要和制造业人才培养有所区别。为此,从2008年开始,我们就探索服务业人才如何培养。虽然国家提出来用"厂中校、校中厂"培养职业人才,但没有谁会认真地探索服务业人才如何培养,我们在率先探索。我校利用学校自主经营的酒店、旅行社等实体,让学生在去企业顶岗实习之前有个非常感性的职业体验,我们把这个教学模式叫作实景化教学模式。实景化教学模式就是学生完成理论学习、模拟实训学习以后在我校自主经营的实体中开展为期一个月的对客服务实践,教师作为经理人员进行指导,对客服务实践结束后再进入课堂学习,教师根据学生实践情况进行有针对性的提优补差,最后达到学生综合技能水平总体提升,大大缩短顶岗实习的岗位适应期。这个教学模式从2008年提出来后,2009年进行试验,2010年后半年全面推开,到2011年已经显现出了效果。这个模式已经形成研究性文章,在《江苏教育》等刊物上发表了,后来有的学校将我们发表的文章复印下来,让他们教师进行学习,学习我们的实景化教学模式,并照着这个模式去实践。这个实景化教学模式绩效非常明显:一是学生就业质量提高了,来我们学校招聘的都是高端企业;二是职业技能大赛水平提高了,经过实战实践的学生一旦参加省级以上技能大赛,基本上可以获得金牌,我校从2011年开始以来金牌一直居全省所有职业学校的首位,就是这个实景化教学模式起了关键性作用。因此,如果问我第三件成功的事情,我认为就是探索出实景化教学模式。当然,我们学校成功的地方还很多,如国际化职业人才培养在全省乃至全国也是独具特色,以后再介绍吧。

访谈后记:如果说一个学校就是一张饼,那么怎样才能将这张饼做得既好看又好吃?按照一般理解我想不外乎以下几点:一是大家要齐心协力想把饼做好,二是做饼的工匠师傅技艺要高,三是饼做得要有特色——无论是形状还是色香味等。

通过访谈不难发现,臧其林校长带领大家在烙苏州旅游与财经高等职业技术学校这张"饼"时,正是抓住了做"饼"的关键并实实在在地采取相应的举措和行动,所以取得了成功。这对无数正在烙"饼"并且想要把"饼"烙好的人,无疑是一个很好的启示。

　　王亮伟,男,1956年2月生,大学本科学历,高级教师。1986年任常州市第一中学办公室主任,1988年借调国家教委港澳台办公室任项目官员,1991年任常州市刘国钧职业教育中心副校长,1993年任常州市教委办公室主任,1997年任常州市刘国钧职业教育中心校长,2006年任常州刘国钧高等职业技术学校校长,2013年改任常州刘国钧高等职业技术学校调研员,现任刘国钧文化中心主任。

　　2005年荣获中国职业教育杰出校长称号;2013年主持的课题荣获国家职业教育教学成果二等奖、江苏省教学成果一等奖;编著《从刘国钧到刘国钧高职校》《幸运的故事》《河脉》等著作。

因为我的存在,而让学生感到幸运,让教师感到幸运,让社会感到幸运。

——王亮伟

第十一章 用"幸运教育"理念引领学校发展

——访常州刘国钧高等职业技术学校原校长王亮伟先生①

问:今天主要请您回顾一下在校长岗位上自己感觉最为成功的三件事情。当然,您可能成功的事情非常多啊,那就在这个里面选您觉得比较典型的。要不我们就言归正传?

答:好。

问:那么就请谈第一件成功的事情如何?

答:我呢,当了16年的校长。我记得很清楚,是从1997年到今年8月底,整整16年。那么,在这之前,我曾经在1991年到1993年,在这个学校当了两年的副校长。然后从1993年开始到1997年,在教育行政部门——教育局当了四年的局办公室主任。在当副校长之前,我倒过来说了,因为是常州搞这个职业教育项目,把我借调到教育部,专门从事那个华夏基金会的项目。当时这个华夏基金会的项目呢,主要是资助职业教育,特别是资助中等职业教育的。从那个时候开始,我就已经接触到职业教育了。

那么,这个证明我什么呢? 我从1988年开始,严格地说,从1988年借调到教育部去从事华夏基金会的项目工作开始,就接触职业教育、认识职业教育,并且喜爱上了职业教育。所以,当从北京回到常州,本来有两个选择:一个就是到教育局任职,还有一个就是到学校任职。当时,我首选到学校。因为当时这个学校,叫刘国钧职教中心,是我当时的资助对象,所以,我很了解它,就主动去当了两年副校长。可能是要多岗位锻炼吧,后来被调到了行政部门当了四年的教育

---

① 2013年9月23日在常州刘国钧高等职业技术学校进行了访谈。

行政官员。再后来又回到了这个学校当了 16 年校长。从 1997 年开始，跨度 16 年，正好是职业教育发展处于波澜起伏的阶段。这里面的酸甜苦辣、艰难曲折啊，都有。可以说，我很有幸见证了职业教育大力发展的时候，遇到了挑战，也遇到了机遇。所以，我当校长应该还是很有感触的。我也很感谢我的同事们，包括我的老师，包括上级有关部门，让我连续当了 16 年的校长。本来，按照常州原来的一些规定，说最多三届啊，一届是 3 年，最多可以当三届，就是 9 年，哈哈。实际上呢，从手续上来说，2006 年我正好届满。但是恰巧 2005 年学校升格，升格为高职校，学校更名为常州刘国钧高等职业技术学校。市委组织部和编制办重新下文批准建立"常州刘国钧高等职业技术学校"。也就是说，前后两个学校不一样了，不是一个建制了。所以从理论上来讲、政策上来讲，我可以连任，没问题。当时有这样一个插曲。如果让我自己说三件自以为最成功的事情，我也做了一点斟酌，我想是不是有这样几件事啊。

一、耕耘在"幸运教育"的试验田里

第一个呢，我就觉得，这 16 年我一直服务一所学校，可以把学校当作自己教育理想的一个试验田来做。从时间的支配上来讲，应该说给我的机会是很充分的。我个人觉得，我在服务这个学校的时候，已经逐步是在用思想、文化、理念管理这所学校，或者说引领这所学校。就是逐步从单纯的制度管理，从校长的经验式管理中走出来，用思想的、文化的理念来管理。那么，这么多年来，我逐步形成了一个教育理念，就是幸运教育理念，就是"因为我的存在，而让学生感到幸运，让教师感到幸运，让社会感到幸运"。那么具体来说，我们形成了一个办学理念：就是为学生创造价值，为教师创造机会，为社会创造效益。这已经形成幸运教育的全部内涵，而且在学校的各个层面都渗透了幸运教育，并将其理念逐步地用精神的、文化的、制度的，甚至活动的内容来固化。这个呢，是我感到骄傲的。那么，特别是去年的 9 月 1 号开始到今年的六七月份，是一个学年，我们搞了学校"文化影响年"的活动。我们连续出了六本书，其中最有代表性的是《从刘国钧到刘国钧高职校》。它从历史的纵向来回顾、总结学校的建校历史，以及这里面所形成的精神的、思想的、理念的、文化的东西。而且呢，我们还为班主任出了一本书，叫作《幸运的故事》。再如，写教师生活的，叫《河脉》，出了这样一本书。我们写课改的，写职业教育课程改革的，出了一本《赢在课改》。我们自己学校长期以来形成了一个文化阵地，叫"国钧讲堂"，原来在老校区的时候叫"龙游讲堂",从 2010 年搬到新校区以后,我们觉得这个阵地大了,就改为"国钧讲堂"。

问:现在叫"国钧讲堂",原来叫什么讲堂?

答:"龙游讲堂"。"龙"就是"龙城"的"龙","游"就是"游水"的"游"。"龙游讲堂"现在叫"国钧讲堂"。每一周都有具体的讲座,每个月都有专题的报告会,每一个学期都组织学术研讨会。现在"国钧讲堂"已经成为学校文化的盛事,每一周的屏幕上都推出好多条。因此,我们这次为它出了一本书,叫《国钧讲堂二十七讲》。我们把多年来办学的东西、理念的东西,用这些书籍总结出来,把它出出来。我觉得要继续扩大它的影响,在思想文化上引领一所学校,是一位校长最成功的地方,也是自己最得意、很值得骄傲的地方。

我刚才讲的一些,还是外延的东西,实际上我们在固化的内容有许多,比如我们学校的发展理念。幸运教育的理念是什么呢?是永远领先一步。它的概念是什么呢?就是我们长期以来树立的观念,要摆脱弱者思维,树立强者姿态。强者姿态,就是去捕捉改革的先机,率先改革,能够在同行当中起到一些引领作用,这是我们最早的"领先一步"的这个想法。实际上,我们自己在全国、全省,包括本市都寻找一个赶超的目标,把它作为自己的榜样、标兵。譬如在全国,我们就选在深圳,深圳职业技术学院是我们赶超的一个榜样。每年我们都派出一些专门的考察团,去认真地考察,寻找他们在教育改革发展过程当中的一些信息,来借鉴。再比如本市里面,我们就把工程职业技术学院作为我们学习的标兵。我们去学习它的高职院校的管理模式和管理手段,应用到我们学校来。所以在加强专业建设,师资队伍、骨干教师队伍建设当中,都从这些学校汲取了非常有益的营养。还例如,我们教师的精神,也是从这种"责任、奉献、理性、进取和影响力"中提炼的,我们是在多年讲幸运的故事、教师的故事当中,让师生群众把它提炼出来。而且它是以每一个教师的个案来支撑的,很有说服力。例如,我们面向学生的"三自能力",原来这个叫"自我管理、自我教育、自我服务",后来发展成为"新三自能力",要能够"自我学习、自我创新、自我创业",这些不外乎都从幸运教育当中延伸出来的。而且我们感到高兴的是什么呢?幸运教育已经内化为学校的一种内在动力,内化为师生的一种自觉行为。每一年,新生和新教工进校,要给他们上的课,就是学校的文化课,让他们了解什么叫"刘国钧","刘国钧精神"是什么,学校的文化、精神及其精髓是什么,靠这些自然而然地影响师生群众,逐渐成为他们自觉的行为。而且,这种行为它的可持续的能力特别强。我感到高兴的是,当了 16 年的校长,尽管自己很忙,但总感觉到师生当中的认同感、归属感很强。就是说,讲到幸运教育,我不要讲具体的内涵和要求,大家都知道,都去执行,都去践行这种学校的办学理念,这使我感到很幸运。当然,这种理念还在发展。所以在我们新老班子交替的时候,我们就提出了"国钧梦",把"国钧梦"作为一个政治的交接。就是说,今后我们再干什么呢,都要继续"强学校、创示范、再升格",把学校推上一个新的高度。我是自觉不自觉地,在用思想和文化来引领一个学校,这是我个人觉得当校长最成功的地方。

问:好的,打断您一下啊。您刚才讲的第一件事情里面还有几个具体问题想请教一下。就是您用这种幸运教育的理念和这种用文化来塑造和管理这所学校,并且引领学校发展,当然成绩也巨大。那么大概是从什么时候开始提出这种理念或者说有这种理念的萌芽?

答:好,这个理念呢,实际上是从 2001 年开始的。当时,我们受到了 TCL 这个著名的企业文化的影响。它的第一句话就是:为顾客创造价值。我当时就觉得它实际上是把顾客作为自己的一个服务对象,对吧? 所以我们就联想到教育不是服务吗? 校长不是服务别人、服务老师、服务学生吗? 老师不是服务学生吗? 而学校不是整个去服务社会吗? 实际上这个理念是相通的。我们从 TCL 的企业文化理念当中,把它引申过来。所以我们叫"为学生创造价值",是这样移过来的。然后,为学生创造价值,也要为老师创造机会啊! 因为只有给老师幸运,老师才会把这种幸运的价值转移到学生身上。这就是教育生态的转移。所以,说通俗一点,我们要对老师特别好一点。你对老师这样,老师也会把这种服务的理念转化到学生身上。好的,我们为学生创造价值的根本目的是要接受社会的检验,是为社会提供优良"产品"、优质"产品"。那么,我的学生好不好,主要看社会满意不满意,社会的价值、实现效益怎么样。所以,这三者是一个相辅相成的内在关系。但是,最本质的是"教育是服务、校长是服务",这一点是支撑我们幸运教育的一个最基础的理论。当然,具体的我们还有一些细节在里面,比如为学生创造价值。

创造什么价值呢? 我们为学生创造三种价值:第一个叫一般价值。一般价值是使学生掌握知识和一般技能并且会灵活运用。我们把那一种具有实践能力、善于动手的称作"增加值"。我们把给予学生有智慧的头脑、有创新的精神,称作"附加值"。"一般价值"是对所有学生来讲的,"增加值"是对大多数学生来讲的,那么"附加值"是对相当一部分学生来讲的,不是全体,也不是大部分。给教师创造机会,主要是给教师,特别是给骨干教师构筑成才的平台。这个就要在学校的制度上、机制建立上、机会上、培训上、职称上,给他们创造一些条件。为社会创造效益,尤其现在校企合作,在为企业创造效益上面,我们坚持"以我为主"。因为现在好多制度还不够完善,企业跟学校一头热、一头冷,这个大家都明白的,对吧?那么,在这样的情况下,要坚持"以我为主"、"以学校为主",就是我们将服务——服务的产品、服务的质量有效地提供给社会,让社会感到满意,以此来增强自己的社会地位,这就是我们为社会创造效益的理念。这个我等会儿给你个材料。原来呢,我为这个写过《为社会创造效益》一文,还收录在一本书里。等会儿对你说,好吧?

问:从您刚才介绍的情况看,早在13年前,2001年,您就提出了幸运教育理念,对吧?

答:2000年。我还忘记讲了,那个时候我写了《校长视点》这样一篇文章。我说,在我的校长生涯中,我就希望办好一所学校。果然,从那个时候开始,我一直跟着这一个学校。这个学校从感情上可以把它当成自己的,不叫自己的孩子啊,我说得不太准确,就是自己喜爱的事业,就为它坚持做,把它完成好、完善好。当时我就提出,说在我的教师生涯当中,我只办好一所学校,为学生创造价值,为教师创造机会,为社会创造效益。后面的话都跟着第一句话说的,第一句话叫"我只办好一所学校",接着这三句话,就是办学理念啊,呵呵。

问:那个时候呢,据我了解,职业教育尤其是中等职业教育应该是刚刚从低谷开始回升。那个时候,很多学校都在为求生存而挣扎啊,是吧?所以,在那种情况下,您跳出"为生存而挣扎"的这么一种局面,提出了我认为到今天为止,应该说仍然是一种非常先进的理念、一种文化、一种标识,我觉得是非常了不起的。当然,今天还在不断发展、不断提升啊!

答:你讲得非常准确,这个历史的节点讲得很好。我1997年任职的,实际上从1997年开始,从整个职业学校的背景看,已经滑坡了,到1999年最甚。正好是大力发展高中,我们学校也受到了冲击,但是,尽管有影响,影响并不大。

问:那为什么呢?

答:我们在那个时候就是搞多元,我等会讲。第三点,我就讲为什么我们在低谷而不低。我等会就讲这个成功案例。

问:好的。

答:就是从那个时候,我有搞"多元"的想法,建"多元"立交桥。就是从那个时候,1999年、2000年,我们较快地回升。我们在老校园的时候,马上就搞了一个"第二次创业"和"第三轮发展",又搞"东扩西扩"。就是外面"混乱"的时候,我们稳住阵脚搞内部建设。等形势好了以后,拼命招生了,我们那个地盘就大了。当时老校园的设计规模是1200个学生,但是实际上我们离开那个老校园到新校区的时候,已经达到 3500 个学生,规模很大了。到了这儿,已经达到 5700 个学生了。所以这个理念呢,我个人觉得,它可以让大家在低谷的形势下士气不低,让大家明确方向;在高潮的时候,使大家不盲目乐观,有未雨绸缪的感觉。

问:那么,您作为校长,在这个理念的提出,在这件事情上,您感觉起到了什么作用?

答:哦,这个如果关起门来讲,我个人觉得,在学校的办学理念、文化精神上,校长起到了至关重要的作用。首先他自己方向要明。他是一个积极的推动者,又是一个引导者,更是一个身体力行的践行者。我个人觉得,你如果光有前面的引导,光喊口号不行,对不对?你方向明确了以后,带错方向也不对,要引导大家。同时,你提出以后,自己要积极地带头去践行,对不对?所以,我对这个学校、对老师和学生很有感情的,真的很有感情。现在想想,对其他没有什么感觉,对名誉啊、位置啊,我没有过多地留恋。真的留恋的是你的这个事业啊,总觉得很有滋味。在校长的岗位上,接触学生和老师的机会就多,参与活动的触角就广。你的一些思考的深度和广度更有土壤和平台,对不对?实际上,校长的位置是无所谓的,真的!所以,我们一旦到了老师和学生当中,就很有感觉,在不断地丰富这种理念。我有的时候就很高兴,学生开起会来,就会讲到教育理念,"因为我的存在而让他人感到幸运","我们要有一个阳光的心态,校长讲的,我们进校,没有失败者,抬起头来走自己的路",等等。学生会用这些话来说,说明我们这些理念的东西,它的宣传、它的传播都很广。它能够成为老师和学生之间的一种联系,我觉得最好,因为这里面给大家的认同感,就在这儿。我们一些理念的东西来自于师生和教育实践,又回到教育实践当中去。所以,真正的理念,我个人的理解,是办学的思想和实践的结合。光有思想,只是口号;光有实践,就是经验主义者,对不对?两者结合,才是理念。这是我个人的一个想法啊,呵呵。

这一点,我的感受很深的。原来,苏霍姆林斯基说过一句话叫"一个好校长是一所好学校",我个人呢,刚刚当校长的时候,不太赞成这句话,觉得要商榷。如果说要把一个学校的安危、一个学校的发展都维系在校长一个人身上,那个风险太大了,对不对?校长他靠一种制度和机制去保证只能够往正确的方向走,不能够往偏的方向走,对不对?实际上,校长只有个性、思想,不能替代学校的全部。为什么呢?我们有好多地方不是你自己的。教育部、省教育厅、社会对学校的期望,各种精神都到你这儿,然后你要融会贯通,要联系学校的实际,对不对?然后去推行。那是你校长的个性,而绝不是你说什么我做什么。所以,你看一所学校,它有一些独特的视角、理念、做法,但它不违反教育方针,不违反大的方向,对不对?而且,学校也充满快乐,管理还比较严谨。那么,这个就是一所学校的个性,这种独特的个性就是它的文化。不是上面说什么,你下面就做什么。鲁部长①讲一句话,你就把鲁部长的话在校园张贴,就是你的吗?绝对不是。就是这个概念。

问:我接着请教啊。用文化来引领一个学校,是很多校长、很多学校追求的一个方向和目标。客观地讲,这说起来容易,做起来难,也就是有困难。不知道在您的领导下,贵校在实施文化引领的时候,有没有遇到什么困难?主要的困难是什么?

答:首先,我们是追从文化的一些理念、一些教育理念。文化的观念它不是按照口号一个阶段一个阶段地喊出来的,它是自然而然地渗透在学校的各个方面。比如它渗透在景观文化中,渗透在你的工作中,渗透在你的一些活动中,渗透在你的一些教育的总结、交流和研讨中,逐步渗透的。你就把握好一个主线,就慢慢去渗透。绝对不要用口号,不要用一般号召去代替,更不要把外来的一些东西不加消化地强推给师生。还有一个,就是你的主线要明,比如我们就围绕"幸运教育",就那么简单:因为我的存在而让他人感到幸运。具体体现在价值、机会和社会效益上,也很简单。至于其延伸,怎么做的,有的人不一定要想得很细,但管理者要知道我为学生创造哪三方面的价值,班主任要知道我做哪些方面有"价值"的工作。不同的人去理解它不同的文化内涵,我不要求你样样都精通、样样都会。实际上就是在潜移默化当中,让大家去认同、去同化。比如,我们学校的主雕塑,它是固化了的一个东西,但是,我们对它内涵的解释是依托学校的理念。首先你看,它像是一个抽象的人,是吧?学校教育以人为本,就是服务人。其次,它是一个立交桥。我们学校的教育培养模式是多元化的,选择一所学校,拥有多种出路。学校招生的时候就推出了这种办学的理念,也是一种培养的理念:选择一所学校,学生有多种出路。你再看,这是彩练:学校的明天,老师的明天,学生的明天更美好,不都是彩练吗?后来,我们把它浓缩为学校的主雕塑,把主雕塑的侧面截下来,是一个校标。那么,这个校标要给人家一个什么感觉呢?它像一个幼苗。它象征着在生态好的土壤里,才能够培养出有生态意识的人,而且能够茁壮成长。那么,火炬就不去说它了哦。它又像母亲十月怀胎的胎儿,具有无限的生命力,等等。就是通过这一些固化了的东西,去不断释放它的理念。我们在搞这种雕塑、这种标志的时候,不是随便拿来的,都是把学校的这

---

① 指教育部鲁昕副部长。

种理念的、文化的东西,把它镶嵌进去。你看我们学校边上的那个桩基雕塑,都一根根塑好了,它是工地上留下来的桩基。我们留下了9根,三三组合,然后把工人的三个手推车——旧的手推车放在那儿。有一定的角度,好像在奔跑的样子。后面尽管没有工人,但是你感觉到好像有人在推。因为,我们当时把它撬下来的时候,就让人站在后面,正好是人手推的那个高度,设计的这个角度就是它被推行的那个角度。还有地下的那些污水管,那么大,也扔在工地上,我说千万不要扔掉啊,到时我要派用场的。派什么用场?大家都不知道。后来等那边平整好了,我说这样,三三组合,把9根桩基固定好。"9"嘛,永久、坚固的意思,放好在那,三角形是最牢固的形状。好,跟手推车、污水管组合起来,给它个寓意,就是"基础夯实人生,劳动创造世界"。这个,就跟我们教学生创造价值相关了。就是说,在设计这些东西的时候,要把学校一些理念、文化观念渗透进来。我绝对不会说,弄两个唱黄梅戏的人物,那跟我学校的理念不是有直接或太大的关系。比如说,我们有一个"春风女孩",所表现的形象是"残缺不全",就像我们的学生,要完善。但是,她仰着头,好像在享受这种春风和阳光。这春风和阳光是谁给她的?是教师啊。这又和"因为我的存在而让他人感到幸运"的理念联系在一起了。所以,我们这种渗透、融合、潜移默化是学校推行理念、推行教育观念、推行学校文化的最主要形式和手段,绝对不是假、大、空,也不是我们滔滔不绝的口号宣传。所以,我一直讲,学校没有一句口号的。

问:第一个成功的事情,想再请教最后一个问题,就是这件事情做了以后,它的结果、它的影响和作用,您感觉有哪些?

答:这个思想文化的引领,我觉得最主要的结果啊,就是我们学校教育发展的可持续性。因为当时我说,要办好一所学校,我在这里当5年校长,不仅为了这5年,还要为后面的5年;我在这里当10年校长,不仅为了这10年,还要为了后面的10年,对不对?就是这样很简单的一个理念。文化的东西、理念的东西,它最大的特征就是可持续的生命力。就是说,你现在做,可能不一定马上就显出"立竿见影"的效果,但是时间越长久,大家越感觉到:哎哟,你这个给大家留下了痕迹,给大家留下了那种凝聚力、推动力。一个学校至少有几千号人,对不对?照理讲,几千号人,你没有文化的内在的东西,很容易一盘散沙,老是不知所措,不知道怎么干的;有了内部的一种凝聚力就不一样,而且它的一种潜移默化的影响力也很大。我简单举个例子,新教工来了,你跟他谈有什么基本要求:不要迟到、不要早退,上课要如何如何,上班是几点钟,用不着。这些他会受环境和周边人的影响,自然而然地就融合到这里面去了。原来校长常在教工大会上讲话,我记得

20世纪90年代以后,我每年至少要讲4到5次话。近10年,我1年只讲1次话。

问:什么时候讲的?

答:是在年底,阳历年初,一月份。就在一个学期结束,新年即将开始的时候。那个时候讲话呢,我也不是讲工作计划,是讲老师的故事,一个小时。实际上,这一个小时,凝聚了校长视角的好多内容,也花费我好多心血。也许我那次讲了10个人,或者10个片段,有一个侧面,前面还有一个开场的寓言故事作为整个讲话的引子。实际上,通过这些故事,它传达的是什么呢?传达的是学校的理念和文化。比如,去年教师节,我们组织教师,不是简单表彰多少个教师,发了多少奖金,也不是说交流一下教学经验,然后新教师宣誓宣誓,不是的,我们是教师讲自己的生活故事。讲什么?他们说自己与孩子的故事、与家庭的故事,还有自己的故事:我的摄影爱好、我的驴友之路、我的骑手世界,丰富多彩。实际上,一个热爱生活的人,肯定是一个热爱事业的人。对生活都觉得没有多大兴趣、没有什么爱好,他怎么去发展学生的兴趣爱好,传达许多幸运的精神呢?不可能,对吧?实际上在那次讲话后,我们就出了一本书叫《河脉》。为什么叫"河脉"呢?我们从老校区搬到新校区的时候,我写了一首诗,前两句为"龙游东升河脉通,紫气东来贯长虹"。龙游是老校区边上的一条河,东升是新校区边上的一条河,我们说这两条河的河脉是相通的,所以才有"河脉"这两个字。生活也是一样啊,生活也是一条长河,真情是命脉,连起来不是"河脉"吗?

问:是"河脉",对的。

答:我后来问了好多老师,他们就觉得写自己啊,那怎么好意思呢?我们还有严格规定,这上面都是第一人称,只好写自己,不好写别人。我以这个为例说明什么?就是这个理念的东西、文化的东西千万不要把它简化成几句口号,只注意几条规章制度、几个要求,不是。它实际上是渗透在学校的方方面面,大家都知道我在开展这项工作的时候,应该自觉地用理念的、文化的东西去统领它。这里面,最艰苦的工作就是要让管理工作者认同我这些理念。我也知道我自己因为在校长岗位上总是有时限的,所以这次我们搞了"文化影响年",我们就极力地来回顾、总结、推广学校一些文化理念的东西,来逐步为大家所掌握。我也想,过了若干年,可能把有些东西都忘掉了,但剩下来的肯定是最精髓的东西,可能就浓缩为一句话:幸运教育——为学生创造价值,为教师创造机会,为社会创造效益。这个不会被忘,呵呵,这个不会被忘。它的解释可能会多一句少一句,这无所谓。所以,它不再是一个1+1=2的公式化的东西,它是一种文化。什么是文化?文化就像空气一样,把它抓在手里面,打开看,好像没有,但是在整个空间,都有空气。文化也是这样，无处不在，无时不有，就是这个意思。

问：您刚才提到您做了一件比较难的事情，是要让您的管理团队来认同，具体您怎么做的？

答：要他们认同，实际上就是在我们讨论工作、讨论活动、部署工作的时候，就是不要就工作而工作。就像我刚才以景观为例一样，在处理一件事情的时候，你的指导思想、你的观念是什么？是一清二楚的。例如，我们学校新校区建设，把校园交通组织分得很清晰：机动车全部从东门进来，进地下车库、进露天停车场；步行的人、骑自行车的人全部从主大门进来，主次有分别。然后呢，上学的学生进来往左拐，这边是人流、那边是车流"不打架"的。实际上，我们在设计的时候就已经考虑了，以人为本，要为师生服务，而为师生服务不仅仅是安全问题，更主要的你可看一看校门口的标语，叫"校园内机动车主动避让行人"。大家或许觉得这句话是在讲安全问题，我说，不完全对，主要是体现人的价值，是人权在路权上的体现，对不对？因为你已经是机动车了，你要边上多绕点路，然后进地下车库就可以了。从学校大门进出，比较方便，但应该让给步行的人、骑自行车的人。实际上，这是一个人权问题。再比如你处理学生问题，学生跟门卫闹起来，甚至要揪打起来，对不对？你在处理这个事情的时候，不要很简单地说学生违反纪律，或者说物业工人你怎么服务学生的？能不能用幸运教育的理念去考虑呢？好，就给物业工人放两天假，岗位全由学生去顶替，或曰"体验"。让学生在体验当中觉得门卫不简单、太辛苦；再觉得我们的清洁工人也很高尚，没有他们，学校垃圾成堆，我们无法学习和生活。体验完了，再让学生开研讨会，回答几个问题：第一，这些工人来自何方？他们说有些来自偏僻的贫困农村和山区。好，这些人每个月的工资有多少？一查平均1500元。这些人是什么样的身份？一般都是中年人，中年人上有老下有小，对不对？1500元对他来讲生活是富裕呢、贫困呢，还是一般呢？有的学生讲，我们吃一顿，有时1500元还不够。这样，通过体验让学生感受到人的价值、人的分工、人的不同地方，从而理解别人。别人为你服务，你也想着为别人服务。你少扔一个垃圾，你能够主动推行，你不是减轻工人的负担了吗？实际上，我们就是通过这些管理工作者在组织这些活动的时候，把一些理念的东西渗透在工作的布置和组织运行当中。通过这些去体会，才比较深刻。我们搞钢琴赛，马上又要搞了，面向全市，主办者是常州市音乐家协会，参赛者是从小学到高三的学生，跨度这么大，请的专家是常州以外的，浙江和上海的，费用还蛮高的，学校还出场地，然后我们要去拉赞助。学校起了很重要的作用，对不对？又花人力，还要花物力、财力。人家说学校太傻了吧？但是我们愿意啊!

问:你们是承办?

答:我们是承办,他们是主办。说是他们主办,实际上一切都是我们办,他们只是挂个名而已,要它发证书的,要借它的权威。就像你们开年会,厅长来做一个讲话,还不是你们江苏理工学院自己组织的啊? 我们就是这个角色。但通过对社会提供服务,实际上体现了你学校的一种价值。很简单,钢琴是高雅的,举办钢琴大赛的学校肯定也是高雅的,无形当中,宣传了你学校的一种形象,一种文化的形象。这些功能的发挥都是通过这种理念的、文化的东西去指导它。每一个工作和活动背后,都是靠这种理念的东西去支撑的。我个人感觉,通过这个,管理者也好,师生也好,会自觉不自觉地受到影响。实际上,这是理念、文化的最大特征,我刚才讲了,不在于你给它几个规定性,不是那样的。

问:所以就化难为易了。在您刚才介绍的过程当中,我就感觉到这种文化的气息啊,非常浓郁,就像在眼前,哈哈。

二、打造一个有文化的新校区

答:呵呵,第二件事情跟文化也有关系。第二个最成功的,我觉得是在我任期内,能够独立地建设一个有文化创意的新校区。说白一点,就是能够按照理想,以一个学校管理者的思想去建设一个学校。为什么我要说这个成功的例子呢? 因为在我们省内,包括在外省,大多数这个学校建设是"交钥匙工程"。就是说,教育行政部门有一套班子,学校提一些基本要求,然后他们帮你建好,再交给你。"交钥匙工程"能够集中资源、人力,不拖累学校,能够减轻学校的负担。把建好的一所学校交给你,很快捷,也很方便。但它最大的问题,就是把学校建成同质化的,没有个性、没有历史的这样一所学校。这个呢,太多太多了,仅仅是在外衣上,颜色有点区别。那我们这所学校当然也是在上级部门的领导下,按照现代职教、生态校园、人文情怀的建设理念来建的。简单地说,它除了满足学校的一般功能外,更重要的是把我们刚才讲的理念渗透在里面了。它的主要特征是我们建的两条主线:一条是南北向,从校门口开始由南北向的,叫文化景观线。还有一条呢,从校门口或财经教学工厂开始,往东或东北方向延伸过去的,叫教学工厂线。两条主线体现了学校个性鲜明的完整建设理念。所以那次鲁昕副部长来,她匆匆忙忙往前走,其他人也不好跟她说什么,我就跟她讲学校有两条主线,她就停住了脚步。那两条主线的交叉点在哪里呢? 就在校门口的三块石头,我们叫它"三品石":人品、作品、产品。如果说两条主线是学校的文化特征,很明显的在这种建筑线条以外,形成的地标是它们交叉点上的三块石头。别人都追求高大全,我们在这里选了三块很普通的石头,就跟学生一样,普普通通。但是我跟鲁部长讲,我说它又极不普通。为什么呢?它形状各异,个性突出,不就是我们要培养的学生吗?我们学生很普通,但是我们除了人品、作品、产品全面发展以外,更要发展他的一种个性,要有个性的张力。她说,对啊,很有道理啊。她说你应该弄一块牌子给它注明,说明一下。后来呢,我们也没有竖牌子,一竖牌子,就把它的内涵说得太白了,它实际上有好多含义的。你看这三块石头边上,是青青的草坪。我跟鲁部长讲,如果你把这个草坪看成是海洋的话,这三块石头是探出海面的礁石;如果你把草坪看作是云彩的话,那么,它们又是高耸入云的山峰。我们不仅要培养全面发展、个性突出的学生,更要培养那种胸怀大志的能工巧匠。她说,你这个立意就高了。所以,她在北京讲话的时候说,刘国钧高职校的校长把门口三块石头讲成了三个故事。实际上,我也不是刻意的。但是,当我们对它进行一种文化的注解,赋予它一种内涵后,就豁然开朗了……我们没有离开学校的办学理念、文化特征去阐述这三块石头。因为,当初有的人说为了美观,校门口种点美人蕉啊,现在秋天嘛,要弄点石榴啊,果实累累啊;春天嘛,要春暖花开啊;夏季嘛,要如何如何;冬天嘛,又要如何如何;等等。当然,你可以赋予它好多内容啊。但是,它跟我们职教的理念并不完全相符,我们就把它很简约化:三块石头。有人说这是我们的得意之作,我没有说是我的得意之作,我只是说那是我们的一个地标。人家学校的地标可能是一个建筑物、一个雕塑,也可能是一个有千年历史的人文古迹,等等。我们学校不是,我们学校就是三块很普通的石头。所以第二个最成功的事情,我个人觉得啊,就是能够按照我们的一种建设理念去独立地建设一个具有文化创意的新校区。就今年上半年,我记得讲学校文化,在校外就讲了十多次,远到山东、上海,省内南京大学,加上江苏理工学院……咱们就讲这个学校的文化创意,学校新校区建设的文化创意。我们为此还拍了三部纪录片,都是围绕学校来做的。那么,我们里面除了文化景观线、教学工厂线,当然还有精神活动线,讲这个精神文化的。当然,我们还有名人文化,讲的是刘国钧;还有地域文化,讲的是我们潞城的水。我们为什么要强调地域文化这个水呢?而且你看,我们校园里面还真的建了几个人工湖,除此以外,后面有东升河。我们老师说,东升河它是活水,流向运河,融入长江,最后汇入大海。我们是故意这么说的,就是给人家感觉到我们的胸怀啊,就像这个小小的河水可流淌到大海当中去,培养学生远大的气魄。我们在校园里还建了人工湖,我们又叫平湖、镜湖,水平如镜嘛!平,它显出了平和、和平、安全、淡泊、静寂、坦然的感觉,对吧?镜湖,照照镜子,表明我们自励、自勉、自省,等等。这些,我觉得都必须有种理念、文化的东西渗透在里面。水很容易让人想起追根寻源,教育理念的本源是什么?我们那边建了一个龙游溪,为什么叫龙游溪呢?老校园边上的一条河叫龙游河,为了不忘记老校园的渊源和历史,我们建了龙游溪,"溪水"的"溪"。就是说,我们这里的水啊,是从学校的历史长河里面顺流而来的,就这个意思,让大家有种追根寻源的想法,让大家去探寻教育的本质。教育的本质是什么?它是为人的发展服务的。我们怎么样去服务,怎么样搞好教育的形态,采取什么科学的教学方式和手段?等等。这些我们都跟水文化结合了。所以,我们新校区最终规定的地域文化就是潞城的水,从它去追根寻源,追寻教育、职业教育的本质和规律。我们再讲它的景观文化,也是体现学校的价值和理念,景观都是围绕这个的。第三个是企业文化,追求的是产业文化融入校园文化,校企文化的融合。第四个是名人文化,我们做了好多刘国钧的文化纪念物:校史馆啊、国钧像啊,我们还把从刘国钧大厂企业搬回来的一个百年纺机做成一个雕塑,两个蒸汽管一前一后、一高一低,做成了一个"男生女生"雕塑,很抽象的,很有意思。当然还有体现职业学校特色的"能工巧匠"雕像群,等等。这些是名人文化,跟学校有关系的。还有一个就是精神文化,就是把学校一些理念的东西渗透固化在一些活动、工作当中。我们新校区建设的全部规划,就融合在这五个文化当中。真的,你要说我是成功的,我也觉得真是成功的。现在好多学校做不下去,我去看了,人家就是把道路建好,种点树,然后造个建筑物,搞点生态化的样子,但是它没有文化的东西。现在建设新校区,老校区都拆掉了,连点痕迹都没有了。你到我们学校来看,你会处处看到老校园的痕迹,包括它的树、它的影雕、它的老照片。幸亏我们保存了它的老照片,我们布置在二楼的走廊里面。老校园拆掉了,老校区的一些景观我们都移植过来了,搬过来了。

问:可不可以这样理解,就是您刚才说的第二件事实际上是对前面的一种延伸、一种发展?

答:就是说,物质的东西也必须靠思想文化的东西去渗透。我个人觉得,这里面更大的一个凸显是什么呢?就是作为一个校长,作为一个领导群体的领头羊,要把学校的一些管理理念渗透进物质建设当中去,这是非常重要的。那么,现在往往是,我们这个自主的权利很少,我刚才更多的还是说明,我校长的自主权在建设一个新校区上面得到了充分的展示和体现。

问:嗯,正好想要请教的就是:这个生态校园、人文情怀,您是怎么想到的?

按道理说，叫"交钥匙工程"嘛，对吧？反正就是给你建好，到时候搬进去，不需要耗费多少精力。您这样提出这么一个理念，具体是怎么想的呢？

答：这个设计呢，实际上很简单。2008年是奥运年嘛，实际上2008年举办奥运的时候，它在2006、2007年的时候，奥运的理念已经提出来了，那个时候也正好是我们新校区规划的时候，当时奥运提出来叫"绿色奥运、科技奥运、人文奥运"嘛，给我们很多启发。我们就觉得现代职教在学校的功能上一要体现职教的属性。这种属性必须体现在校企合作中，因此企业的建构，要在新校区体现出来。我们教学工厂的后面都有企业背景，就要按照这个去设计，对吧？二要体现社会服务性。你看我们那边搞了个校企合作俱乐部，门一开，对面就是开发区，为它服务的，全部都是企业窗口。西面，我们现在决定商家到期后，都不再延续合同了。围墙拦一拦，开三个门，成为学生创业一条街，面向社会的，它的开放性体现出来了，对吧？还有培训，我们前面有一站式服务，它故意建在学校的边上，可以向社会开放、为社区服务，这就体现了社会的开放性。三要反映学校的办学水平，尤其是产学研水平。我们搞了产学研研发推广基地，也在华夏楼里面。一方面给师生研发创造基本的条件，另一方面为社会提供比较好的服务。这些，我们都是依据现代职教本质的东西，在设计的时候把它们设计进去。当时省教育厅马斌①处长来的时候提出"前店后厂"如何如何，我们就思考如何把这个东西做到我们当中来，"前店后厂"体现在哪里？体现在前面尽管有围墙，门一开就是外面，包括我们后面建的4S店、物联网大楼，全部靠开发区路口，都有对外的广场和门面。大门都对外开放，中高职衔接、技能鉴定等都放在这里面，这就是现代职教。

生态校园呢，那个时候中央已经提出来要可持续发展，要治理环境，如何保持这种生态的理念，对吧？我们学校考虑，学校的交通组织，它充分体现这种人文的观念啊。这个实际上与生态校园有关了。生态校园怎么建设，譬如讲我们学校里的空调，用的是地源热泵。你们是水空调，也是环保的。但是我们用的地热，外面没有外机的，全在地底下面，是吧？再例如脏水处理后再利用，当然是去冲厕所的。再例如那个路灯，用的是太阳能和风能。尽管当时建设的时候贵一点，但是传导给学生的是一种生态的理念——保护环境。当时设计的时候好多人不同意，这么贵，为什么呢？我说建设一个学校，你要考虑到它的教育功能，是吧？贵是贵了一点，但是你看，在校的学生，还有来参观的中小学生，来参加劳技的中小学生，包括外来的人，他看到旋转的风能、太阳能的时候，他感觉到，哦，要

---

① 时任江苏省教育厅职教处处长。

保护环境,要利用风能和太阳能造福于人类。这不是一种教育的传导吗?比你写上一句口号,说要保护大自然,要充分利用热能、风能,好多了。有的老师就说你要么写上一条标语,我坚决不同意,就是这种生态的东西。包括这个学生场地,我们取的名称叫开心农场。让学生去种菜,收获果实。目的很简单,要他们去关注生态。学生也知道的,不能洒药水啊,洒药水这个怎么会好吃呢?有虫就去捉,对不对?这个过程本身,就是一个教育的过程。

我们所说的人文情怀,就是文化的一种传递,我刚才讲的景观文化都在这个里面。这个交通的组织怎么体现人文关怀,对不对?你看我们的宿舍里面,长长的一条都是房间。我们故意去掉三间,留出一个空间给学生活动。每一栋楼都建一个爱心小屋,学生有心理问题,多好谈话,有利于谈话啊。我们也不再说"男生宿舍,女生勿进",或者说"男生公寓"、"女生公寓"。我们在男生公寓前面种了铁树,女生公寓前面种了茶花树,用树木来象征男生女生。铁树啊,铁骨铮铮男子汉,对不对?窈窕淑女茶花女,就这个意思。实际上,用这种更多的是象征。我们在男女生楼之间搞了一个"牵手亭",男生女生也要给他们交往的地方嘛。那个地方你愿意去就可以参加活动,里面就有公共俱乐部,给你们交往的地方。不要试图去阻止他们交往,所以我们开展"男生女生节",让他们在这些活动中认识,牵起手来跳舞,就是这个意思。就是在新校区建设当中,人文关怀的东西要给它充分地体现出来。包括我们人工湖的那个水,你看我们都有亲水平台,其实那是个浅滩,有浅滩的。实际上,不是安全问题,学生去的时候,就可以赤着脚站在亲水平台上。当时设计的时候就是这么设计的,现在因为安全问题,不准学生下水,实际上,不是这么回事。我们在设计的时候,它有亲水平台,就是让学生可以赤着脚站在下面一层一个台阶上的,也很宽,可以站在上面的。呵呵!我们这栋楼的西面建了一个学子林,给学生的。这边建了一个教师林,我们叫"杏坛春秋",给教师的。两边都考虑到了,一边给学生的,一边给老师的,等等。这些都是为了把这种理念在学校建设当中真正体现出来。当一个事先设计的东西或理念,在建设当中逐渐地体现出来了,多好啊!你看我们书库里面,都放了长条凳,有些学生不愿席地而坐,拿下来就可以坐。

三、选择一所学校,拥有多种出路

问:那么,第三件成功的事情呢?

答:第三件事情,我个人觉得,就是多年来我们一直在追求并且形成的立交桥式、多元化的人才培养模式。具体体现就是：选择一所学校，拥有多种出路。这是人本主义教育观念，也是我的幸运教育观念所追求的一种很经典的模式，也是我担任十多年的校长一直在追求的一种模式。最早在什么时候提出来的呢？是在 20 纪 90 年代末。那时职业教育遇到了前所未有的困难，具体体现在招生人数急剧下降，措手不及。我是 1997 年来的，1998 年还马马虎虎，到了 1999 年，哎呀大滑坡。第一次招了以后，再打打电话，有的说来，有的说不来。是什么原因呢？说穿了，就是中国的中等教育啊，一直把普通教育和职业教育当作是两股道上跑的车，互不往来。就是说，在中等教育当中，已经形成了各自独立的教育模式。1999 年非常困难，原因就在这。因为一个初中毕业生心理、生理还没有健全，知识还不完备，尤其是对职业生涯还比较茫然，他根本不晓得自己将来是想当数控工人，还是想当宇航员。但就在这个不确定的时候，已经决然地给他们分流，只能选择高中或中职。高中，上大学；中职，就业。那么这种教育是不人性的、不人道的。我在 20 世纪 90 年代就是这样评论的，是不人道的、不道德的，是不符合教育规律和教育实际的。怎么办呢？必须打通这两个，找到这两类教育的交叉点和融合点，使初中九年义务教育以后，学生能够顺利地走上一个立交桥——普教、职教融通的立交桥，这才是中等教育的最佳出路。这不是我个人的发明，先进的国家就是这种教育形式。包括我国台湾地区，它的中等教育的界限是模糊的，让学生在这个里面进行探索性学习，寻找他的兴趣，形成他的职业生涯规划的一个点，有利于他的成长和发展。这是我们当时的思考。实际上我在 1998 年已经预感到职业教育要滑坡。我来的第一年啊，就提出探索中等教育的新的办学模式——综合高中，把这个综合高中作为介于普高和中职之间的一种教育模式，让学生选择这一教学模式，来寻求他最后的不同的出路。他的不同的出路体现在哪里呢？让学生选择课程。只有通过选择课程让学生分流，让学生最后选择他的出路，这才是人性化的教育。综合高中，当时对我们来说不陌生，就是双重学籍。然后呢，它是适时分流、课程综合、多种出路。我们完全沉浸在构建出这种多元化的、立交桥式的培养模式的喜悦中，认为很理想。但是，1998 年被否定了。1999 年，正好在职业教育处于低谷的时候，给我们一个机会，当时大力发展高中，全国教育工作会议召开，要大力发展职业教育。还有一点，实际上当时是为了拉动经济，扩展教育，扩大到大学，延缓就业的困难。好多有识之士提出，不要走韩国等国家的道路，盲目地发展精英教育，最后是害了学生，害了社会。十多年过去了，摆在面前的现实很清楚，你这么多的大学毕业生无法就业，这实际上是当时单纯地发展高中的恶果。而我们提出的是介于普高和职教之间的综合高中,让学生探索性学习。那个时候我们就已经提出了探索,而且选了我们学校,可以升学、就业、创业、出国,有多种出路。应该说,这是在多元化办学当中,我尝到的最大的一个甜头。而且那个时候,功利一点来讲,我们学校避免了1999年的大滑坡。正式举办综合高中纯属偶然,突然,全国教育会议一开,三天之内就同意我们办综合高中,呵呵,一个星期之内,完成招生。补充给我们招生计划,我们随即招生。接着我们办了职业高中的对口高考,还有跟常工院搞的"3+2"的五年一贯制,再加上我们的职业中专,还有我们原来办的成人本科、成人专科学校的培养培训。啊,那个时候我们学校是热闹非凡,多元发展。从1999年开始,是我们学校一个最好的发展时期,一直延续到2006年。那个时候要我们升格为刘国钧高等职业技术学校,我们还不感兴趣。实际上,那个时候我们已经很清醒了。在2003年、2004年、2005年,我就要求大家学习《企业拐点》这本书,就是按照经济规律,GDP达到了多少是一个拐点。那么我们自己的拐点是什么时候呢?学校的在校人数达到3000人是一个拐点,对吧?达到5000人,是一个拐点,然后达到7000人,又是一个拐点。我们当时就提出了拐点问题。那个时候,我们已经有4000多人了,急需要调整我们内部的一些结构。后来到新校区搬迁的时候,突破5000人,势必要进行学校内部管理的改革。所以我们要"条块结合,以块为主",管理重心逐步下移。这都是根据这个拐点论来推动多元化发展的。实际上推动多元,苦的是我们啊!你看既要管升学,又要管就业,还要管校企合作、成人大专,管这个,管那个,很忙。但是成就了学生,成就了老师,教师队伍都是在那个时候发展起来的。

问:那么,在这种立交桥式的、多元化的人才培养模式形成过程当中,您作为领头人,在这里面具体做了哪些工作?

答:我个人觉得,最主要的就是遵循教育的规律。就是教育的本源到底是什么?你要做什么?当一种口号来引领一个潮流的时候,头脑要清醒。比如,职业教育就是差生教育,这种差生论。考不上高中的,就去那读书,高中是培养精英人才的。第二种呢,就业论。以就业为导向,职业教育就是就业教育,直接解决饭碗问题。但是他们就忘了教育的本质还在于给学生带来其他综合素质、素养,包括公民的素质、素养,以及道德的培养、性格的形成等。后来又有人说现在就业困难,经济比较贫困,读职业教育不要钱,读高中呢还是要付点钱的。就有意地把职业教育说成是贫民教育,把普通高中说成是贵族教育。这是第三种观点。人为地把教育按照经济的概念去划分,又走向另外一种倾向。而且在职业教育当中,还有各种各样的倾向。有一次在大学城搞国际研讨会,那个北京来的专家说,职业教育就是搞形象思维教育,普通高中主要是搞抽象思维教育。主持人要大家来提问,我最后提问了,我说我很佩服你,原先看过你的好多书,但是你今天所提出的命题或观点我不敢苟同,我要跟你商榷,如果人为地把职业教育界定在一个狭窄的空间里面,这是违反教育规律的。我个人觉得,教育的本质是为人的发展服务,不是为你政治服务,它为经济社会服务的最本质的东西是为人的发展服务,然后再作用于经济社会。人的素质差,尽管有一技之长,对这个社会有何益处呢?很简单,这就是一种教育规律。对这种教育规律,我们要永远保持清醒的头脑,永远把握住。当然职业教育还要把握一种规律,就是市场经济的规律。市场经济的规律主要体现在,你去适应这种经济社会发展的需求,然后去探求你的最佳培养的这种模式,或者去占有你的人才培养市场。就是这两个规律,是我从事校长期间,一直清醒地把握的。任何社会思潮、任何权势权威,都不能轻易动摇或影响我们顺应规律的决心和信心。包括马上来检查督导了,人家要查什么什么的,要你做这做那,不过,我提醒我们的干部、管理工作者头脑要清醒,我们的观念理念不好变。这种多元化的发展,其实苦了我们自己,但是大家不要怕苦,因为职业教育它有个市场经济的规律,东方不亮西方亮,在波澜起伏的时候,如果只吊在一棵树上,其结果是可想而知的。必须在多元发展过程当中寻求最佳的发展,使学校立于不败之地。你要问我校长做了什么事情,还是这个方向的东西啊,校长就是要去决定、把握这个学校的发展方向——多元化的方向,你不要去偏离它。第二呢,就是调节多元之间的矛盾。简单地说,升学要符合升学的规律,就业要适合就业的规律,人才培养遵循的就是教育的规律。这里面由于体制不健全,升学不会按照你想象的理念去做的,它必须要遵循高考的竞争规律。就业要接受市场、用人单位检验的,那么,这一点使校长很难、很苦,但是我们咬紧牙关。我们在做什么?就是在协调多元之间的矛盾,寻找平衡点、结合点,制定好有关政策,去调节、融合多元所形成的各种矛盾。不容易啊!譬如搞升学的人加班加点,他有的时候也要付出很多啊。搞技能集训,有的上面有奖励,有的没有奖励。那个时候学校就制定了一个白皮书,叫《校内津贴的若干规定》,把教师工作量分为三块:教学工作量、科研工作量和综合工作量。

问:这个综合工作量是什么呢?

答:综合工作量,是教学工作量和科研工作量以外的,例如老教师带青年教师,例如指导社团、优才培养、产学研研究,等等。为什么要定这三个工作量呢?你看,一个老师也许他三个方面工作量都大;也许他两个工作量大,一个工作量小;也许另外一个老师是另外两个工作量大,另一个工作量小一点。不要紧,他会达到平衡。也会鼓励三个工作量都大,当然,不多啦。那么,怎样才有利于骨干队伍的形成啊？所以,我们校长还在做一个多元之间的调节工作。这个我觉得也是校长个人要做的,尤其要"弹好钢琴"啊。但是很不幸的是,绩效工资改革把我们白皮书这一套给冲击了,又走到大锅饭了。后来,在这个基础上,我们又出台了一个新的津贴办法,并把它封面印成蓝色的,就称蓝皮书。我们说白皮书已经成为历史了,现在执行的是蓝皮书。应该说基本上沿袭了原来的框架,但是呢,它在分配的额度上、重点的倾斜上,发生了很大的变化,逐步地跟那个绩效工资的政策接轨了。还有一个就是看学生,因为你一定要看服务对象满意不满意。在多元化发展过程当中,我们更多地去关注学生的需求。例如,我们是让学生选择课程,公共课程以外,更重要的是发展他们的个性。我们推出选修课程178种,后来再出现"国钧讲堂",是一个更大的领域,让不同的人来接受"国钧讲堂"中的不同内容。说老实话,有些学生不是单纯在教室里面、实验室里面、训练场地来接受你的知识、技术以及观点的,有时候他参加了一个讲座就改变了人生。所以,这种对人生素养的塑造很重要。例如,我们搞优才培养,有人认为技能竞赛就是优才培养,错！我们把参加社团的、俱乐部的各种活动都视为优才培养。还有学生干部的这种竞聘,当助理啊什么的,当那个文明岗的监督员、服务员,等等,都作为优才培养。他们还竞聘校长助理,我也带两个校长助理。

问:就这些学生？

答:是的,他们当我的校长助理,一当一年。这个就是优才培养。他跟着我,我是他的导师。他会跟我来讨论工作,两周一次,星期二的中午,几点到几点,是我们来开会碰头的时间。在这两周之间,做两件事情:第一,你到学生和学生干部当中去了解他们最迫切需要解决什么？有什么意见和建议？第二,提出你的分析意见和解决办法。他们来谈,我先不谈哦,然后他们说最近挤公共交通的路上,好多学生不太遵守公共交通秩序,行为不太文明。沿途多数是我们的学生嘛！我说你们看怎么处理？他们说,我们也不太好意思当着社会公众的面说:"唉,大家注意！刘国钧的学生注意一下啊。"也不好这么说。我说,你看怎么办呢？最好悄悄地提醒。有的人呢,犯错了再提醒,毕竟是事后了。应该"先入为主",主动出击。大家讨论的时候说,这样吧,用书签提示的办法:凡是在我们学校搭公交车的人,每个人都发一个书签给他,这书签上面都有"乘公共交通,成为学校文明风景线"的一个提示语。我说很好,他们就去做了那种书签。

我们之间这种面对面交流,成了优才培养的一种重要形式。

问:顺便请教一下,像这两名学生当您的助理,他们具备什么条件呢？

答：具体我也不太清楚啊。这是团委、学生会组织的，他们在全校招募，可以竞聘学工处长助理、办公室主任助理、教务处长助理、校长助理，等等。然后呢，他们还提出一定条件，如你在班级、系部和学校曾经担任过什么职务，设置一些台阶和范围，并不搞"终身制"。

问：有条件？

答：对，有条件的，然后呢，来竞聘。竞聘就是你填志愿竞聘相关职位，如校长助理、学工处长助理……然后就让你来发表演说，由一个评审团投票。过程也很简单，因为他"参政"是为了锻炼和服务的。我们4个校长、1个书记，他们就推荐5个助理。这5个助理都到我这里来报到，然后由我来分配。后来，也形成习惯了，他们与书记、副校长只做一般工作接触，几个人都跟我来办公。所以，我一下子带了5个人。他们有的时候呢，再去跟书记、副校长联络，提出最近有什么建议。每个人带的风格不一样，我带的风格就是说，两周一次来探讨。所以，他们也很有长进，到现在这群学生还跟我联络，他们觉得我亲切。这些学生来了以后，我先送书给他们啊，送笔记本给他们。然后告别的时候，我都去买一本书送给每一个人。很有意思的，呵呵。

问：很有意思，难得的经历。对于学生来说，是宝贵的经历。

访谈后记：王亮伟校长是一位很有思想的校长，同时也是一位非常健谈的校长，原先约定的一个小时左右的访谈，不知不觉间访谈了两个多小时，我也因此获得了宝贵的两万余字的访谈资料，实在是意外之喜。

通过访谈，我的最大感受就是王校长十多年来持之以恒地以幸运教育的理念贯穿学校发展的全部，即"因为我的存在，而让学生感到幸运，让教师感到幸运，让社会感到幸运"。具体而言，就是要通过广大管理者和教师的努力，"为学生创造价值，为教师创造机会，为社会来创造效益"。或许正是因为有了这个理念的引领和支撑，他领导的学校无论是在职业教育大滑坡的20世纪90年代末，还是在职业教育再次大发展的21世纪，都能够自始至终占得先机、领先一步并取得成功。

　　王乃国,男,1961年5月生,大学本科,高级讲师、副研究员。现任苏州工业园区工业技术学校党委书记、校长,江苏省职教学会德育工作委员会副主任、江苏省职业教育发展战略研究中心组副组长、江苏省职教学会学术委员会委员、江苏省中等职业教育教师培训中心指导委员会委员。

　　先后获得"江苏省先进工作者"、"江苏省职业教育领军人才"、"江苏省职教先进个人"、"云南省荣誉校长"、"苏州市劳动模范"、"苏州市名校长"等荣誉。

　　近年来,在省级以上刊物发表论文多篇,主编、主审出版教材多部,主持多项市级以上课题。

要把教师解放出来,让他们有更多时间去考虑育人的问题。

——王乃国

第十二章 不拘一格办学校

——访苏州工业园区工业技术学校王乃国校长[①]

问：王校长您好，首先感谢您接受我的访谈，提纲之前已经发给您了，那么请您先简要自我介绍一下，然后讲一讲您在校长岗位上三件成功的事。

答：我是1982大学毕业的，毕业后，在合肥的军事院校，原来叫炮兵技术学院，做了8年老师，后来回老家苏州了，1990年回来的，然后开始从事职业教育。苏州铁路机械学校，铁道部的学校，由上海铁路局管理，去了以后从老师做起，第4年评了高级职称，当时是铁路系统最年轻的高级讲师，1995年当教务科长，1999年当副校长，2002年开始主持工作，2003年正式任命。2004年，铁道部的学校全部划转地方的时候，当时一个设想是划到教育厅，还有一个设想是跟苏州的大学合并，当时倾向于苏州大学，因为苏州大学要办轨道交通专业，实际上后来也办了，所以当时他们也很感兴趣，约好谈，但上海铁路局动作很快，然后就划到教育厅了，所以2004年就作为教育厅直属学校，变成机电高等职业技术学校了，但是想干一番事业没干成。后来这边成立这个学校我就过来了，所以2005年就到这儿来了，基本上就是从1990年到现在一直在搞职业教育。

要说成功的事情，我想想也就是在这边做的几件事情了。我是一手创办了这个学校。2005年这个学校建校，然后面向全国招聘校长，当时有30多人来参加考试，最后就录用了我。然后就开始在这边创业，因为当时来的时候校区都没有，就是租的苏州高教区的那个楼，然后就开始边办学边建校。后面发展还是比较快的，2006年搬进来，2008年就申请四星级职业学校，然后破格进入四星级，

[①] 2015年4月7日在苏州工业园区工业技术学校进行了访谈。

一直到现在。

一、打破常规创唯一

要说我还比较满意的三件事情。第一件就是申请这个四星级职业学校。为什么当时会那么想呢？因为我们当时成立那个学校压力还是很大的，压力大就大在苏州的职业教育无论是在全省还是全国都是可以的。当时的生源也处在低谷，然而园区有句口号叫"要么争第一，要么创唯一"，所以你办这个学校别说争第一创唯一了，弄得不好学生都招不到，是这个背景。就是一个是生源低谷，一个是江苏职业教育本身有那么多优质资源，办得好的学校有很多，所以你弄个新学校，弄得不好不是连学生都招不到吗？所以我们当时的领导班子就开始定第一个五年计划，第一个五年计划我们定的就是要进入江苏省一流的职业学校，当时我们领导听了说，"你们争取用5年时间办人家用20年办的事情啊"。

那后来怎么实现这个目标呢？当然是要抓住机遇了。2008年我们基本建设完成，正好江苏推出四星级和高水平示范性职业学校的评估，所以我们想要实现这个目标，就必须进入四星级——江苏省最高等级的，但人家那个条件设得比国家级还要高，而且必须要是国家级重点才能报，有的国家级重点还不敢报，但是我们想还是要冲一下——既然要创唯一嘛，确实很多做法也是创新开拓性的，我们就破格申报。教育厅第一次遇到这样的情况，所以也很慎重，评估院要求组织专家先期论证，就是在四星级评估专家去之前，你要论证能不能让专家去评估。人家申报了基本上初审一下就来了，我们到底能不能来，要请专家论证，后来专家论证以后，说基本上达到四星级的标准，建议可以进入现场评估，所以实际上我们这个楼是10月份搬过来的，11月份专家组就来评估，评估以后反响还是蛮好的。确实我们从2005年办学，虽然是借的地方，但我们实际上就是在找一个突破口，怎么样能形成自己的做法和亮点？比如说在2005年底，我们自己就制订了中专的改革方案，那个比江苏省的课程改革行动计划还要早一点。当时我们主要围绕为社会经济服务做了一些调研后，在整个课程设计里面，对课程改革做了一些方案，所以应该说基本建设我相应抓得比较少，所以老挨教育局批评，说我房子建得不好，留了很多遗憾。但是哪个学校可以做到基本建设结束，就去参加评最高等级的职业学校的评估？这样2008年评了以后，2009年通过一个答辩就正式命名为四星级职业学校了，而且通过这个评估确实影响扩大了，因为引起了很多专家和媒体的关注，怎么一个学校会发展得这么快？就是这一点,好像一下子大家都听说了这个学校,这一点我觉得还是成功的,创了唯一,完成了我们第一个五年计划,进入江苏省一流职业学校行列。

问:那么我请教一下,您说起来比较轻描淡写,我从旁观者的角度来听了后,感觉里面的难度应该非常大,因为这个评估我也参加过,基本上就是一个学校从硬件到软件,从领导的工作到课程,甚至是课堂的听课,从老师到学生,全方位地检验,你们是跨过三星级直接进入四星级,这个里面的过程我很想知道得详细一点。

答:这里面呢,就是因为我们2005年开始制定了一个目标嘛,江苏省一流,应该说很多做法呢,我们追求高起点。另外也利用一些原来的优势,作为硬件,新建学校这个方面没问题,特别是我们的管理人员,基本上都是原来在职业学校待过的,包括当时我们的领导班子,全是原来职业学校的一把手,所以我们在设计整个学校建设,我不是说我们的基本建设,就是我们的教育教学、制度、内涵建设,应该说起点都是比较高的,而且我们那几年确实借鉴国外职业教育的先进经验,学习兄弟学校的先进办学经验,原来都是熟门熟路的,加上这些理念的提升,一下子在教育教学当中实践呢,成效就很容易突出出来,特别是学校跟企业合作这一块。当时为了完成目标,我们定了四个策略,其中第一个就是校企合作,第二个是国际交流,第三个是市场导向,第四个是特色立校。就是我们去找一些抓手,凭空当然也不行的。比如说在校企合作里边,我们当时有比较新的做法。大家都成立专业指导委员会,那我们的专业指导委员会怎么设立,我们是开发区学校,要跟企业更加紧密一点,所以当时的指导委员会,我们明确那里边我们自己就出一两个人,很多学校专业指导委员会主任都是由自己学校的人担任的,我们明确全部要企业的老总或者人力资源经理和车间生产总监,这些在行业和企业里边有影响的人担任。这个目的就是让他们对我们的专业建设、我们的课程设置、我们跟岗位的对接,直接有话语权,所以这样我们一开始跟企业的对接呢,就很紧密。再比如大家都设"冠名班",那么实际上在2005年的时候设"冠名班"的主要意图还是为了解决就业问题,但是我们说起点要高,高在什么地方?我们不是为了解决就业问题,我们是为了解决为企业更好地服务的问题。比如说我们跟企业谈的时候,要求企业一定要派人来上多少课,而且一定要把企业的文化带进来,我们后面也提了企业文化进课堂,当时我们"冠名班"就提了这些。企业当然也有一个理解过程,你们干吗非要让我们企业文化加入?那我就说既然是冠名,我们希望我们以后的学生跟你们同发展共存亡,他不了解你的企业文化,他就不能融入你的企业,所以他们觉得我们确确实实是在为企业服务——因为当时我们的办学宗旨中有服务区域、服务企业、服务学生。像这个呢,当时做的起点是有一些跟人家不一样的,或是高一些的。那这个为什么能这么做呢?也是基于原来我们对职业教育的了解,然后就是怎么样能做得更高一些。

还有,当时学校在建设实训室的时候还很少把企业引进来一起建,当然现在比较普遍了。但是我们的主干专业已经这样做了,基本上就是主干专业都有一个企业跟我们合作,进来一起办实训基地。比如2006年搬进来的通易机械就驻扎在我们学校里面,像这种做法确实对学生的培养有很多好处。

那么这个国际交流也是。国际交流我们在第一个五年计划里面,前两年作为园区跟新加坡政府的项目,去学习新加坡职业教育的经验。新加坡有个软件办,就是输出新加坡经验的,我们这边有个"借鉴新加坡经验办公室",通过它们,2005年、2006年连续做了两个项目,去学习新加坡的职业教育经验,那么后来几年都是我们学校单独组团到新加坡。我们前五年的时候,老师也少,每年基本上一半人都到新加坡,然后像新加坡那个林靖东①,前五年每年都来一次,所以这个方面包括后来的课程改革、开发校本课程等都学了新加坡的一些做法。

像市场导向这个呢,我们也是基于对职业教育的理解。你一个职业学校不对市场敏感的话,你肯定办不好的。我们向园区的招商局了解,知道我们未来的产业将会是什么样子,你招哪一类的商,进来哪一类的企业。向经发局了解,你现有的企业发展情况,然后围绕园区的支柱产业、新兴产业开发一些专业,所以我们的专业完全对接园区的产业,尤其是三个支柱产业,即精密机械、电子技术,还有现代服务,我们的专业基本上都在这个里面。那么新兴产业里面呢,就比较慎重了。新兴产业里面有的技术比较高,那么我们中专学生能不能符合他们的要求?所以这个呢,就没有很早去弄,到后来五年制出来,像我们开发的融合通信专业,这个在江苏省甚至全国都可能没有的,这个就是园区的一个新兴产业,包括后来像2007年园区拿到服务外包示范区的时候,对服务外包就非常热衷,当时我们就提出来办服务外包职业学院。提出以后政府一看很感兴趣,通过苏州市政府给省政府打报告,在很难批的情况下——因为苏南的职业教育已经布局到位了,按省教育厅和发改委的意思,还是争取下来了。当然后来这个事情跟我们没关系了,他们另外办了一个学校,开始设想的是我们两块牌子一块儿办的。这样我们就跟市场联系紧密,可能在学校的办学中就会抓住一些机会。

那么像这个"特色立校",就是我们想学校要持续发展,总要有自己的特色,

---

① 新加坡南洋理工学院创院院长。

甚至你跟学校之间的竞争能形成你的核心竞争力。当时我觉得文化不是一个特色，只是学校发展过程中应该做的一个事情。另外一个呢，就是我们针对职业学校学生的一些特点，叫他们真正坐下来完成自己要做的事情，这个我以前介绍得比较多，就是我觉得现在义务教育所有的问题都是我们职业教育在承担。比如说，企业说你们中等职业学校学生素质不高，难道素质不高是我们学校在两年中弄出来的吗？很多基本素养都是前面这么多年积累下来的，我们承担了很多。所以呢，我们就根据他们的特点开展创新教育和科技发明活动，这个特色最大的价值就是让中专学生重新发现自己存在的价值，因为他们进入学校的时候，无论是义务教育阶段的老师也好、家长也好，自己上高中的同学也好，包括他们自己，都觉得他们没什么用了、废掉了。我们通过这个，作为教育，不是说一定要达到什么，因为理论上讲，你初中毕业要学习高中阶段的文化基础，要进行一个专业的培养，问题是你义务教育究竟达到初中标准没有？所以我说教育就是让他们恢复自信，有做人的尊严，然后再让他们学点技术，能够在社会上立足。还有一个也是成功的，就是2009年做的科技发明项目，参加了两个发明展，全部有奖，而且是金奖，包括第7届国际发明展我们也拿了4个金奖，其中两个宝钢特别奖，一个中科招商奖。所以我们后来建了一个创业园，里面有一个创新教育基地，学生看到里面陈列的都是自己的同学、师姐、师兄取得的成绩，一下子……对吧，包括有很多案例，比如有的学生毕业后直接申请美国的大学还被录取了。实际上我觉得这个价值是最大的，让学生觉得自己又有用了。而且我们创新教育这个面很大，基本上90%的学生都会参与，每个学生都可以提他的金点子，自己去想，学习上的、专业上的、生活上的，你觉得哪个地方可以弄点小改造、小革新的东西，然后老师来指导，从查专利开始，到变成作品、产品、商品，这样去做，这就体现了这种教育的价值，不像搞精英教育那样，弄几个人然后把学校的资源都围绕这几个人去做。所以学校创四星进入江苏省一流职业学校行列，包括这样做了以后我们的老师也有尊严，我们的老师出去的时候，人家说，哦，你们这个学校我知道，你们这个学校办得蛮好的。

二、校长该做什么

问：第一件事再请教一个问题，您刚才讲了，您过来以后做了校长，然后去全国各地"招兵买马"，有的甚至是原来单位的一把手校长到这个地方来，共同为这个学校奋斗，然后呢，起点高，所以成效快，那么在这个里面，您是领头羊一把手,您觉得您的作用是什么?

答:我的作用呢,主要是在宏观目标的把握上,这是一个。我制订的第一个五年计划,到底想要做到什么?做到了怎么样?做不到怎么样?做不到呢,我觉得这个学校发展起来可能会更慢一些。为什么更慢一些?因为人家不了解你,你这个学校没有影响,那你招生可能越来越难,假如你一下子冒出来了,就形成良性的循环。

另外一个呢,就应该是整个学校的制度设计,怎么样让我们的积极性充分地调动起来,真正让大家有一个创业的热情,这个是很关键的。因为建校初期,我说我们都是创业者,就要有目标的引领,有这种制度的设计,那几年大家真的都是很有激情,不计较个人的得失。

第三个么,我想我要做的主要就是把一个学校的环境能够营造出来。很多学校包括我们自己在讨论一些管理制度的时候,都提出来借鉴一些企业的管理,但我说有的能借鉴,有的不能借鉴。比如说,企业更多的是针对产品管理的东西,我说我们在学校里不要用。举个简单例子,有人说上下班要打卡,我说我不主张这个东西,因为你出台一个制度,你要评估它的风险。假如让大家都不舒服,大家有逆反,那就不好了。老师这个工作的特点是,他随便怎么一想,你都不知道他到底是真做好了还是假做好了,是真的把自己水平发挥出来了,还是没有发挥出来。企业很容易啊,你有想法了,你把那个产品弄成次品了,我马上就知道,你有想法可以,但必须把产品照样做得没次品。那我们不一样。所以这个事情有人确实提了建议,我没采纳,像这种东西不能做。还有就是理念引领方面,主要了解一些职业发展的走势啊,了解国际职教先进国家的一些经验啊,等等。我主要发挥这些作用。

问:那这个里面我想也不会一帆风顺的哦——破格创建四星,这个里面有什么主要的困难呢?

答:主要的困难呢,可能还是师资队伍的建设问题,因为实际上有些东西确实不是一蹴而就的,还是有它自己的规律的,像师资,虽然我们引进了一些,但是整个面上的师资队伍的建设和水平提升呢,还是有一个过程的,所以这个呢,我觉得一直是制约我们发展的。当然可能是那一段时间比较明显,年轻教师比较多,真正的骨干从整个面上来说还是少数。但是这几年逐步逐步都上来了,像前几年进来的,现在都是骨干了,有些都要开始申请高级职称了。

三、探索以提高职业素养为核心的个性化育人模式

问:那么请问第二件成功的事情是?

答:第二件事情,我想说的就是我们在2009年吧,第一批课程改革试验学校答辩的时候我提出来的,我说我们要探索我们中国自己的一种育人模式,当时我们用的缩写是IPQ,就是以提高职业素养为核心的个性化育人模式。这个IPQ是我心里想的,当时我说,你们现在都不知道,但是三年以后会有影响,这个是雄心壮志。但是呢,真的三年以后要说有影响呢,也不是很大,不过有些人关注了,当然现在网上也能搜出IPQ到底是什么东西。有些关注的是谁呢,就是《江苏教育》杂志,他们觉得提这个东西很好,所以一次一次来说要把这个东西推出来,和我们一起总结,所以后来在2012年还是2013年他们来总结了、刊登了。

问:我看好像把您作为封面人物的嘛!

答:封面人物是《江苏教育研究》,教科院的那个杂志。《江苏教育》杂志有没有吧,我倒忘了。

问:好像有的,我有这个印象。

答:然后呢,我们就开始一起总结这个东西。总结以后呢,我说为什么我当时要做这个东西,还是基于现在中国职业教育的这个弱势地位,怎么样真正落实"以生为本"。我们的教育"以人为本",当然主要还是"以生为本",让学生真正地发展,所以我们提出这种育人模式。我觉得现在职业学校的学生真的很难教,很难教还是由于我们目前的教育教学的这种模式,是用传统的流水线的方法在教。现在职业学校的学生,拿我们的情况来看,个别的甚至只有一两百分,但是呢,很多的有四五百分,高的甚至还有六百多分呢,我们没有五年制的时候,六百多分都有,像这些学生都放在一起,你怎么教?

还有一个就是,我一直认为,对这种未成年人来说,你这么早叫他确定一个专业,然后做一辈子,我觉得是不现实的。从国外发达国家统计来看,它们那里人的一生职业变化平均也有六七次。当时有一些学校过分强调技能,就是说文化基础够用为度,然后主要就是培养他的技能。我反过来想,你过分强调技能以后,一个是这个技能变化很快,而且你苏州工业园区的这个专业技能可能跟其他地区要求的技能不一样,技术含量不一样,技术要求也不一样,对岗位的要求也不一样,同样一个专业,那学生以后怎样去适应呢?特别是假如变换岗位后、变换职业后,他们怎么去适应呢?根据这些情况,我们提出了这个,甚至我说我要

提"技能够用为度",而真正的是要让他们的职业素养提升上去。技能怎么"够用为度"？我说你满足他一次就业就行了。第一次就业之后,大概能上手就行了,这样就说到这个"冰山理论"。你有职业素养支撑吗？因为技能我们也把它包括在职业素养里边,其他有职业道德、职业理想、职业行为,共四个部分。我们通过调研、研究可知,这里面技能基本上只占35%,但是这个技能容易看得见,所以大家都拼命做技能,但是真正影响学生以后发展的就像冰山的下面、海平面下面隐藏的东西,它支撑着上面冒出来的那些。所以我们认为人的发展也是这样的,你职业素养的那三个部分,你的职业道德、职业理想、职业行为在支撑你的职业技能,那些东西好了,你这个技能是很容易得到的,所以我们弄了这个东西。

当然我们设计了一些通道,就是技能,我说技能够用为度,学习一个专业只是你提升职业素养的平台而不是全部。你怎么样去提升自己的职业素养？你通过学这个专业去提升自己的职业素养,我觉得只是这样的关系。所以弄了这个东西以后,设计了一些个性化发展的通道,除了一个专业以外,再自己弄一些个性化发展的东西。比如你脑子比较活的话,有这种发散思维的,你就去搞一些创新发明;你能创业,有创业意识的、有能力的,给你做一些创业方面的教育;你的学习后来又强了,自信心、自尊心又有了,又喜欢学习,你想升学,也给你设计一些通道,然后再在专业以外做这些个性化的项目,就是这样的模式。这个得了江苏省教学成果的一等奖,然后推荐国家教学成果奖的时候,在一等奖里选了几个,我们也被选进去了,最后得了国家教学成果二等奖。但这个二等奖好像有三千多个还是三百多个,我们是排在前三十几的,说明这个二等奖里面含金量还是蛮高的,所以这个我觉得是我比较得意的做法,目前真正要完全按我的 IPQ 模式实施下去还做不到,主要是一些条件的限制。比如它要有足够的资源,你实施个性化教育肯定要有资源,无论是硬件资源还是学习资源都会增加;然后呢,要有一批确实能够指导学生职业生涯发展的老师,而且这个面很大;还要改变现有的流水线式的课堂组织形式,你这么一个班一个班上肯定解决不了。所以我说这个三条,目前所有的学校都不可能做到,但是我现在也看到了一个希望,看到的希望是什么？就是大数据时代到来以后,很多东西就可以支撑你的个性化学习,甚至有的人提,真正的大数据就是能做到个性化学习,所以呢,下一步还是逐步逐步往这方面努力。一个就是老师职业生涯规划指导能力的提高;第二个呢,也要借助一些比较科学合理的学生职业生涯发展的这种职业倾向的测试,帮他们规划;第三个呢,就是利用大量的网上资源,进行个性化的学习甚至移动学习。

问:我想请问一下,这个 IPQ 在贵校到目前为止除取得您刚才说的国家教学成果二等奖以外,在学生层面上取得的主要成果有哪些?

答:主要成果就是,比如刚才我们说设计的通道,主要是在那些个性化发展方面,我们学生取得的一些成绩。我刚才说的创新发明里有很多,比如有的通过创新发明申请上了大学,有的通过创新发明到企业以后获得了重用;又比如学生获得苏州市市长奖,家长也高兴,送来锦旗啊什么的,像今年的苏州市市长奖,全大市是10个,我们一下子拿了2个,比苏州中学都厉害。

问:10个市长奖?

答:10个市长奖,我们拿了2个。所有的学校,从小学到高中,不同层次、不同类别的学校,全部放在一起,青少年的市长奖,我们占了2个,人家苏州中学就1个,去年也有1个,所有的中小学全都在一起。

问:那这两个胜出的主要原因是什么?

答:原因就是我们的科技特色确实深入人心,它有这么大的面,这么大的面你就可以很好地找到它的点子和它的作品,就是有个雄厚基础在支撑,包括马上在18号吧,好像在这个星期,第八届国际发明展,我们一下子提交了16个作品。然后是创业,比如上一届全国创业大赛,2013年的,我们代表江苏省去参加比赛,一个人夺得两项大奖的,就是我们的学生,"光华创业精神大奖",还有一个就是"最佳商业创意奖",拿两个奖,而且那个学生就等于从科技发明转到创业,他自己的发明拿了第七届国际发明展的金奖,还有"宝钢特别奖",然后他就把它做成商品,然后有人买他的这个东西,他成立了一个公司,然后就拿这个东西去参加比赛。就是要有个通道,像升学的也有,包括到美国深造的。

问:那你们这种全新的育人模式,在推行的过程当中,除了您刚才讲的三大方面的制约之外,老师们对您的这种理念、这种模式是不是认可?他们的反应怎样?俗语说,改革改到深处是课程,改到难处是教师啊。

答:这个里边呢,老师是确实要去推的,因为目前职业学校的老师呢,真的事情太多了,特别是一些功利性的,这个赛那个赛的,你说老师有多少时间真的去考虑这种育人的东西啊。我们通过这些实践取得成效以后,再去推动,有一批老师认可的程度还是很高的。我举个例子,我们有个老师选这个车牌的时候,还去选个IPQ,你看,前面是苏E,后面IPQ,证明还是深得人心的。

下一步,就是这个教师呢确实要解放出来,让他们有更多的时间去考虑育人的问题,去了解学生。我现在很反对那些功利性的比赛,特别是针对少数人的,浪费了很多资源。有的学校介绍经验,比如一个老师不断地研究技能大赛,研究了以后课都不上了,然后就带几个人天天搞这个东西,那么我就说你研究了这些东西,受惠的人到底有多少呢?你成了一个名教师了,得益的学生有多少呢?反而不得益了,这个我觉得方向就有问题了。那么我们这一块呢,基本上没有什么。下一步我们要推的是理念的灌输,可能在老师的时间确实比较紧的情况下,还是要通过我们去引领,包括在一些具体的做法上。比如我们今年就是学生职业倾向测试的问题,我们也在推这个东西。

四、上善若水

问:因时间关系,那接下来就请您把第三件事介绍一下。

答:第三件事我就觉得是文化建设。文化建设中我想要改变的是什么呢?就是一个组织的文化,不是自然而然地让它积淀起来,它本身的过程是要这样积淀的,但是我是想在积淀的过程中,做一些思考,做一些干预,能够引导这个学校以后形成一个什么样子,所以当时有个媒体写了一句话我很同意,就是说文化的积淀,不是那些老的学校才会有,新的学校也可以去建,他就是听了我们的做法以后才这样去提的。

我们做这个文化呢,我是基于三个方面的考虑:一个就是区域。你接地气,你跟区域的背景要吻合,那么之所以要选择"水"——我们选了"上善若水",那么苏州也好、园区也好,都是"水"。第二点呢,就是说跟我们学校自身的特点要吻合。我一直有一个观点,就是人力资源的整合关键是文化的整合,而文化整合的核心就是价值观的整合,那么我们的特点就是每年到全国各地招聘人员,很多都是有工作经验的,他们来后的很多做法带有原来单位的烙印,那这个就涉及人的整合,整合呢就要用"水",也是比较贴切的,或者说"水"比较容易沟通啊、灵动啊,就是我们有几块石头上刻的那些。第三个呢,也是针对现在的社会现象,我一直在跟我们老师说,人要有远见,那么"上善若水"是什么?我说核心就是"利他",《老子》第八章讲"上善若水",说的就是"水善利万物而不争"。我说你不要目光太近,好像最好人家都来伺候你、都来帮你。我说我帮了你,其实就是在帮我,我帮你,你帮他,最后人家也会来帮你,但不是说人家一天到晚帮你干什么。所以我说"利他"最终也是在利你自己,但是你要放远地看,所以我们提倡这个文化呢,也是这样。归结到我们学校教育教学,从学校的组织来说,我们的很多做法要利老师,我们的老师才会利学生,就是这样的关系,大家都形成这样的关系。因为我说最终是人的发展。叶萍[①]约我写对现代职业教育的理解,我

[①]《江苏教育(职教版)》编辑部主任。

写的一篇文章就是《加快发展现代职业教育要更加关注人的发展》，包括江苏后来推出来那个"高水平现代化学校"的评估，当时弄评估指标争论很大，我说到了这个时候还去弄这些指标，甚至和四星级差不多，你去拔高一点，这一点意思都没有，立足点要放在人的发展上。当时叫每个人都设计一套，我设计了其中两个一级指标：一个就是教师发展，一个就是学生成长。后来又请高职院的专家，说我那个是虚的，我说你那个是实的，这是四星级学校已经解决的问题，你去查也查不清楚，实验开出率你查得清楚吗？你是去拔高，有的拔高就科学吗？你比如说"双师型"，四星级的时候是60%还是65%，现在弄个70%还是75%，我说这有意义吗？而且我说这合理吗？现在江苏省规定的"双师型"是中级以上职称和高级工，是不是？那意味着你70%或者75%以上的都是中级职称以上的，我说一个学校合理的结构到底是什么样的？也不能拼命地拔高，拼命地拔高肯定是没有好处的，它都有一个合理的结构，所以我说指标的设计不是这样的弄法。争论来争论去，最后刘处长①当场说就叫"教师发展"，原来教师发展不是叫教师发展，叫师资队伍，我就明确提出教师发展。然后学生成长呢，争来争去没有放入一级指标，在人才培养里边放了一个学生发展，放了一个二级指标，大家妥协了一下，然后刘处长说这下你满意了吧。包括文化建设，我也是希望每一个学校不要忘了自己要干什么，你抓专业建设、你抓课程建设是为了什么？不要忘了根本，就是终极目标是人的发展，我觉得这几件事情我自己做得还是很有价值的，不管最后真正积淀下来会是什么样，特别是文化建设那是要经过漫长的时间，才办了几年学是看不出来的，但是一直这样做下去，我觉得还是很有价值的。

  访谈后记：陶行知先生曾在《第一流的教育家》一文中这样写道：今日的教育家，必定要在下列两种要素当中得了一种才能算是第一流的人物。一是敢探未发明的新理，二是敢入未开化的边疆。敢探未发明的新理，即是创造精神；敢入未开化的边疆，即是开辟精神。

  以行知先生这个标准去衡量，王乃国校长可谓是当之无愧的第一流的人物：无论是打破常规创唯一的四星级职业学校创建，还是谋划学校超常规发展的四个策略；无论是探索以提高职业素养为核心的个性化育人模式（IPQ），还是作为校长对学校发展的终极目标的深刻思考，均是充满了创造精神与开辟精神的，这样的人物领导学校取得成功也是顺理成章的等闲事了。

---

① 指时任江苏省教育厅职业教育处副处长刘克勇。

陈志平,男,1962年4月生,江苏溧阳人,大学本科学历,中学高级教师,历任完中总务主任、初中校长、普通高中校长,2011年起任江苏省溧阳中等专业学校校长、党委书记,曾获江苏省职业教育先进个人、江苏省中小学校优秀共产党员等荣誉。

务实就是第一时间的执行,就是一丝不苟的认真,就是对事业、对学校无私无畏的忠诚,就是对简单事情的反复。

——陈志平

第十三章　以文教化谱新篇

——访江苏省溧阳中等专业学校陈志平校长[1]

答：我大学学的是生物专业，毕业后分配到南渡中学教生物。那个时候的高考生物占分少，相对不重要。担任过教研组长，1996年开始做学校的总务主任。2004年调到初中去做校长，先是到溧阳旧县初中，那是溧阳农村一个较小的、较偏远的学校，当时也是人文环境很不好的学校。两年之后，又被调到戴埠初中去做校长，这个学校比旧县初中好，好在哪里？它的人文环境好一点，它是个镇子上的老学校，有50多年的办学历史了，它是由完中初高中分离后设置的，所以这个学校的文化积淀造成的人文环境比较好。在戴埠初中做了2年之后，又回到我原来工作的地方——南渡高中做了3年的校长。南渡高中，那个时候它有近60年的发展历史，是溧阳的老学校，这个学校的文化积淀就更深了，再加上是一个四星级的重点高中，所以它的人文环境更好，在那里工作得较顺。3年后就来到这个学校。以前，我根本就没有接触过职业学校，所以这个经历对于我来说是一个挑战。我是学生物的，后来搞后勤，搞后勤没有现成的教材，原来的后勤主任，有的是工人出身，有的是会计出身，那个时候我就开始摸索管理。总务主任当得顺后又调到初中去工作，又是全新的开始，我更是完全不懂，不懂怎么办？摸索着学呗。我对溧阳中专、对职业教育的了解，也就是从2011年开始的。之前，尽管在同一个县域里，我没来过溧阳中专，我根本不了解这所学校，更不了解职业教育。再加上我这个人不求上进的习惯，这就决定了我是外行，也就注定我今天讲不出什么东西。

---

[1] 2015年5月27日在江苏省溧阳中等专业学校进行了访谈。

问：您谦虚了。

答：这几年工作呢，其实我就做了三桩事情：第一是团队建设。我们溧阳话讲"家和万事兴"，中国人还有一句话，叫"人心齐，泰山移"。这就给我一个启发，要想做点事情，或者要想做点事业，你必须要靠团队，要打造一个高效的团队。校长之间团结了，那整个行政团队就团结了，整个行政团队团结了，那么整个教职工队伍就好了，那样就可以劲往一处使、心往一处想，形成合力。我经历过几所学校，发觉有这样一个现象，哪一个学校发展得比较好、比较快，那么它的团队合力就比较强，团队的执行力强，实际上就是那个团队团结得比较好。

一、用优秀的文化造就团队

那么怎么去打造团队，打造高效的团队？有的人讲是靠制度，我们也试着用过制度，但是我觉得最有效的办法就是靠文化，要构建文化。这两年我们做的最重要的工作就是用优秀的文化来造就一个团队。

文化应当是一种精神生态。关于文化概念的界定，我看到过很多介绍，讲起来都很拗口，也很难懂。说是一个群体、一个单位长期积淀形成的什么什么东西，或者是一个单位在长期的发展过程当中积淀形成的，形成什么东西呢？我想无非是共同的思想认识、共同的价值观念之类。对于学校文化的概念，好多人往往会把学校文化和校园文化混为一谈。学校文化和校园文化是什么关系呢？学校文化是"核"，校园文化只是"壳"；校园文化是可见的，学校文化只能感受到。学校文化主要是群体的思想认识和价值认同，学校的哲学、学校的精神、学校的价值、学校的道德等，通通属于这个范畴。还有一个，就是这个学校、这个群体大家形成的或者绝大部分人习得的行为习惯。所以我认为学校文化这个概念，既包括精神层面，还包括行为习惯。

学校文化是一个学校在长期发展过程中形成的精神积淀、精神磁场，看不见、摸不着，但可真切感受，它实际上就构成了一个学校的人文生态环境。一种植物、一个生物，它必须在特定的环境下才能生存，起码才能长得好，没有一个好的适合它的生态环境就不行，你把热带雨林的植物拿到溧阳来肯定长不好，你把北方的植物拿到这里肯定长不好，对吧。文化就是人文生态环境，优秀的学校文化是一个学校的核心竞争力，是一个学校的软实力，但最终还是一个硬实力。所以我工作过的几所学校，有的没有近的、远的大目标，没有核心文化，后来我们在发展过程中就注重打造学校文化。学校文化建设可以有两个方法：一个是挖掘，长期积淀形成后可以挖掘,去粗取精;第二个,我觉得还可以打造,就相当于做一个"框",先提出口号、提出目标,让大家努力,然后大家去遵守,慢慢变成大家认同的思想、大家的行为习惯,你的文化就构建完成了。

所以说第一个事情,我觉得是打造学校文化,构建良好的人文生态环境,构建学校的核心竞争力。因为我们觉得,"氛围管理是最有效的管理,价值引领实际上是最高层次的管理"——这句话是我自己说的,是我们学校的管理哲学。那么我再讲讲我们学校的核心文化。我们提出"包容向善",再一个是"积极进取",最后一个"务实求精"。第一个是对德的要求,第二个是对精神面貌的要求,第三个呢,是对工作作风的要求,代表三个层次,这是我们提出的。职业教育从1985年才开始,你说要挖掘这个核心文化是挖不出什么东西的,我们学校叫构建核心文化,是先做了这么一个"框",然后通过大大小小不同层次的活动,丰富内涵。通过两年时间,基本上形成了大家的共识和行为。

在这个核心文化的引领下,我们提出了学校的核心价值,即"求尊严,求幸福,求发展"。实际上这个口号,我们比锦涛同志提得早,我在南渡的时候就提出了。有一个材料说,乾隆皇帝下江南时,在金山寺和方丈聊天,他问长江里边来来往往、熙熙攘攘的帆船为了什么?方丈说熙熙者为名,攘攘者为利。乾隆对方丈的回答很赞同。后来我就在思考,我们真的只是为名为利吗?我喜欢看两本书,一本是《品读胡雪岩》,另一本是《品读曾国藩》,我觉得,要做生意呢,就多学学胡雪岩,做人、做事、做官呢,就多学学曾国藩。看了这几本书又结合生活经验,我就想我们为什么要追名逐利,名算什么,利又算什么,人这一生应该是追求幸福的。

那怎么才幸福?有钱不一定幸福,做官不一定幸福,事业成功不一定幸福。受尊敬、被尊重时是幸福感最强的时候。

以前困难时期,亲戚来了,一般只准备一桌饭,小孩不上桌子,我们这辈人都有这个经历。如果大家都没座位大家没意见,但如果就自己没被安排上桌,就会有意见,甚至会耿耿于怀。为什么会有意见?为什么要耿耿于怀?就是因为没有受到公平待遇,没有受到尊重。所以我觉得受尊重了我就幸福了,其他名和利都是为了达到幸福的一种途径,因此我们提出"求尊严,求幸福","求发展"是后来加上去的,我们提出这样共同的核心价值取向,得到大家认同。

在这种核心价值取向的指导下,我们又提出了校训,我在这里提的校训和在南渡提的校训是一样的,"德行、责任、能力",只是顺序有一个变化,南渡是"德行、能力、责任"。强化责任可能对这里的学生更要紧。那么德行是怎么提出来的呢？一个人幸福不幸福，你到底有多少尊严，人家看得起你，好多不在于你的事业做得有多好，你赚了多少钱、做了多大的官，好多人真正看重的是你的人格素养、道德素质的高低，所以我们把德行放在第一位。再一个就是我们提出两个范畴的办学目标，第一个精神范畴我们提出"缔造阳光心态，构建和谐校园，建设精神家园"，这是递进式的。"继承中求创新，稳定中求发展"。那么，怎么样才能稳定？那个时候锦涛同志提出和谐社会，要建设精神家园必须形成和谐校园，要形成和谐校园必须让每一个个体有一个阳光的心态。第二个范畴的目标就是要办溧阳人民心中认可的、高水平的现代化职业学校。

  学校的文化建设，我们经历了三步。有的人说学校文化必须要挖掘，我想这是片面的，可以挖掘，挖掘就是继承。文化还可以改良，文化是个中性词，有好的文化也有不好的文化，因为它是价值认同、行为习惯，你对好的可以继承，不好的必须改良，所以我认为构建学校文化这个提法最好，就是先打一个模子，通过活动让大家认同、遵守，变成大家的认同，或者变成绝大多数人的自觉行动的时候，你这个文化实际上就构成了。

  我们花了两年时间，第一年是营造氛围，用大会小会灌输，用活动强化，我在南渡高中时一个星期开一次会，都是我讲。这里人比较多，我刚来的时候是两个星期开一次，现在一个月开一次，我开会基本上不谈什么具体工作，都是价值引领。这样花了两年功夫，先做一个"框"，再把它具体，把学校文化细化为学校的精神、学校的价值观、学校的哲学、学校的道德等。所谓学校哲学，就是指导我们管理、生活的世界观和方法论，就是一些理念性的东西。"人格素养是发展资本、是幸福资源"、"氛围管理是最有效的管理，价值引领是最高层次的管理"，等等，实际上就是指导日常管理工作的一些应用哲学。像管理方面的"在继承当中求创新，在稳定中求发展"啊，德育方面的"关心关爱是最有效的教育"、"没有爱就没有教育"（这句话是抄来的）、"卫生是素养、是水平"、"秩序是效益、秩序是安全、秩序是水平"，这些话都是我们讲的；在学生教育方面也有，如"给信心比给压力重要，给家长信心与给学生信心同样重要"，本来想说"更重要"的，后来就说"同样重要"，都是我们的话；教学上我们讲的"想学习比肯学习重要，会学习比知识重要"，等等；"事事精细，处处精致"是具体要求，也是理念性的应用哲学。

  要学会评价一个人。我们学校内部怎么评价人？首先看的是德，要包容向善；其次看他精神面貌，工作积极不积极；再次看他的工作作风，看他认真不认真、务实不务实，看他的执行力强不强。后来呢，我们又提出行政队伍、行政干部的工作规范、人格规范,工作规范就是"积极、务实、规范",人格规范就是"包容、向善、阳光"。第三年呢,就是我们从行动层面来强化我们的文化建设工作,提出两句话,叫"坚持正义,弘扬正气"。

二、公平公正是最大的正义

什么叫正义,温家宝说的"公平公正就是最大的正义"。一个单位成员,他最怕就是受欺负,最怕就是不公正。所以呢,我们每一次都提出"公平公正"这个口号,同时我们每一桩事情都是力求公平公正。一个家庭也是这样。我举个例子,一个农村老太太,你给她100元钱做压岁钱,她给孙子孙女、外孙外孙女各10元压岁钱,逗得大家开开心心,这就是公平公正造成的局面。如果老太太不会做人,你就是给她10万元做压岁钱,她给孙子最多,孙女少一点,外孙外孙女再少点,结果搞得大家都不开心,就是因为重男轻女、"内""外"有别,没有公平公正的后果。我们怎么坚持公平公正?我们要求每一个干部都讲大局,我对什么叫大局、怎么坚持大局做了一个很好的诠释。什么叫大局,学校工作的全局,或是人际交往中的"大场"。怎么去坚持大局观,就是要跳出小圈子,跳出自我,跳出狭隘,跳出局部,跳出眼前利益,去认识问题、思考问题、解决问题。那么群众怎么办,要正确处理好个人与集体、当前利益与长远利益的关系,甚至我说当局部利益与整体利益、学校利益发生冲突时,要绝对服从集体;当个人利益与集体利益发生冲突时,要毫不犹豫地服从集体。这既是说教,也是行动。

坚持正义就是公平公正,比如说目标或者是口号、方法,我们提出了几点:"让德高者受尊重,让绩优者受褒奖,让默默者受关注。"什么叫坚持正义?就是"让多劳者多得,让积极者有舞台",或者说"把舞台给积极者,让优秀者有发展机会"。所以我们在行动过程当中,比如"三八"妇女节我们评选巾帼标兵,上上下下好几轮,先发动,然后下面推选、投票、网评,基本上从三月份发动,真正做完这件事要到六月份。通过这个过程大家来交流,评选出来什么人这个要把关,这个还是要集中的。基本上是德高者、绩优者,默默者也忘不了他们。我们那个"教师节"表彰,也不是就开一个会,也是通过一系列的过程,真正进来受表彰的是德高者、绩优者、积极者。这是第一个。

第二个就是,在行动当中践行公平公正。我们学校里头有一个教师岗位聘任,以前是办公室弄,吃力不讨好。为什么呢,他被聘,讲是自己有本事;未被聘,是你们不照顾我。我们呢,是先把大的规则定出来,再把行动的具体规则做出来,然后办公室不做这个事情,只做服务,请老师来做。就相当于李克强同志提出的政府购买服务,他们来评,他们来解答,就相当于把职能转变。你干什么事情?我先制定规则,然后再看你执行规则公正不公正,然后把握进度。尽管我们学校很复杂,六七个学校并到一起,工作做下来大家一点意见都没有,其他的学校往往弄得意见一大堆。

我提出行动当中怎么公平公正?严格按照制度、规范和"游戏规则"办事。"游戏规则"要加个引号。如果没有制度规范,也没有游戏规则,我不先做这个事情,而是先制定规则,然后进行,让教职工实实在在感受到这个公平公正,实际上是用行动来强化我们的学校文化,靠文化来打造团队、带领团队。我以前在南渡中学也做了这个事情,当时说南渡的团队是全市最好的,到溧阳中专来,我刚来这个学校时就说我不了解,照社会上的一些讲法,这个学校没有好人,全是坏人,似乎是这样一个学校。现在他们说溧阳中专团队是溧阳教育系统最好的,靠的是什么?靠的是文化。

问:实际上这是你讲的第一件事的效果显示出来了。

答:文化。我们今年提出的文化内核就是"包容向善,积极进取,务实求精",实际上这个公平、公正、规范就构成了这个学校的内核,是最关键的。第二件事呢,我们抓德育。

问:不好意思,我先打断一下。在讲第二个事情之前,我想请教您几个问题。您刚才讲的第一个事情用简单的话来概括就是用优秀的文化来造就一个团队,在这个过程当中,您作为一把手校长,主要起到什么作用,具体做了哪些事?

答:我觉得作为校长应该是一个设计者、引领者。你肯定要设计,不是走到哪是哪,我们开会讲的话、搞的活动都是有设计的,没有随意的。这句话怎么讲,用什么案例,都是有设计的,有的案例是虚构的,有的是发生在不同地方,像文学作品一样,这些都是有设计的。我觉得校长应该起到一个"魂"的作用。

问:好的,第二个问题,因为大家都知道,从管理层次来讲,第一层次是人治,第二层次是制度管理,第三层次是文化管理,这是最高层次,也是最难的,当然,很多人做不到,为什么,因为它太难了。你们做这件事,现在也四年多了,成效也很明显,您觉得当初,尤其一开始有没有遇到比较大的困难?

答:我好像做起来很顺,这可能就是溧阳中专人大气,真的,做起来很顺。

问:在您的印象当中,这个文化管理的过程,包括一开始的设计,行动层面的操作,到最后的强化,或者是固化形成,您感觉好像没遇到什么困难?

答:我觉得要用真心去做,不要停留在口号上。用真心、真情去做,就能得到每一个同志的支持。

问：当然有可能您管理技巧高超，所以很多问题就迎刃而解了，我具体一点说，您刚才讲"三八"妇女节评巾帼模范，一开始发扬民主，最后还是要体现一个集中的意志，民主和集中实际上是有冲突的。比如说在投票过程中，大家一投，投了张三，但在领导层面看来这个张三不属于绩优者、德高者，或者默默奉献者，在这种情况下你们怎么处理呢，是尊重民主的结果，还是用集中的方法去改变民主的结果？

答：我觉得这个民主和集中啊，它们不是对立的，它们是对立统一关系，我们确实是没有遇到这种情况。我们是先制定规则，然后再进行游戏。所以评优、考核、评奖的时候，我们首先要把游戏规则放到前面，就是我这个优怎么评？评哪几种人？所以评下来的结果都是好的，当然这里面还有技巧，我评20个是作为评出去的候选，评出来的都不错，按规则评，结果中间多出来的就放在学校层面，就是你不能做打击积极性的事。

问：好的好的，下面请教第二件成功的事情。

答：还有一个，文化这个东西说不清、道不明，但是在生活当中会真切地感受到。上次胡副局长胡鹏①来，他一激动，当着我们全体教职工的面公开说：溧阳中专是全国最优秀的学校，溧阳中专的全体教职工是全国最优秀的教职工。

三、"两手"抓德育

第二件事是用高效的德育去造就学生，也可以说去造就学生群体。为什么？人都是社会性的，每一所学校它的最主要的工作就是教育人、培养人啊。人的发展有三个层次，第一层次是自然人，比如刚生下来的婴儿，没有思想、不知感情；第二层次是社会人，有思想、有感情、有交际；第三个层次是高素质社会人，高素质更多体现的是德。我们要培养的是什么人？适应现代要求的、高素质的社会人。你说你培养的人，没有人情、没有感情、没有责任心，他就会做做简单的工作，那怎么能行呢？所以德育是每一所学校都要做的一件事，这是最重要的，学校是培养人的，培养的是社会人，是现代的社会人，这是第一。

第二呢，从人的发展来说，学校的发展最终是为了人的发展。什么样的人才能发展？一个很简单、很典型的事，我做过很多年普高的老师，我发觉，我教过的

---

① 胡鹏是常州市教育局分管职教的副局长。

学生中有这样一个现象,学生发展的好坏基本上和这个学生上什么大学关系不大,恰恰和这个人的人格素养有很大关系。人的素养包括道德品质和精神修养,比如说肯吃苦、干练,讲的是品质,这是德育的范畴。人发展得好跟两个东西有关,一个是品质很好,比如冒险精神,冒险精神不是蛮干,有百分之一的希望我花出百分之一百的努力,这就是冒险精神。另一个,跟人的人格素养有关系,跟人际关系有关系。为什么你和我关系好,为什么我朋友多,人家看重你的人品,是吧。所以人的人格素养也决定了人今后的发展,人今后发展好的话他也就幸福了,所以人的人格素养也和人最终幸福不幸福联系在一起,而且是决定因素。

第三,学校德育工作是学校所有工作的保证。教学质量、升学率、学生技能水平的提高,都是德育工作的副产品。有个事情对我触动很大,我在普通高中做校长的时候碰到很多家长,孩子分数不高却想让他上普高,我说,你不要来,来了3年后他也很难考上本科,而且上学的过程中自尊心也受到损害。家长说我把孩子放到你这里,3年下来学不坏,放到职高去会变坏的。实际上就是家长对职业教育的德育提出了更高的要求。这两年我们学校发展得好,学校声誉好,招生招3天,爆满,老百姓就是冲着学校的德育变化很大来的,我们也尝到了德育的甜头。

我们怎么抓德育?两手抓,两手都要优。抓什么?一手抓规范,一手抓综合素养的提升。抓规范,你要有抓手,我们从行为习惯抓起。日本人取笑中国人,说中国人在机场男性不会小便、不会排队,说女的不会穿胸罩。实际上就是行为习惯决定一个人的素养,行为习惯就是个人素质的外现,甚至有时候是一个群体、一个民族的象征。网上有两个典型的例子,我不知道是真是假,说广岛奥运会开幕式,六万人奥运会结束后,地上没有一片废纸。俄罗斯民众在困难的情况下,宁可花两天时间排队领面包,也没有人插队。个人的行为习惯甚至会影响到民族素养这个高度,所以我们抓规范就是抓行为习惯。我们根据职业学校学生的特点提出十项禁令即十个不准,十个不准里面又提出两条高压线,哪两条呢?一个是顶撞老师,顶撞老师有一个处理一个,讲师道尊严不好,如果师道没有尊严的话,那教育也是没有威信的。就像你教育小孩子一样,你在家里没地位,小孩只听你老婆的不听你的,你怎么教育?学校也是一样,所以要抓规范,抓行为习惯,从十项禁令抓起,从两条高压线抓起。

问:第二条高压线是什么?

答:打架,有一个处理一个。所以我当校长4年,6000多学生,几乎没有出现过打架斗殴的现象,以前有的,现在几乎没有。职业学校学生打架很厉害的,一打起来甚至动刀子,玩命的。

抓行为习惯呢,还有两个抓手:一个秩序,一个卫生。我们学校卫生还可以啊,我说,你卫生搞好了还有什么做不好的,反过来讲也可以,你卫生都做不好你还能做什么,所以抓卫生、抓秩序。我们有几个原则,抓规范,我们现在有的教育啊,讲讲就讲偏了,谁都来讲教育,新加坡人为什么素质好,管得严,就是在公共场所抽烟都要罚几千元。香港以前也是这样,也是抓规范。中国为什么在公共场所就是禁烟禁不住,首先就是规范抓不严。抓规范、行为习惯,我们有几个原则,行为心理学表明,一个人要戒掉一个坏习惯,形成好习惯,有三个过程。第一个星期是最不适应期,很难受,第二周到第三周是不适应期,第三周之后,21天之后就慢慢适应了。所以我们要抓行为习惯,叫"抓严开头,抓实全程"。为什么?它会反弹,所以要抓实全程。

我们提出,抓规范要"持之以恒抓反复,坚持不懈反复抓"。我们开学第一周总归是全校集体活动,集体开会,接下来开班会,把一些刚性的东西发给他们。这是第一个。第二个叫"大处着眼、小处入手"。大处就是培养健全人格,小处就是从怎么走路、怎么吃饭、怎么睡觉抓起,甚至从怎么上厕所抓起。第三个叫"边'管'边教",再加一个"先'管'先教、'管'教结合"。这个"管"不是贬义的管,就是规范的意思。你老是说教育这样教育那样,光说教是不可能永远入心的,一段时间下来,黄花菜都凉了,所以我们提出"边'管'边教、先'管'后教"这个原则。第四是"正面教育为主"。我提出必要的惩罚不可缺少,但教育惩罚绝对不是体罚,不是变相体罚,适当的惩罚是给教育一个氛围,这是"管"。"教"就是综合素养的提升。我们提出"两有、三好、四特别","两有"就是"口袋里有证书,手上有技能";"三好"就是"身体好、说话好",我们学校语文开设了说话课,每一个学生每学期最少要在公众面前演讲一次,还有"唱歌好"。我们先解决这两个问题。"四特别"就是"特别能吃苦,特别担责任,特别守纪律,特别有礼貌"。职业学校的学生大都是独生子女,最差的就是没有责任心,普通高中也这样。其他的就不说了。

正面教育为主呢,我们的做法有一个亮点,即"送大礼"活动。职业教育的学生是弱势群体,他家里是没权没钱的,当官有权人的孩子不上职校,商人家的孩子不进职业学校,没钱没势的进,基本这个情况。我觉得还有一个真正大的弱势是不自信,没有信心。他为什么不自信呢?他获得肯定的机会少。他从幼儿园开始老师就不肯表扬他,不肯肯定他,甚至他的家长都不肯肯定他,你看人家儿子怎么样怎么样，他总归不行，他总归不好。所以我提出"送大礼"活动，以前也送，每年花几万块钱给学生奖励，有什么用呀，是吧。我们送大礼送什么？第一送奖状。不是送小的证书，把学校的奖状、荣誉证书，做得大，做得精致。职高学生还有奖状？我说所有获奖面加起来要超过20%。第二送操行等第"优秀"。以前规定职高生操行等第"优秀"不能超过多少多少，不行！我个人比较保守，规定操行等第"优秀"不得低于85%。第三送肯定。学生的评语不准写缺点，你通通写他的优点、亮点、闪光点。我说你给他的评语写期望、要求，缺点也写上去，他走到门口就把它撕掉了，有什么用？而且通通要用第二人称写。通过这三项"送大礼"活动，你的行为规范严一点，教育惩罚多一点，学生也容易接受。我们就是要通过这些有效的、高效的手段来造就学生。

四、以积极的姿态谋发展

文化建设弄好了，团队弄好了，德育工作弄好了，学生群体好了，接下来就搞事业，没有前面的，你后面什么事情也干不成。第三件事就是以积极的姿态谋发展。首先，我理解的积极是两层含义，什么是积极？天天忙东忙西叫积极吗？一个，站在学校管理的角度，抢抓发展机遇，机会来了，就要把它抓住。我们学校我来之前几十年，总结学校一个关键词，就是首批，首批重点、首批一期什么的，这是溧阳中专抢抓发展机遇的结果。我来的这几年，我们又是首批国示范、首批现代化，就是要抢抓发展机遇，这两年我们抓住了现代化高水平的机遇，抓住了三期建设的机遇，这些我们都抓住了。这次高水平现代化的验收，我们是最高分，优秀，免检。我们两个品牌专业建设，其实我们条件很差，以前想都不敢想，一开始我也不敢想，可能弄不成，后来借这个事情呢，逼着自己去做些事情。后来评上了，而且又是优秀，教师团队也有了促进，学校实训基地硬件也上去了。

积极的第二个表现就是务实。什么叫务实？我们总是说务实务实，务实就是第一时间的执行，就是一丝不苟的认真，就是对事业、对学校无私无畏的忠诚，就是对简单事情的反复，我总结了四句话。尤其是第一时间的执行，我们开行政会，我讲校长是决策层，中层都是执行机构，职责清爽了，层级简单了，所以缩短了上下层、决策行动层的距离，节省了管理的成本，这样一来事情就好做了。想想这两年，我觉得就做了这三桩事情。

问：那么第三件事我请教一个问题，主要两块，以积极的姿态谋发展，第一个是要抢抓发展机遇，这个词也在很多地方听见，问题是这个抢抓怎么个抢法，你们是怎么做的,能不能举一些具体的事例?

答:抢抓不能像有些地方那样靠其他东西去抢,要像吃饭,当菜转到我面前的时候我肯定要一筷子搛过来。你比如说前段时间批准的农业项目来了,你不能搞一些歪门邪道,在外面弄虚作假去抢,这个没意思,我们不做这个事情。我们所有事情讲规范,有的时候做事情往往有矛盾,实际上那是不规范的事情,规范就没事。

问:所以我的理解这个抢抓也是看准时机、水到渠成的,是不是也可以看成是前面两件事结果的反映。第二个问题就想问,您的第二件事情是抓德育,第一件事是打造团队,这两件事您是哪个在前哪个在后,还是同时进行?

答:这肯定是同时进行,这三桩事情都是同时进行的,是相辅相成,贯穿在里面的。

问:您这个地方我了解到,除了溧阳中等专业学校这个牌子以外,还有溧阳开放大学也是你们的?

答:我们是一套班子两块牌子。

问:开放大学的这个生源大概占多少?

答:开放大学有两个功能,一个是成人的学历提升,还有一个是培训。我们每年培训有 8000 人次,学历提升在册的 2500 人。

问:真正在校的全日制学生主要群体是中专生是吧,这个群体有多少人?

答:有 6000 人。

问:好的,访谈时间也差不多到了,非常感谢!

访谈后记:从管理发展的总体趋势看,文化管理是对科学管理的新发展,是管理适应现代社会经济发展大趋势的必然选择。

所谓文化管理就是以文化为基础、从文化的高度来管理企业、学校等社会组织。文化管理的特征在于强调人的能动作用,强调团队精神和情感管理,因而这样的管理是以人为本的、高效的和持久的。陈志平校长的管理实践可谓是职业学校文化管理的一个范例。

殷树凤,男,江苏六合人,博士,中学高级教师。历任南京宁海中学副校长,宁海分校校长,南京大学附中校长。现兼任南京市鼓楼社区学院院长。中国西部教育顾问、全国改革创新杰出校长、教育部行业指导委员会委员、全国校长发展学校学员。

入选江苏省"六大人才高峰"计划、江苏省"333"高层次人才、江苏省职业教育领军校长。荣获江苏省先进教育工作者、南京市劳动模范、南京市"最美教师"、南京市"好人"等称号。南京市"五一劳动奖章"获得者。

撰写、主编作品多部,在 CSSCI 来源期刊和中文核心期刊等省级以上刊物发表论文十余篇。

职业学校的校长要做"杂家"：面对政府要有政治家的智慧，面对社会要有企业家的通融，面对学生要有教育家的气质。

——殷树凤

第十四章　做好"杂家"

——访南京商业学校殷树凤校长[①]

问：据我所知，您原来是普通高中的校长，在 2012 年之前您是在南京的一所高中担任校长，是吧？

答：是的，在南京大学附中。

问：我记得现在的这所学校当时叫鼓楼中专，那么在来到这个学校之前，也就是您来鼓楼中专之前，当然现在叫南京商业学校了，您对职业教育有怎么样的了解？

答：准确地说，在做普教的时候对职业教育是不关心的，我们对职业教育不了解，粗浅的认识就是对生源这一块有所了解，因为我当时是完中校长，学校也有一些初中毕业生。那么初中毕业生中，中等偏上的一些学生，都能上好一点的高中或者我们自己学校，而那些中等以下的学生基本上就把他们朝职校送，所以说我们对职业学校的了解，仅限于它是给普通教育保底的，是这样的一种状况。

我们的职业教育，特别是近十几年，生源大幅度下滑，但是普通高中的招生规模还没有减，这就导致职业教育的生源越来越往下降，所以给我的印象就是职业教育生源比较差，学生的出路也不太理想。这是第一个。第二个，校风、学生纪律就可想而知了。一个学习差、一个行为习惯差，通俗地说就是"双差生"。现在我们调整的说法是成绩弱一点、进步慢一点的后进生。实际上这是相辅相成的，他的行为习惯表现不是那么好，实际上就是他们对学习的兴趣不大，于是他们就将注意力转移到其他方面，因而显得特立独行。实际上他的品德思想有

[①] 2015 年 10 月 15 日在南京商业学校进行了访谈。

多少问题？有多少孩子的品德思想有问题？这是不见得的。所以，坦白地说，我在普教的时候对职业教育了解不透，给我的印象也不是很好。当时我到职业教育来，领导送我来的时候，我在第一次中层会议上就做了"三不"表态：制度不变、领导分工不变、工作要求不变。实际上我想，如果有机会跟领导再说说，能不能还是让我回普教，跑到职业教育来，两眼一抹黑，到底领导是什么意图呢？所以说以前对职业教育不了解，还是有偏见的。

问：所以我感兴趣的是您对职业教育的一般印象，当然社会上也这么认为，包括生源、学生的素质，带来的就是管理的难度，而您在完中——南大附中工作，在我印象中也属于名校之一。那么一下子到职业中专或者说来职业学校做校长，看得出来这个不是你的主观意愿啦，是组织安排的结果，一晃也就3年多了。

答：是啊，3年半，马上4年了。我是2012年1月份来的，再过几个月4年了。

一、选好突破点是改革成功的关键

问：在我接触了解的过程当中，我发现您来了以后学校取得的成绩还很多啊。那么这3年多，这个学校成功的事情很多啦，能不能请您从当中挑三件您感觉到最为成功的事情。要不从第一件事开始？

答：从学校发展这个角度，大的层面，我觉得第一件事就是到这个学校来，经过一段时间观察以后，我自己当时提出来六个字：整三风、换形象。

那个时候呢，这个学校牵涉到要调整，原来在马台街，一个老的学校，10年前就说要搬迁，因而政府一直没有投入。当时破破烂烂的，像个城中村一样，那个学生的形象也比较糟糕，老师不敢监督他们，学生的态度也比较嚣张，没有早读，老师课上不下去。我是从普教来的呀，我想这怎么是校园呢，一点点文化气息也看不到。我观察了一段时间，我感觉不行，所以我当时就提出要整三风、换形象。

第一，改变领导干部作风。领导干部要深入群众，深入学生。因为领导干部和师生的关系比较紧张，学生差，老师怨气比较重，老师与领导也难以沟通，再加上当时是几个学校整合的，所以整个学校沟通起来也不是很方便。我认为首先要改变的是领导班子、干部集体，所以我当时提出来管理"六事"——对领导干部提出来管理"六事"：眼中见事、脑中想事、嘴巴说事、耳朵听事、手上干事、脚下巡事，要及时把问题消灭掉。像这样的校风不端，学生没有学生样，抽烟喝酒，公然地谈恋爱,这不像个学校。

第二个,整顿老师的作风。老师必须是备好课,符合教师职业要求,才能进课堂。恢复教学仪式,提前2分钟预备,学生要向老师问好,老师要主动向学生问好。改变老师的做法,整顿老师作风,没有弹性坐班这一说,学生在,老师必须在,学生在学校,老师必须在学校。

最主要的,改变学生。那个时候我们的学生没有早读,早晨来校园里面就是找食物,那怎么行?吃的有中餐、有西餐、有面条、有馄饨,小孩你喂我一口,我喂你一口,整个风气一塌糊涂,所以那时我动员老师班主任,会上我就讲,有女生上课时偷偷坐在男生大腿上。我说就是学生谈恋爱我们也要教他"众里寻他千百度,蓦然回首,那人却在灯火阑珊处",就是谈恋爱也要教他"两情若是久长时,又岂在朝朝暮暮",就是谈恋爱也要教他"衣带渐宽终不悔,为伊消得人憔悴",不是上课坐在大腿上亲嘴。所以我们从那一刻开始,早晨杜绝学生进校吃早饭,必须吃过早饭进校园。那个时候也很紧张,1000多个学生,马台街那个门口又小,大家都跑到校园吃早饭怎么办?我是花了1个月时间先做铺垫,先做准备。然后大规模动员,发《告家长书》,班会课跟学生反复说,就是要在家吃好早餐,这是为自己的身体负责,从这个角度让家长参与进来。跟我们的老师讲,这是为了学生的身体健康,也是告诉我们老师,这影响我们学校的发展。另外,学校是一个大家庭,学生就是我们的孩子,我们的孩子行为习惯不好、健康不好、待人接物不好,不知道什么时间做什么事情,我说我们心痛不心痛啊?将心比心,跟老师们谈,所以老师们当时对这个活动还是比较支持的。因为我们老师不敢进课堂,我们一整顿,老师敢进课堂了。

开展这个活动我当时也很紧张。7点40早读,6点40我就站在门口,我生怕1000多个学生还像过去一样,浩浩荡荡提着早餐进校园。结果我真的觉得孩子是真的可以教育的。到那一天,进入我视野的只有3个学生抓着早餐,看到我以后匆匆忙忙把早饭吃掉或者把它扔进垃圾桶。我在门口准备了一大排的垃圾桶,那些孩子都是吃过早饭到校门口来的,这个就给了我信心啊!我觉得学生是可以教育的。

紧接着,你不在校园吃早饭,来教室干什么?早读。所以我就安排语文组老师搜集经典文章,可以诵读的,比如朱自清的《匆匆》《荷塘月色》,莫怀戚的《散步》,能表达感情的文章,亲情、友情、爱情、励志的、便于朗诵的文章,紧接着我就组织老师们编了一本书,《德行天下:涵养最有品位的你》,倡导碎片化阅读:你只要有一分钟的注意力,可记诵几个成语;有两三分钟的注意力,可以记住一些诗句名言；再长一点，你可以背诵一些短文语段，一些短文可以读一读，还有一些诗文可以读一读。就是让学生通过朗读，开启心智，在琅琅的读书声中开启一天的生活。这样一做以后，彻底改变了早晨校园的面貌，老师第一堂课是踩着学生的琅琅书声走进教室上的，老师有信心、学生有信心，这堂课就上得好。所以我当时整顿校风，第一件事就是禁止学生在教室吃早餐，早晨必须用来朗声晨读，从这个事情开始做实。

老师们通过这件事情发现，学生是可以教育的，而且明显发现学生的精神状态有好转。所以我紧接着就做第二件事情，早读巩固以后，学生必须全体穿校服，要让学生增强对这个学校的归属感和认同感。学生必须穿校服，男生、女生有标准发型，不准染发，奇形怪状的头发不准有，我把学生标准头发的照片贴在醒目位置，让老师们、班主任们反复说，要让我们对学生的要求"上墙、入眼、进脑、照做"，就是把学生的基本行为规范贴在墙上，让他们看到眼睛里面，入脑照做，把它变成自己的行动。播种行动收获习惯，播种习惯收获性格，播种性格收获命运，这是教育传播了这么多年的金句，但是我们做教育的有多少人真正去做呢？所以我当时就做，这个做过以后，让学生的注意力转到学习上，他们就自然而然地去做了，跟着做。

陶行知先生说学习分为四类：有的人天生好学，有的人欣赏才学，有的人督促才学，有的人督促而不学。一、四两类很少，二、三两类居多，所以我们首先要做到督促才学，先督促他们学，然后再营造气氛让他们"熏染而学"。把注意力转到学习上以后，学风好了后，其他方面自然而然会好，所以一年以后我又提出，学生中午要有午休。这个当时我提出来以后，班主任、领导干部同声泼冷水，不是反对，他们说你这是普教过来的，职业教育不行，职业教育的孩子现在已经给我们管得很好了，学生早读也读书了，下课早饭也不吃了，校服也穿起来了，奇形怪状的头发也没有了，走有走样，坐有坐样，也尊重老师了，有问题也向老师请教了，如果你一点点都不释放，会出问题的。我说释放也不等于我们放任不管，中午学生沉迷于网吧，把我们上午教的东西给丢掉了；中午学生跑到小区里面，影响小区的居民生活，你说这种情况好不好？我们也要随着学生学习量的增加，使学生养成良好的休息习惯，下午还有那么长时间、晚上还有那么长时间的学习怎么办？中午不休息不行。所以我们从12点50到1点50午休，一个小时要求学生待在教室，你可以趴下来睡一会儿，也可以看看书静静心，也可以做一点技能训练，也可以把作业做起来，所以我们倡导午休，我们全校老师动员，班主任进班巡视。哎呀，本来以为搞不好的事情，结果我们从第一周实行下来，效果非常好。

我们所有的 3 栋教学楼,每栋教学楼有一个反馈的黑板,几乎学生全是好的,一个月之后我们的老师班主任不需要进班,学生自觉就做到了。

有老师说学生午休我们最经典的一幕是什么?说:"校长,经常看到学生趴在自己的手臂上睡觉,口水淋了半手臂。"哎呀,我说这个是好事情,本身养成了一个良好的习惯,因为孩子多嘛,再把教室里面门窗关好,气温也比较高,他们也比较暖和。我说我们要及时把空调开开,注意学生不要受凉,学生中午能够静下心来休息一会儿,下午学习的精力就比较充沛,而且他们这个时间安排:早读、上课、午休、上课,整个这一天时间就非常有规律。另外,我们大课间也是保证的,让他们休息休息、跑跑跳跳、锻炼锻炼,体育课我们也是保证的。所以再一年,第三年,开始晚自习,把晚自习也搞起来,从 7 点到 8 点 30,一个半小时晚自习,组织学生看半小时新闻联播,组织学生看相关专业的、励志的一些片子,比如《杜拉拉升职记》等。整个这样一个在校时间固定好以后,哪些时间是必须用来学习的、哪些时间是可以自己自由支配的、哪些时间是最好用来休息的、哪些时间可以给自己加料做一些技能训练的,从孩子走进校园开始,他就知道整个这个学习时间是怎么安排的,所以对孩子生活的管理、时间的管理,就成了一个体系。下一课做什么他就心中有数,所以学生就增加了对学校的认同感,对这个学校的归属感,他感觉到自己是这个学校的主人——因为学校发生了什么他知道,他下一步要做什么他知道,真正融为一体。这样一来我们学风得到了根本好转,学风好转以后,老师在这个课堂上找到了自信。我们老师说"校长,现在我们的眼睛和学生的眼睛有了交流,有了沟通,学生遇到我们说声老师好,对我们弯下腰,我们感到失去了多少年的尊严现在又重新找到了,现在我们不好好地上一堂课、不认认真真地备一堂课,我们都不敢走进教室。同样是不敢,若干年前不敢走进教室是怕学生,怕学生刁难我们、侮辱我们,让我们难堪,现在不敢走进教室是因为我们不备好课,学生那种期待我们难以交代,就是学生对知识的渴求、对技术的渴求,这种学习的期待,这种期待的眼神,我们没有去准备一个好好的东西,就交代不过去,觉得有一种良心上的不敢"。

我记得这将近 4 年的时间,如果说最成功的就是这个学校校风的改变,而且我们老师、学生、领导干部,思想目标都能够一致,都能够围绕一个共同的愿景创造一个良好的风气,我觉得这应该是我们学校最成功的地方。领导干部之间不融合没有了,师生之间不融合没有了,这个是非常好的,所有后面的成绩,我们成为四星级学校、成为高等职业技术学校,包括高水平示范校、高水平现代化职业学校,我们那么多品牌创建的成功,等等,应该说都源自于这个——因为风气好,我们的生源结构就得到了良性的进化，家长愿意把自己的孩子送过来。我到这边连续3年领导了招生，我们的分数线从无到有，每年以上升30分到50分这样一个速度在进步。2012年我们招生的时候没有分数线，到2013年的时候我们分数线一下子提高到385分，第三年我们就提高到410分，今年我们提高到450分，这个分数在南京职业学校中，我们是排在前列的，我们超过了一些市属学校，应该说在这个方面我还是很满意的。从某种程度上讲，我们市委书记、市委常委宣传部长他们来慰问的时候，应该说我也是感到很自豪的。把一个职业学校带到这种程度，让我们学生的气质、品质、修养不比普教学生有一点点逊色，我感觉还是很自豪的。

问：讲得很经典，我觉得您一开始说这是一剂猛药也好，说是良药也好，拿捏得还是很准的，从现在看效果还是很显著。那我请教一下，就是您是什么时候开始做这件事的？刚才您讲是2012年1月份到这个地方来就职，什么时候开始启动组织做这个事？

答：3个月以后，我是从4月份开始酝酿，"五一"长假以后开始着手启动做这个事。

问：前面留了一段过渡期？

答：对，因为从普教到职教，对职业教育一点不懂，一开始来先观察观察，看一看有没有做的可能性，还有到底先从哪一个突破点开始做。如果说你的理想再好，根本没有做成的可能性，这东西也不行。因为我是一个人到这个学校，这个学校所有的老师、学生我都不熟悉，就单枪匹马，你带着一张嘴，带着一个脑袋，能不能干成这件事，突破点也很重要。没有认同，再好的愿景都不行。

问：这个事情很难啦，难度您刚才在介绍的时候也提到了，比如说有的老师会有疑问，"这件事情我们怎么做得成啊"，这些现象的形成也不是一朝一夕的，那已经成了很长时间来的一个习惯。那么除了您刚才所说的困难，在这件事情当中还遇到了什么困难？

答：要割除弊端，一定会触及一些人的利益，当你触及既得利益的时候，这个时候矛盾就很突出，这种对立冲突，应该说是很直接的，有的时候也是难以想象的。

比如说这些学生，你怎样让这个事情在学生中产生敬畏感，因为时间太短，你完全靠施教是不行的，教育有的时候要有一定的惩戒，你看我们鼓楼中专位于市中心，省委省政府、市委市政府应该说都在这个地方。那么在这个情况下，当时有辱骂老师的一个学生屡教不改，家长也认得一些人，做生意的，家里条件也不错,所以不把老师和学校当一回事,我当时要把他开除,按照学校的规章制度要把他开除,教育有的时候也不是万能的。当宣布把这个学生开除掉的时候,方方面面的电话、信息压过来了,有正面跟我们打招呼的,能不能再给机会?也有反面的,恐吓,你怎么样?生命安全要受到什么什么?那个也还是恐怖的。在这个情况下,我专门开了班子会议,我们不轻易处罚一个学生,我们更不能轻易开除一个学生,但是有极个别的,当我们发现其在这里难以教育,而且给这里未成年的孩子树立一个坏的榜样,这个时候"响鼓还需重锤敲,大病还得下猛药",我们有的时候下定决心就不回头,不管怎样,都要把他剔除。所以当时我开除一个学生以后,我的电话不断、信息不断,有正面的、有反面的,我没办法只好把手机关掉。我把手机关掉,自己离开学校,到别的学校学习学习、考察考察,跑到我们兄弟学校去,跟他们校长切磋切磋,我就不在学校。就是直面的时候我不知道怎么处理,我就一个字:躲,这样来暂时回避矛盾。当然我的回避和躲避,实际上也表明了我的态度,回头是不可能的。不过后来我们也通过其他途径跟家长交流,对孩子来说换个地方,也是一个教育手段,也让他知道社会不是他塑造的,在这个环境中,我们是社会的一员,我们要能够适应这种规则,我们要敬畏这种规则。这个孩子后来到了另外一个学校,也算是接受了这个教训,据说发展得还行。但是经过这个事情以后,我们一系列的程序公布,要让学生明白,这也是一个很好的震慑,这个对改变学风还是很好的,这是学生这一块。

当然老师的阻力也很大。老师原来不坐班,没有硬性坐班,现在你让老师硬性坐班,老师也不理解。老师听说要坐班了,说这种学生他教也教不好,为什么要坐班呢?当时我们也跟老师说清楚:第一,学生在,我们老师必须在,这是一种师德的要求;第二,坐班保证我们每天上班8小时,这是劳动法对我们的要求;第三,老师坐班,可以去了解学生,可以了解教材,可以熟悉现代社会前沿的要求,那么这是给我们一个充足的时间保障。我们连在学校都待不住,那么你说我们还有什么时间可以为学生服务?但还是有个别老师抵制,有的老师的性格也是比较极端的,那么这种面对面的冲突也是不可避免的。不过还好,我们都挺过来了。那么这个里面最关键的,我们这个学校领导班子始终一致,中层领导干部始终一致,主流老师始终一致,所以极个别的杂音呢,看一看、弄一弄,他看没有什么市场,也就不由自主地收敛了,那么久而久之就会被同化,特别是他看到学校的不断变化,学生老师的精气神变化以后,他感受到这种正气,那么他也就逐步逐步同化了,这应该是很好的。所以艰难的很多东西难以言说。

问:我听出来了,这里除了前面的顶层设计,很重要的一点,可能你在整个

"整三风、换形象"过程中,是依靠制度,依靠从校级领导到中层干部,大部分正直的、有良知的、向上的这些教师,这么一股力量来共同完成这么一个管理的转变,是不是啊?

答:是,主要还是要抓住核心力量。要有亮剑的精神,要做一点改革的事情,确实要像李云龙那样有亮剑的精神,剑锋所指,所向披靡,一旦亮剑,没有退路。但是剑柄在哪里,这个一定要很清楚,要牢牢地抓在核心力量的人群手上,一定要抓在正能量的人手中,这一点要很清楚。亮剑不是滥杀无辜,亮剑展示的是那种正面的力量,是让邪恶者怯弱,不敢面对;是要让正面的人、积极的人感到的是一股力量,我觉得是这样。你看当时我们要做这个"整三风、换形象",不能说是改革,最起码是一种转变,你既然要转变,就要有促进力量,还要有坚持下去、扛下去的这种勇气,那个还是很难,还是蛮难的。

二、"零"是挑战更是机遇

问:那您谈谈第二件成功的事情。

答:第二件事就是当时带领大家创建四星。中国特别讲究名正则言顺,言顺则事成,不评上江苏省四星级学校,拿不到这个牌子,好多政策你享受不到,好多名望你享受不到,很多机会也没有,所以我当时提出创建四星级学校。那个时候我们老学校原校址被拆掉了,分成四个地方,在这种情况下我们还能创建四星级?我们很多老师包括一些领导都认为这是天方夜谭,都认为这是不可能的事,学校几乎很少有符合标准的。那怎么做?我当时说,既然我们现在什么都没有,零对我们来说其实也是一个很好的机遇,一张白纸,可以尽情地描绘,可以尽情地书写,它就是地平线,可以无限地扩大。我和我们的领导经常讨论,我们组织一些老师、专家,制定创建四星级学校的规划,然后带着规划去找政府,一个部门一个部门去谈。

我去和我们的政府协商,和分管局去协商,和政府区长一把手去协商。首先,征得150亩土地,土地把它固定,办学空间把它固定,建设规划把它固定,建设资金把它固定,这些东西都把它固定了。其他的软件设施,毕竟我们也是一个老学校,有老师在,我们的软件设施也都不成问题。有空间、有资金、有资源,我觉得基础的设备我们都有,都准备好了,带着规划、资金的落实和一些土地手续,包括政府的文件,然后我们就到省教育厅各个部门,一个一个去沟通。当时领导看了我们的发展规划后说,如果真的能创建成功的话呢,也是一个洼地崛起的典型,所以当时省教育厅的领导也是抱着一个实验摸索的态度。当省厅领导和市政府领导点头后,我们这边加班加点做些硬件,落实办学空间,资金全部都已经到位,大半年时间,我们很多老师自觉地加班到晚上十一二点,甚至有些中层干部在3个月创建期从来没有晚上10点前回过家的。我在会上和大家讲这些细节啊,我自己都讲得眼泪汪汪。我们那个时候还是旧学校嘛,我们的地面,老师跪在地上用抹布一点一点擦拭。找不到瓦匠,我们懂一点的老师自己调制水泥,把缝隙填补起来。有的老师把自己家里的花带到学校来装点校园,有的老师带着自己的家人来给学生打扫宿舍。是在这种条件下,也许我们的一些硬件设施还不符合条件,但让专家组不得不颔首。所以我最后在专家组验收表态发言时,我讲了四个"如":我是从一个校长位子讲,专家组来的时候,我的内心真的觉得是如临大敌;他们来验收时,跟我个人毫不客气地讲的那么多问题,我听得如坐针毡;专家组宣读评价书,我们政府领导对我们学校未来充分肯定,我听得如沐春风;当然后面怎样完成后四星级的发展,我的心态是如履薄冰。这个被专家组记录下来作为一个校长心态的典型案例。就是我们从一张白纸,经过我们大半年的不懈努力,去展示自己,去求得领导的支持,我们迅速成为四星级职业学校。

我记得那个时候我们师生那种高度一致的团结力量真是无穷的,你平时想让老师3个月加班到晚上10点那是不可能的。我们在一穷二白的情况下做成了这个事情,给了我们信心,只要你想到就能做到,没有比脚更长的路,没有比人更高的山,这在我们创建四星级学校时得以充分体现。

这个事情我还往里总结了一点,在转折变革时期,当我们描绘一个更美丽的、共同的愿景,带着大家一起走的时候,正是凝聚人心的最好时候。我一个校外人员到这么一个复杂的学校,迅速把学校的情绪变得激昂——当大家都情绪低落的时候,这个学校14年没新进一个老师,在快要倒闭的情况下,忽然一下能走得这么高、这么快,在这个变革时期、转折时期,我觉得我们找到一个能点亮老师激情点的事情,带着大家一起去做,这应该是最好的策略。所以我这几年讲:凡赛必至,有奖必夺。我也是总结了这些经验,就是你怎么选好突破点,打开局面,找准目标,瞄准目标,这也是一个很重要的策略。现在每个部门应该做到什么,他都应该围绕那个去做,所以我来这个学校这么长时间,没有上访的,老师之间没有闹矛盾吵架的,学校也得到了很多荣誉:高水平现代化示范学校、四星级职业学校、江苏省德育特色学校,等等。我个人也获得很多荣誉:劳动模范、南京好人、最美教师、省级先进,等等,实际上和这个学校的氛围有很大关系,所以我和我们老师谈的时候也在讲,我们是在为谁工作,为国家? 为社会? 为学校? 首先我们是为自己，把我们的本职工作做好了，彰显了我们的价值，自然对家庭是有价值的，对学生是有价值的，对学校是有价值的，对社会、对国家是有价值的。修身齐家治国平天下，我们首先是在为自己做。

第二件事情我总结的，从大的角度可以拿出来当歌唱，就是我们在一穷二白的情况下，在没有一个完整的校园的情况下，我们实现了四星级的创建，而且事实证明了我们不仅实现了四星级，我们比其他很多职业学校的水平都要好，我们硬件也许不行，但是我们要让专家感受到超越其他四星级，所以当时得分也很高。

问：好的，第二件事情您说了四个"如"，我听了再加一个"如"，如痴如醉，哈哈。您谈到四星级的评估，2012年的那次我印象深刻，因为我也去参与评估的。在我印象中，这个事情不容易的，从验收的程序来看，要经历两个环节：一个是材料的审核，是网上评审。网上评审合格以后，专家要去现场考察，每个学校大概要两三天吧，反正那次每个专家组一周时间评估两个学校，我去的是南通。我记得现场考察也是有许多明确要求的，我们手上都有一个《评估手册》。

答：对，30条指标。

问：有一级指标、二级指标，有些是刚性的，比如说您刚才讲的土地面积、学生规模，还有其他一些刚性的要求，所以我想，您刚才也是谦虚了说一穷二白，肯定也是有一些底蕴，据我所知，你们校园肯定也没建好，除了本部之外，好像还租用了其他学校的场地，请问专家现场考察的主体是哪里呢？

答：我们当时的主体是在我们的一个校区，在汉中门大街132号，我的办公地点就在那里。那个地方呢，当时我们评四星的时候是最小的一块。为什么最小的一块做主体呢？那一块当时来说是相对建设得完整的一块。它原来是四中的初中部，它那里的办公设施、教学条件相对完整、相对独立，所以当时我的总部设在那里。其他几个地方呢，鼓楼区历来是一个重视教育的地方，我在申报的时候，争取土地资源的时候，后期和区政府沟通，区政府也是积极协调，全力帮助，我们现在的几块地，我们的南校区、北校区，当时把八中的一块也规划调整给我们，这样呢，我们的四块地就超过了规定标准，在这种情况下完成评估。

随着我们学校发展得越来越好，政府在下关也给了我们四块地，有一个校区将来成为我们的主校区，那块120亩地，政府准备投资10个亿，将在那块地上建10万平方米校舍，做一个主校区。所以这一点也和我们区委、区政府的支持有关系。

问：在下关那里又给你批了四块地，怎么一下批了这么多？

答:正好今年8月3号我们把下关中专也并过来了,这样他就带了三块地,然后这几年我和政府协商,所以另外一块地也并过来了,这样建成以后我们就有七块地,我们是一级一级地去改变政府的主意。说实话,我们和政府要地不亚于虎口夺食啊,土地的价值大家也是知道的。一方面我们自己做了大量的工作,去协调、去申请、去要,另外一个呢,就是政府领导人应该说还是高瞻远瞩的,还是不自私的,你说真的很自私的话,他不给你你也没办法,所以和政府要地无异于与虎谋食,最后的结局也是很好的。

三、用文化引领学校发展

问:好的,因为时间关系,那第三件事情是?

答:第三件事情呢,就是学校的文化打造。因为在原来的状况下,老师和学生的关系在那里,学校校园氛围呢,几乎没有什么,学生特立独行老师也不敢管。我来这个学校后,觉得要让学校这个文化场所充满文化气息,所以在2012年9月份,提出并随后实施了三大举措:第一个是正名,名正则言顺,言顺则事成,言不顺则事不成。所以我当时和区委区政府、市委市政府协调,把我们学校更名为南京商业学校。为什么呢?因为鼓楼中专它没有办学特色,第二个它地域太过狭窄,我们是面向南京市招生的,你地域太狭窄不能反映学校的真实情况,每个区都有中专,它不能反映我们的办学特色、真实情况,那这名字有什么意义呢?!

我们这个学校当时合并了南京市商业职工中等专业学校,合并了南京市技工学校,再说我们学校和大商业关系更紧密一些,所以提出更名为南京商业学校。我们这种正处级学校更名要市委市长办公会批,一路报告、一路审核也是很难的,包括市里面要加"南京市",这是我做校长的私心了,我也没肯加"南京市",我说南京大学比江苏大学好,虽然是歪理,但也是实际情况,要是加一个"南京市",它就是一个市属区域的,我不加,我不是市属,我不仅可以面向全市还可以面向全国,教育是不分区域的,往大里说,教育应该是不分国度的,所以我当时提出要更名,更名是为了正名。我们学校不仅仅是中专学校,后面还要发展。实际上这也为后面打造学校办学文化、办学理念,做了铺垫。

第二个是"三业三争"教育实践:学业争优、就业争先、创业争新。"学业争优"有两个维度:横向,跟同龄人比较,同向发展,选择我们学校比选择其他学校学得更好;纵向,在自己学习阶段,在我们学校学习3到5年,是你这一生学习发展的最佳时期,当然我们有一整套的学习标准。"就业争先"是说我们的学生不是毕业才能就业,而是一旦被录取就要就业,不是传统的订单式培养,而是以企业能要到我们学生为荣,我们有一整套的实习答辩,这在全国是首创,我在《江苏教育》上也发了相关文章。实习期间你一定要有技能考核,通过展示技能,通过剖析为什么这样做,掌握技能背后的理论,通过应急性答辩、高仿工作时场景,把顶岗实习真正变成自己职场生涯的一部分,让职场生涯前沿延续。所以我当时提出让顶岗实习课程化,就是我们的答辩。"创业争新"是指每个学生在校园里面都要有一种创业的经历,开个网店、卖报纸什么的都可以,所以我要求他们要有创业的意识,教会他们创业的方法,体验创业的经历。所以我们在您的支持下申报了这个课题①,申报过程中做了一个研究,我们发现问题,去总结经验,把它记录下来。你没有研究这个过程,不知道合理不合理、科学不科学,通过课题来做一些理性的思考,引导老师,把一些过程进行整理,形成我们的办学特色。

第三个是在"三业三争"基础上提出我们的新校训"能行天下"。改变我们的校训也是很难的,一个学校换校训,这是作为校长管理的大忌讳,颠覆他以前的东西,这是一种大否定。我们审时度势,为了学校的发展,不破不立,所以有时为了发展要有粉身碎骨浑不怕的决心。我们的新校训"能行天下"有三层含义:第一坚信我能,把它作为立身之源;第二手握技能,把它作为立业之本;第三,能力全面,把它作为立功之基。你真正想要建功立业,你没有技能不行,能力不全面也不行,所以在这样一个前提下,我们建立了"能行天下"这种文化,在这种情况下,办学的理念和实践融合。我们也出了一套"能行天下"丛书,一共五本:《德行天下:涵养最有品位的你》(以下简称《德行天下》)、《礼行天下:雕饰最有魅力的你》(以下简称《礼行天下》),把学生的交往、商业礼仪从德育中分离出来。不是所有的孩子都有道德问题,真正归结为道德问题的其实是很少的,我们不能动不动大而化之,我们要把教育细化,要让孩子学会与人交往、与人沟通。第三本《德行天下:成就上善若水的你》,告诉学生我们这个阶段道德的最高标准是"止于至善",做一个善良的你。记得我写过,"一个时时处处善言善行的人,谁不愿与之相亲、与之相交,伸手相助"。对于道德我们不强调很多,首先就眼前来讲就是做一个善良的人,用知识充实自己,用道德、礼仪约束自己,所以我们编了《德行天下》《礼行天下》,我们把这些东西发给学生,让学生读。第四本《能行天下》,一些基本的生活技能,相伴一生,相伴即将远行的你。怎样的技

---

① 指殷校长以此为主题申报了江苏省职业技术教育学会职业教育研究课题,由于笔者兼任省职教学会学术工作委员会副秘书长,负责学会课题管理,故而有此一说。

能？逃生、消防、救灾啊,等等,他可以作为人生手册,适用一生。第五本,是我写的书《理行天下——谋划一生顺达的你》,怎么管理时间啊,如何经营人生,如何做一个有眼界的人。这套书是我们老师编写的,是我们学校主编的,那么学生读着我们老师编的书,看着我们学校,增强学生的身份认同、文化认同,所以在这个领域就形成了我们的文化体系,有信心、有本领、能力全面,这样一种文化体系。我们的广告语"南京商业学校,一个以远见成就未来的地方"。进校园后能看到两个条幅,是我写的一副对联,上联是"敬业爱生生生不息德行天下",这是对老师提出的;下联是"勤学自强强强相济能通万里",这是对学生提出的,有一种"我要能、我有能、我很能"的文化气息在里面,整个学校形成了一种积极向上的文化体系。我对学生的德育要求是八个字"善良有礼,能行天下",对老师和学生一起的要求是"能行天下",所以在我们校园里学生不管认不认识你,他都会喊一声"老师好",懂礼貌,他也知道怎么穿校服,等等。所以学校文化体系建设还是不错的。

那我们一开始怎么积少成多、聚沙成塔、从无到有,一步步把它做起来,把它凝聚起来?这个其实也是非常难的,因为你建立一种文化体系、文化系统,学校毕竟也是空间小的社会,你要大家都认同你的文化体系,认同你的观点,而且还能有意无意地走出文化的样子,也是不容易的。你要是早点来还可以看到我手上拿了个烟头,我看到就要把它捡起来,我以身作则。我捡了个烟头,我们副校长就会捡个烟头,我们主任会捡,我们老师会捡,我们学生自然而然也就会捡。我遇到学生会向他们问问好,那学生自然而然也会向我问好,我问好了,其他校长自然也会向学生问好,这就自然形成了一种良性循环。我的头发短短的,不会搞得很乖张,我的衣服穿得也很正常,职业装,学生他自然也知道什么是真善美,你自己要去以身作则,然后你要去给他一个规范的标准,引导大家去做,营造这种氛围,也是很难的。所以说从一个学校建设的宏观层面来看,这几件事给我的印象还是很深的,当然里面每一个行为背后的苦楚不能与人说,也说不清楚,有时也有硬碰硬的交锋,改变观念的交锋,这种东西还是很难的。

四、职业学校校长身份的新诠释

问:好的,本来想知道更多细节,由于时间关系,就不展开了,机会难得就请教最后一个问题。因为您这个经历在职业学校校长中还是很典型的,本来是普教的校长,又来做了三年多职业学校的校长,您比较一下管理这两种学校有什么主要的区别？

答：目前中国普教的校长我觉得主要特征是"专"，"专"的主要体现是抓分数、抓升学率，分数提高的抓手是"教学五认真"，因为"专"，所以单一。那么职教呢，是应对市场，跟企业、行业、政府打交道更多，所以它面对的面比较庞杂，它不仅要你有分数，还要你有分数以外的技能。职业学校的学生进来时门槛相对低一点，还要引导他有一个正确的情感、态度、价值观，所以你不仅要教会学生知识，培养学生技能，你还有一个重大任务，就是教会学生如何做人，如何踏入社会、融入社会，所以比较"杂"。"专"比较单一，"杂"就比较零散。职业学校的校长我开玩笑说的就是个"杂家"：面对政府要有政治家的智慧，面对社会要有企业家的通融，面对学生要有教育家的气质，否则他不理你，所以比较杂。我曾经开玩笑说，普教的校长呢，可能显得更加清高、更加脱俗一点，职教的校长显得更加浪漫、更加随意一点，这是两个不同的流派吧，哈哈！

访谈后记：殷树凤校长很有思想、很健谈，也很有激情，与他交流的过程中会不知不觉受到感染，所以整个访谈过程感觉很轻松愉快。

殷校长的治校经历再次说明了这样一个道理："没有不可教的学生，只有不会教的学校、教师和家长"，关键是看如何去科学地、有针对性地施教，他的成功之作对薄弱学校如何打翻身仗应该有很好的启发。

　　杨红,女,大学本科,中教高级职称。历任六合中等专业学校语文教研组长、政教处副主任、教务处副主任、副校长等职,2012年4月任南京六合中等专业学校校长。

　　2013年9月,获得南京市第三届"陶行知奖",同年11月,被授予"江苏省三八红旗手"荣誉称号。

　　在《校长》期刊发表论文《专业成长的基地 校本研修的载体》等。主持的"'雨花石文化'观照下综合课程体系的构建"研究获江苏省教学成果二等奖。

不要去看技能大赛拿了什么金牌、银牌,要看对一个学生、一个家庭的改变,这才是最重要的。

——杨　红

第十五章 一切为了师生的发展

——访南京市六合中等专业学校杨红校长①

问：感谢您接受我的访谈，请首先简要介绍一下您的经历吧！

答：我是1985年参加工作的，到今天到这个学校已经30年了，对这个学校还是非常有感情的。2000年我担任副校长，然后2012年担任校长，在副校长岗位上做了12年。校长呢，我还是一个年轻的校长吧，做了3年多。那么3年多来，感觉做校长和做副校长是不一样的，感触还是很深的，觉得做一把手确实是不容易，感到很累，但是累并快乐着，哈哈。

一、让学生成为校园的主人

问：当然您成功的事情很多喽，那么请您讲三件最成功的事。您感觉第一件最成功的事是什么？

答：第一件呢，就是我们的学生管理这一块，我们的学生成长。因为到我们学校的学生，有着职业教育学生特定的共同特质，就是他们是中考的失利者，都是中考成绩中下等的学生，有的在300分以下，有的甚至是不需要成绩的。那么他们长期以来在学习上的自信心受到了严重打击，有一种挫败感。所以到我们学校之后啊，我们就想重树他们的信心，发掘他们的潜能，寻找适合他们的教育方法，让他们充分地展示自己。我觉得每个孩子身上都有闪光点，都有他自己的、别人不可替代的一些方面，所以从这个角度去考虑，我们学校就一直致力于

---

① 2015年7月5日在南京市六合中等专业学校进行了访谈。

用丰富多彩的校园生活来提升孩子的自信,让他们重新找到自我。我们做了这样几件事情:

一个呢,就是让学生成为校园的主人,"我的地盘我做主",那么从这个角度去考虑呢,我们搞了很多的活动,有的和其他学校是相同的,比如说校园的体艺节、读书节、技能节。我们校园的体艺节呢,从每年的9月份——新生刚入校开始,一直持续,到新年元旦的一个总会演结束,那么在这么长的时间内,我们每个月都有不同的主题,让学生踊跃报名参加,充分展示自我。这样做可能会对常规的教学有一些影响,但从另外一个角度来看,通过这样的一系列活动,确实提升了孩子的自信,最重要的是让他们热爱自己的学校:"哎呀,我觉得到这个学校太有意思了,我以前好像没有这个方面的能力,现在有了。"这是一个。

另外呢,我们比较注重在活动中进行创新,比如说我们上半年的运动会,其开幕式是一个让学生充分展示自我的舞台。我们的运动会开幕式是这样的,就是每个班级要有自己的节目,就是你的入场式,给你1到2分钟的展示。那么我们每年入场式的主题有所不同,比如说,去年青奥会在南京举办,我们是南京的青奥示范校,根据这个情况,我们运动会的开幕式就定为"青奥让我展风采"。我们每个班级自主抽签,一个班级代表一个国家,学生抽到这个签后要上网去了解这个国家,然后找到这个国家最富有代表性的一些东西,通过自己的创作把它展示出来。这一系列的事情都是学生自己在做,包括上网找、思考领悟,包括去买东西,以及服装、道具、节目编排,等等。就是通过这样的一些活动,学生不知不觉地就提升了自己的能力,而且也非常乐意去参加,集体荣誉感也增强了。我们今年的开幕式主题是民族大团结,每个班级代表一个民族,真的,我在主席台上看着学生去表现自己的时候,真的由衷地感叹,觉得"哎呀,我们这些学生真的是太了不起了",有很多国家,听都没听说过,非常小的国家,但是通过学生的表演,我就知道了这个国家有这样的一些特色。

问:哦,的确是很有创意。就我所知,学生管理一般由分管副校长负责,那么作为一把手校长,您感觉在第一件事中您起到了什么作用?

答:我做的工作主要就是去整体地去思考、去架构,然后呢,就是全力去支持他们开展工作——只要他们提出来的一些想法是正确的,那我就全力地支持。别的学校所没有的,或者说带有一些摸索性的东西,我都会跟他们说,放心大胆地去做,出了问题我负责,你们需要人力、物力,我都支持,所以这样一来,他们就很有积极性。另外,就是我们的分管领导还是很有想法的,然后由校长去支持他们,做他们的后盾,他们就很有积极性,还有主动性。

问：学生管理呢，我也知道，非常复杂，他们的群体太大，各种类型都有，在管理当中有没有遇到一些困难，比较典型的困难是什么？

答：有。这个我就毫不避讳了，在2013年，我刚刚上任一年多，这个日子我记得很清楚，3月27号，我们一个学生从楼上跳下来，实际上是一个坠楼事件。这个孩子呢，就是偷了东西，然后学工处老师找他谈话，之后他趁老师不注意，他有点害怕嘛，就跳下去了。这个事情发生后啊，当时还是比较有点负面的影响，媒体得知后都过来了。那么我们的善后处理呢，还是非常好的，所以这个事情很快也就平息了。这个小孩呢，现在非常好，已经完全康复了，而且我们和家长的沟通也很好，家长现在跟我们成为朋友了。

那么这是一个简单的事情，可能每个学校都会发生这样的事件，给我们的警示是什么呢？就是我们现在很多孩子心理都非常脆弱，尤其是我们职业学校的孩子，再加上我们是农村职业学校，这些孩子有的是留守的孩子，成天跟爷爷奶奶在一起，他们不跟人沟通，再加上现在都是独生子女，都比较脆弱。对于这一点呢，我们职业学校尤其要重视对孩子的心理指导，所以我们就成立了心理咨询社、心理社团，也就是在学生当中有一个社团，这个社团就专门为各个班级培养骨干，这是在学校层面的。然后每个班级都有心理咨询员，让这个心理咨询员成为心理社团的骨干，因为学生之间的沟通可能比师生之间的沟通更便利，更零距离。

问：也就是说这个事件当时产生了负面的影响，然后你们从中进行总结，吸取经验教训，同时在以后的学生管理当中采取必要的一些举措，比如说成立心理社团，这样就将坏事变为好事，是这样的吧。那么这个学生当时是几年级啊？

答：当时是一年级。其实这个学生虽然长得很高大，但是他的心理年龄啊，跟十多岁的孩子一样。实际上不是很大的事，老师只是找他了解情况，他就觉得"哎呀，这件事情不得了"，他就害怕了。其实我们老师在处理的时候一点没有越界，还是一个很正确的处理。

问：后来他摔伤了，然后就是给他治疗，回来要继续完成学业，继续上学？

答：是的，当时应该是高一下学期。

问：现在是不是已经毕业了？

答：即将毕业。

二、创新教师管理方式

问：哦，那么第二件事情？

答：第二件事，就是我们的教师这一块。应该说很长时间啊，我就觉得做老师的，他有一种职业倦怠感。我们怎么样让我们的老师克服职业倦怠感，让他们感觉到做教师这个职业的幸福。我做校长以后就觉得可能仅仅从制度的层面、机制的层面，或者跟他们谈一些人生的道理啊，还远远不够。还有一个呢，就是要真正地从内心里边去关心他们，让他们体会到学校确实是一个大家庭，"我是这个学校的一员，我要自觉地为这个学校的发展服务"。那么从这个角度去考量，我们做了这几件事：

一个就是校园文化建设。我觉得一个学校的文化引领是非常重要的，可能你也知道我们学校的"雨花石"校园文化搞得还是不错的。我们在前期的基础上进一步丰富内涵，比如"雨花石"文化的这种品格：包容、坚守、奉献、忠贞，我们在不同的场合以不同的形式让老师潜移默化地接受，我们这几年一直在向前推进，老师也认可。我们学校有一个比较好的总体氛围，大家都很团结、融洽，所以我们推行起来困难也比较小。我们每年年底搞一个颁奖，叫"最美六合中专人"，每年的主题不同。实际上，就是表彰这一年度中有突出表现的或者是默默无闻做出奉献的老师，让我们的老师感到他的每一份付出都能得到学校的肯定和赞赏。这个评比应该说还是蛮有促进性的，我们经过教研组推选、学生家长推选、学生推选，然后综合起来，经过打分之后，提出候选人在全校公布，再由老师集体投票，选出来。那么通过这样一个自下而上、自上而下的推选过程，让大家都知道。而且每个老师的事迹都有视频，我们学生有个校园电视台，制作视频之后，在颁奖仪式上播放，然后颁奖。我们领导、家长代表，还有社区的代表都来参加颁奖。老师们就觉得，虽然这不是很大的荣誉，是一个校级的，但是他觉得他很有成就感，看到自己的事迹上了电视。说真的，我每次看了那个视频，都觉得眼眶湿润，就是这样一些平凡的默默无闻的老师，代表了我们的校园精神。这是一个方面。

第二个方面，就是我们在全校对老师提出来，每个人都很重要，从这个角度来激发老师的主人翁意识。对家庭来说，你作为妻子或丈夫、儿子或女儿，你是最重要的；对于学校来讲，你是老师，你是班主任，是学生的师长，那你也是无可替代的。这样去让老师发现他自身的价值，来激发他干工作的积极性，来激发他的潜力,这是我们一直在推进的。

还有呢,作为校长,我觉得要从内心去关心老师,所以我跟老师的关系还是很融洽的,他们好像也没有把我当作一个校长,说你校长必须有一个校长的架子或者说校长的威严,我们平时可以在一起谈生活、开玩笑,我也经常和普通老师接触,他们家有什么事情也都会告诉我,所以我们之间的关系就是同事的关系,不是校长和老师之间的关系。这样一来,他们有什么话就会更多地和我说,或者有什么意见、建议也都直言不讳,那就不至于当面不说背后说,或者就是不说,把它积成一个大的矛盾,然后给学校的管理造成困难。另外,老师自己有什么困难跟我说,只要是我能力范围之内的我都会帮助,尽力做到,比如说他们的孩子上学找到我,我能做到的都会去做。现在我们这边幼儿教育资源非常少,有些年轻教师的孩子想上幼儿园,那我就会去帮他们争取,诸如此类的,包括我们有一些老师家庭经济有困难了,说借点钱啊,我都帮他们解决。还有情绪上的事情,我们有一个老师得了轻微的忧郁症,有一段时间睡不着觉很烦躁,有很多事情在我们看来是小事,而他就觉得很纠结,然后他来找我,我即使再忙,也要来帮他疏导,及时地跟他谈,即使晚上 11 点后发短信给我,我也要回,去疏导他。所以我觉得这样很辛苦,长时间做下来,精神上比较轻松,但做起来还确实是蛮累的。做下来之后,今天回过来再看,就觉得作为一个校长来讲,这样做确实是非常有必要的:你如果不跟老师进行心灵的沟通与交流,那可能你这个校长就不会做得那么顺,工作的推进就不会那么快。所以现在我觉得,我虽然是个女同志,但是我们的老师、中层、校级领导,他们对我还是全力支持的,尤其我们几个副校长,那我基本上只要有任务吩咐下去,每个人分管的那一块都做得非常好,这样我就比较省心了。

问:嗯,不容易。你们学校多少老师啊?

答:我们学校 250 多个。

问:这个群体还是蛮大的,我想由于精力时间有限,您在处理好领导和老师之间这种关系的同时,会不会产生负面的或者是另外一种影响,就是说有的事情不是那么容易解决的,因为有些事情没能解决好反而影响到工作,有没有这种情况出现?

答:这个情况好像到目前为止还没有,还没有的原因我想是我和老师的这个接触不是无原则的,这个接触首先是以学校的规章制度为前提,比如说在这个学校,我也有我的朋友,有亲疏有远近,那么你只要违反了学校的制度、学校的要求,那肯定是不能网开一面的,只有在制度面前公平公正这样的前提下,才能把这种关系处好。

问：哦，我现在听明白了，就是您在教师管理方面，首先从文化层面，然后再到个人情感方面，从自己的层面去引导人家的工作，并不是一味地用个人的命令、个人的影响来处理这件事情。那么在做这件事情的当中啊，在教师发展这一块是不是也遇到过一些困难，主要困难是什么？

答：教师发展这一块呢，主要是我们的老师在能力这一方面还有待进一步的提升，我们这个群体能够真正拔尖的，我感觉啊，还太少太少，也许是我的要求太高。工作态度是一个方面，能力是另一个方面，它决定了工作的质量。我们近几年来也一直在专注于教师的发展——怎么样让老师尽快地成长发展起来？我们这个学校的师资特点就是青年教师比较多，上级对我们也很关心，每年会进十几个青年教师。这样一来呢，我们就会有很多青年教师。如何让青年教师尽快成长起来？为了解决这个问题，我们成立了青年教师发展中心，实际上是一所学校，凡是工作3年以内的老师都要进入这个发展中心。这个发展中心有一个系列的课程，也有活动，结业的时候给你一个结业证书，就是通过这样的一个形式来让青年教师尽快成长起来。

问：作为一个学校形式的青年教师发展中心，我还是第一次听说，能不能具体点，当时是怎么有这个想法的？怎么运作的？效果怎么样？

答：这个是我们去年9月份成立的，到今年9月份一年了，当时我就在想，我们的青年教师量这么大，他们是我们学校发展的未来，如果不把这一块老师引导好，让他们尽快地成长起来，那学校的发展就谈不上。所以这么一想，我当时就灵机一动，就想出了我们要有一个组织来具体地筹划，让他们在这个组织当中尽快地成长。因此办公会就通过了这样一个决定，然后由分管教学的副校长去具体筹划，由教管处具体落实，有一位教管处的副主任具体做这个事情，实际上就相当于中心主任，我们的副校长就相当于校长。

青年教师发展中心每周有一个活动，固定在周三有个例会活动，每个学期、每一周都有一个主题。这个活动当然有听课的，有自身相互交流的，有聘请专家来讲课的，也有走出去参观学习的，各个方面的都有。我们运行了一个学期后，他们也做了一个总结性的自我展示。教师还是非常开心的，因为他们以前在教学上、班主任工作方面有一些困惑，去找师傅，师傅可能也很忙，可能没有工夫答复他们，但在这个中心里面，他们就不需要找人了，学校通过这个中心能够给他们消除一些工作中的困惑。

问：关于这个中心，我的理解是3年相当于学制，那么这3年就像人才培养一样,就是第一年干什么?要达到什么目的?成果怎么展示?那么最后就像您说的,有一个结业证书的这样一个形式,作为这个阶段的完成,是不是这样的?那这样的话老师的态度是欢迎的,他们找到组织了,有一个成长的载体了,毕竟这个中心是我们学校制度化的安排。

答:是的。我们有严格的考勤,每次活动都有考勤。

问:运行近一年,从效果来看是不是还是不错的?

答:是的,比如说我们有老师参加省级评课得了"研究课",还有两课评比,还有老师参加省技能大赛得了金牌。对于一个刚工作一两年的年轻教师来说,这确实已经是非常不容易的了。

三、统筹协调补短板

问:我觉得这是教师管理方面的一个创新。那么第三件事呢?

答:第三件事我想是一个具体层面的,就是我们学生和教师的技能成长这一块。对于技能大赛,我们从国家到省市都非常重视的,毕竟代表了我们职业学校发展的方向。应该说我一开始做校长的时候,对这一块认识不是很到位,也不是很重视,再加上我们学校长期以来在技能训练、技能指导和发展这一块,师资力量比较薄弱。那学生这一块成长也比较慢,但有一件事情给我的触动是很大的,就是2013年我们参加全省的技能比赛,我们没拿到一块金牌,是零,没有完成市里面下达的任务,这个我就觉得非常的懊恼,觉得我们学校这一块确实是个弱项、短板。

怎么样去改变?回来我就在思考,然后就从学校的制度层面去进行调整。首先要激励老师,所以我们专门成立了考核培训办,专门负责老师、学生的技能考核,负责学校技能训练、技能大赛方面的统筹,有了这样一个具体的职能部门。然后我们出台了一系列的制度,更重要的是我们通过全校大会小会,各种类型的会议、各个层面的会议去营造全校重视技能的氛围。这两年下来,我感觉还是很欣慰的,做的工作有了效果、有了体现。比如说我们去年,参加省市的比赛,2014年的省赛,我们拿到了4金1银9铜,超额完成了市里面给我们的任务。还有国赛,我们学校自从办学以来从来没有在国赛上拿到金牌,我们去年在国赛上得了1金1银。那么今年呢,我们进一步地去发展,在省赛上我们拿到了4金9银10铜,应该说奖牌总数是创了历史新高。今年的国赛我们有4个项目,获得了3金1银,昨天是最后一个项目。

问：国赛获得3金1银，那突破还是很大的。

答：有10名同学被保送进本科，就是获得省赛金牌、国赛金牌和银牌的同学。从这个角度来看，我觉得这不仅只是一个奖牌的数量，从实质来讲是通过这样的一个技能大赛达到引领的目的。我就举一个简单的例子，比如我们学校一个老师的亲戚的孩子，他参加化工项目的国赛并获得了金牌，这个老师就跟我说他很开心，他要请客。我说你为什么这么开心呢？这位老师是这个孩子的舅舅，他就说这个孩子真的是通过参加比赛，完全变了一个样子。以前比较懒，学习也不钻研，也没有兴趣，也没有自信心，通过这个技能比赛的训练过程走下来以后，他的自信心提升了，改变了自己不良的习惯，变得勤快了，他的毅力得到了磨炼，应对挫折的心理增强了，所以他就觉得这个技能大赛真是蛮好的。他中考只考了400分出头，通过大赛能够获得保送进本科的机会，对于他来说他的人生就改变了。所以我就跟我们老师讲，不要去看技能大赛拿了什么金牌、银牌，要看对一个学生、一个家庭的改变，这才是最重要的。我们老师也是的，通过技能大赛，一些骨干专业的教师能力提升得还是很快的。

问：这就是您当初下决心采取一系列举措的思考是吧，现在看来成效还是很显著的。那么这个过程当中呢，据我所知，这个技能大赛从项目来说有的还是很"烧钱"的，需要相应的机器设备，那么你们在这个过程当中有没有感觉到一些困难呢，就是师生技能提升这一块。

答：困难还是有的。比如说师资这一块，去参加技能大赛，这个技能大赛有比较先进性的一些项目，那么我们老师就明显地感觉到能力上的不足，就需要这个专家的指点。还有就是我们师资力量的不足，因为参加这个技能大赛，它的训练是系统性的，时间上要求也比较长，不是一朝一夕能出来的，所以我们师资力量很欠缺，尤其是一些比较好的老师，不是所有人都参加技能大赛的。第二块呢，就是我们的资金，现在实行绩效工资之后，怎么样去奖励老师，承认老师的工作，确实还是让我们有一些困惑的。还有就是大量的训练耗材，也确实给我们带来了一些困难。

问：那这些困难是怎么解决的呢？

答：在教师这一块，我们还是统筹安排的。我们把教师的专业发展让他自己去定位。我们每个学年都有一个调查问卷表，摸清你是往哪个方向去发展，然后根据学校的师资力量去统筹安排，要保证学校的正常运行。我们实实在在的是让自己的老师、自己的学生参加比赛，也就是要把技能大赛做实，要统筹协调安排好。目前来讲，我们技能大赛还不能完全铺开，只能是选择一些强项的专业、项目。我们这几年来做得好的、有突破的,就是在一些小专业上,比如说化工专业、酒店管理专业,这些以前与我们是无缘的,那我们现在已经进去了,并得了奖,金牌、银牌都有,我们小专业的发展还是很好的。

问:那我可以这样理解,就是一些烧钱很厉害的、投入多的,这方面有困难的我们选择避开,我们选择错位发展,选择适合我们的、条件也比较具备的、可能在某种程度上别人不怎么关注的一些小项目去重点关注,不知道这样理解是否正确?

答:就是两个方面,一个是传统的项目,还有就是别人还没有关注的,我们去关注,这两个齐头并进去搞。

问:关于技能大赛我也听到了一些说法,比如说技能大赛有个词叫"举校体制",为了比赛获奖,举全校之力去重点保证那几个学生、那几个老师,但更多的一般学生和老师都不能受益,钱花得也不少,有这方面的诟病,不知道你们学校是否也出现这种情况?

答:这个呢,我也确实听到了这样的一些说法,我们学校多多少少也会有一些,但是我觉得现在做技能大赛可能和一开始会有不同。一开始这个现象比较明显,现在做的话,各个学校从校内的技能这一块,可能也在不断地把这种现象弱化。比如说我们学校,每年都搞技能节,在9月份、10月份,那这个技能节就是要求全体学生和专业课老师参加,凡是我们校内有的项目我们都把它开起来,这样一来的话,从技能节全体师生参加这一角度,就让我们的老师和学生重视技能、苦练技能,在全民练兵的基础上,在技能节上筛选出优秀的教师和学生进入集训队,然后参加集训,参加市赛,是这样的。

问:就是说你们基础还是打得很扎实的,在这个基础上再拔优,然后进入集训代表学校参加,用这个办法来做这件事情。

四、女性校长的优势与不足

问:再请教您一个问题,从2012年到现在已经3年多了,您做校长经验也比较丰富了,那您觉得作为职业院校的一把手校长,要胜任这个岗位,最重要的因素有哪些?

答:第一个,要有较高的管理理论水平。第二个,要有很好的协调能力。第三呢,我们职业学校和其他学校不同,它有它的特质,一定要具有和外界沟通、推介的能力。第四,就是有不怕吃苦、甘于奉献的精神。

问：您前面也讲了，当然我也知道，我们现在在一把手校长岗位上有点阳盛阴衰的味道，就是女性校长实在是太少，尤其是一把手校长，凤毛麟角，当然您是其中的一位了。您感觉作为女性校长，在这个工作过程当中有哪些优势和劣势？

答：我觉得作为女性校长，性别的优势还是比较明显的。比如说作为女性，考虑问题比较细致，所以在工作上尤其是在管理上，相对来说还是比较重视一些工作的细节。这是第一个。第二个呢，作为女性，可能本身是一个弱势群体，那其他人可能会更多地尊重或者从一个女人不容易这个角度更多地给予支持。第三个方面，可能作为女性在和人沟通方面更加有母性的爱心、责任心、包容力，去处理好一些事情。至于劣势，女性也还是很明显的，我就感到，从我的性格，更喜欢在校内，从学校管理这一块去更精致地管理好学校。可能从对外沟通上来讲，我觉得是一个弱点，在校际之间的沟通这一块，在与全省职业学校之间的交流这一块可能做得不到位。这是第一个。第二个呢，有的时候女性的特长会成为她的缺点，比如说女性会想得细啊，那么另外一个负面的影响就是工作过分强调细节了，然后就会造成一些困难吧，没有男性那么大刀阔斧，考虑得可能过分细致了点。第三个方面，很多人说女性精力有限啊，这一点从我个人来讲不是很明显，因为我孩子也大了，可能对工作的投入会更全身心一点。家庭这一块呢，也确实会有苦恼，比如说我的母亲八十多岁了，她就躺在床上，我照顾得非常少，几乎都是我的哥哥在照顾，从这点来讲，我还是非常遗憾和抱歉的，整天忙于工作，我是她唯一的女儿，但照顾不了她。

访谈后记：由于种种原因，在目前的职教领域，女性管理者比较少，女性正职校长更是成了"珍稀动物"，因此当初拟定访谈对象时，为了尽可能地体现广泛的代表性，笔者就暗下决心一定要找一两位女性校长——杨红校长就是其中的一位。

通过访谈，我们不难发现，杨红校长在治理学校时，除了通常的治理理念与方法之外，在管理过程中不时可见温柔、细致、周到的女性角色印记，或许正是得益于这一优势，稀释了制度管理原本略带僵硬的刚性特点，由此产生的"润物细无声"的管理效果，使得杨校长领导的学校成了一个让师生觉得温馨的"大家庭"，因而同样可以有一个个值得注目的成功之作。

刘宏成,男,1966年11月生,中学高级教师。历任扬州市邗江区公道中学政教主任、副校长,2012年8月起任邗江中等专业学校校长。

先后获得扬州市优秀班主任、市"管理育人"党员示范岗、市高考教学功臣、扬州市百名校长有效课堂教学评价展示一等奖、扬州市学科带头人、邗江区优秀教育工作者、邗江区优秀德育干部、区青年教师基本功大赛一等奖、区先进教育工作者、区优秀共产党员等荣誉和奖项。

多篇论文在省级刊物发表,其中《构建民主平等和谐的政治课堂》获省德育论文一等奖。

学校的一线骨干教师,在利益分配中要体现出他的优先来,否则学校的事业很难提升。

——刘宏成

第十六章 围绕"育人"这个根本

——访江苏省邗江中等专业学校刘宏成校长①

一、要办让老百姓放心的职业学校

问:刘校长您好,感谢您接受我的访谈,提纲上次已经发给您了,就是请您谈一谈您担任校长以来的三件成功的事情,要不我们开始?

答:好的。我从普教到职教后,最大的体会就是什么呢?就是普教的招生是人求我,这里就不一样。说老实话,我虽然当时是副校长,但找我的人还确实不少,社会关系积聚的也不少。可是到了职教招生,是我们到处找人。据我所了解的,在我们扬州,我们中职学校基本上都是零门槛了。所以就导致我们职业学校在社会中的地位不高,社会的地位低、家长的认同度不高,就给我们的办学带来迷茫。不仅老师没信心,就连我们部分领导在外界交往中也缺少自信,我深知这一点。所以我来了以后,第一次开全体教职工会议,就在会上追问了大家一句:"大家能不能理直气壮、信心十足地说一句:'你们的孩子来我们邗江中专,保证让你们家长放心,让生源校也就是培养这些孩子的初中放心。'如果我们可以理直气壮、信心十足地这么说,那么我们的招生就不成问题了。"我来的时候,我们一年招了七百多人,是我们招生最低谷的时候,这七百多人还有政策保护。所以我第一件事想到的是什么呢,就是我们现在要办让老百姓放心、信任的学校,这

---

① 2015年10月20日在江苏省邗江中等专业学校进行了访谈。

就行了。我们要做出这样的承诺。

那么如何做出这样的承诺呢？实际上我们的学生生源无法做出选择，不仅没选择，而且生源质量就这样，得不到保证。不仅得不到保证，可能在若干年之内，恐怕都难以做出改观，尤其是在现在这种高中热的情况下。当时我来的时候，就在思考，就把学生的管理，就是德育这件事，提到了很高的高度。所以我就定了邗江中专发展"三驾马车"作用的课题。第一驾马车就是德育。现在省里搞德育视导，是在2013年才搞的，而我一进学校就抓了这个德育。第二驾马车才是技能，技能就包括技能大赛啦，以及学生的整个技能测评。第三驾马车我提的是升学。这三驾马车，是我们提高社会信任度、让家长满意的一个抓手。

这里面最大的一个问题就是，学生的德育，包括技能统领的东西是什么，所以我进来以后，就和几个副校长在谈。我说："倪某某啊，你抓德育抓了许多年了，我们管理学校也好，我们学校整体也好，我们需要一个适合、体现我们学校特色的东西。我刚刚来到这个学校，你再思考思考，就我们这个生源——我们这个生源太差了，我们怎么样能兑现对家长的这个承诺：你的孩子送到我们的学校，是让你们放心的。就这个，大道理我们也不用多说。"因为我现在在高中和初中的学校里了解，高中里面是歧视我们职业学校的——我是从高中过来的我知道。你看现在许多普高老师，尽管叫苦，但大都不愿意调到我们职业学校：第一是来了找不到成就感，第二个就是脑子里面还有这种歧视感。初中学校对职业学校是不放心的，认为职业学校里面是坏孩子多，学生去了学不好。有些家长也认为这里都是坏孩子，小孩来了会学坏。招生难的原因主要是出在这个上面，倒不是因为以后的就业问题，他们也知道职业学校现在的就业情况是比较好的。那家长怀疑的是什么？是孩子的成长过程在这里，他们不放心。所以我把德育等三驾马车的作用提出来了，而且我的定位是什么呢？德育是我们的根本保证，我就定位在这个上面。而且我们邗江中专，他们向我汇报时提到的，这么多年来并没有出过大事，在职业学校里面没有出过安全事件的已经很不简单了。所以我就觉得要凝练、要总结、要提升。

后来我们就提出了"三成教育"，"三成教育"就是在这样的环境下提出的。面对这样的生源，面对家长提出的疑问，在这样的背景下我们提出"三成教育"，就是"文明成人、技能成才、立业成功"。"三成教育"其实是我们一个育人体系的凝练。

"三成教育"提出以后，我们就把过去做的、还没有做到的、今后怎么样去想的，来凝练总结，再来提升。所以我觉得，一个学校一定要有一个怎么管理育人的体系。因为在我看来,其他职业学校,抓技能的很多,甚至有把技能大赛看成是学校里的第一要素的现象,我不反对,但是我觉得职业教育要想办好,首先要回答老百姓的一个希望,就是他们的孩子放到我们学校让他放心。我可以这么说,现在中职院校,能让家长心甘情愿地把孩子送进来的,目前还不多见。这个里面有多重因素。职业教育在学生管理这块,要求确实是不够高的,它跟普教比,差距很大。所以,我们当初提的时候,就提出了三个纬度,也就是三个大的方面:第一个是文明成人,一个学校怎么样让学生做到文明成人是根本、是基础。我这里有一篇文章,说的就是这三个纬度,既能成才又能成功。同时,我从2012年开始,就搞了三次活动。就是向社会、向我们的生源学校展示。

一个呢,就是搞了我们文明成人展示观摩活动,邀请了我们主管局的领导,邀请了我们兄弟学校的领导、班主任、教师代表,走进我们学校,搞了一个交流展示互动活动,来听听他们的声音。第二年又搞了一个技能成才方面的活动,一直持续了3年。然后到2014年,我们新校区正好结合一个市教育局的观摩会,举办了教育现场会的展示。整体上讲,通过这三个活动一弄,我们的校风、学风还是有一个很大改变的。这个很大改变就带来了什么,就带来了老百姓、家长对学校信任度的提高。同时也加深了我们的生源学校对我们职业学校,至少对我们邗江中专的了解。所以带来的效果就是,招生规模方面的稳定增长,这是一个方面。第二个,我们凝练了这个之后再推进这个工作,所以去年我们又获得了省职教学会"德育特色学校"称号。而我觉得最最重要的就是学生的综合素养要求提高了。我觉得职业学校为什么把德育放在这么重要的地位,而且把它放在根本性的基础性的位置呢?因为现在的社会分工越来越精细,既对学生的技能提高了要求,更对学生的综合素养提高了要求。因为你在学校学的这个专业,出去未必就能找到完全对口的工作,就算找到对口的,但产业结构在不断转型升级,学生更需要的是他们整个的综合素养能不能适应。一个进取心很强、守规矩、专业素养很强的学生,不论岗位如何变化、结构如何调整,他很快就能适应新环境——我们从企业的人力部门得到的信息就是这样的,很多企业目前存在的一个困难是什么呢,就是员工稳定性不够,就是毕业生,不仅是我们的,这个岗位的稳定性是不够的。稳定性不够有多种原因,比方说家庭因素,有的人是外地人,在外地工作生活成本高了,他也会面临一种新的选择,等等。其中还有一个很重要的因素就是学生的综合素养、对职业的责任心、对职业的认真态度,这是一个根本问题。所以企业培养高尖端的应用型人才也面临一个难题。稳定性不够,怎么能培养人才?一个高尖端的人才不是有四五年的成熟期么,而往往最成熟、最需要的时候,他们却面临着人才的流动和流失。所以我觉得我们提出这个"三成教育"的理念,也是切合了企业的需求。我不为技能而学技能,把技能作为其中的一个抓手来推进。

我来了以后一直在问的问题就是,职业学校的质量观应该是什么?我一直在思考这个问题。因为我是从普教过来的,普教的质量观是以升学为主要指标的,我们不能说是唯一指标。那么职业学校的质量观在哪?真的,我到现在还缺少一个完整深刻的认识。但我认为,我们这个"三成教育"的理念,方向肯定是正确的。学校既要有学生德育教育的平台,也要有学生技能成长的平台,还要给学生未来立业成功的一定体验,实际上立业成功目前在学校更多的是一种体验型的活动。目前,我们在"三成教育"方面搞了一些活动,也是一些尝试,如果今后想向更高层次发展的话,对我们来讲,可能还有一些困难要跨越,特别是理论层面的提升。我们现在只是从实践层面来推动,虽然有一定的总结凝练,但是还缺少一个职教发展的新理念指导。这方面要想把它做好的话,还需要在理念指导这一块下功夫。虽然我们也做了一些省级课题研究,但是力度还不够,这是一个方面。第二个方面,教师素质、教师队伍建设,要与此同时推进,才能把这个工作做得更好。所以我们现在每年的班主任培训,都在围绕学生的"三成教育"开展。但是学校之间、班主任之间、班级之间,这个平衡性还不够。所以今后这方面的提升,对我们来讲还是一个考验。那么我们的目标是什么呢,是把这个做成一个品牌,虽然现在取得一些成果了,省里面的德育特色学校能评上这是一个初步的成果。要想做得更好,刚才讲了,在活动的创新上还不够,还要继续推进。

问:因为我知道您是从普通高中调过来当职业学校校长的,当然您对普教方面的学生和职教方面的学生都很熟悉了。您在介绍第一件事情时也提到了职业学校的学生管理和普教相比还是有一定差距的,那么这个差距主要体现在哪几个方面啊?

答:一个是对学生目标的规定,就是在对育人这个目标的规定上面,我们对普教的要求比职教要高一些。当然普教里面要追求升学,追求各种各样的大学梦。而我们职教里面,相比于普教,应该拿什么来作为学生对未来的一种追求、一种梦呢?也就是让什么梦想来引领他们?我觉得我们职教的学生,大部分是缺少这种梦的。尽管我们高一时的政治德育教材有那个人生规划,在我看来,还是嫌空,太空。而且这个课是在什么时候开的呀,是在一年级。中职一年级,学生刚刚从初中失败的阴影中走出来,恰好是切合这个年龄段的。但是,从我个人教育实践来看,觉得还缺少有效的德育活动,就是从学校层面,你必须举办一个能让学生真的树立自信、能找到自己人生目标的活动。所以,学校里必须要有一个系统的德育活动来支撑,光靠现在的一些课程教育是不够的。现在一些课程,就人才培养而言,其所用的一些法定教材还不能适应。为什么普教的学生上课听课劲头那么足,就是因为有一个追求、一个目标。我们职业学校的学生,在我看来,真的还缺乏这样一个追求,要是他们真的有那么一个目标就好了。所以像我们"三成教育"里面就提到"五自"教育啊,就是学生的自主管理,以自主管理为核心。但是必须要有一个系列活动为平台,就是德育活动。现在就是强调德育,我觉得,我们职业学校的德育可能比普教更重要。要让学生在精神上能得到教育,而不是其他。现在职高一年级的思政教材更多的是从职业角度来编写的,其实学生才上一年级,他们对职业还没有完全认知,最起码要等专业技能达到一定程度的时候,才能确定职业方向。所以学校里要弥补这个不足的话,要多办我们职业学校学生的理想教育。理想教育,说起来容易,其实你要有平台来激发学生的目标追求,让他们能树立起一种对未来人生的愿景。这个就是我们"三成教育"的文明成人系列里首先要考虑、推进和搭建的平台。

问:好的。那么第二个问题就是,你们提出"三成教育"这个理念,到现在实施了三年多时间,那么取得的效果和影响有哪些?

答:我刚才说的,一个,如果从功利色彩上来说,就是这个体系的凝练和推进,我们获得了省职教学会的认同,就是被评为省德育特色学校。最重要的就是我们在区内学校,就是我们扬州初中学校——我们的生源校范围内,得到了很大的认同。所以我们的招生规模在逐步提升——在现在总体生源相对减少的情况下,我们的招生人数是在上涨。这种情况,就是验证了"三成教育"使人家初中学校对我们的信任度进一步增强了,进而对我们的认同度也增强了。其实我们在搬到新校区之前,在那个老校区,论学校条件、论实训实践、论学校的硬件设施,实际上我们在市里同类学校中都是落后的。但是我们强调了这个育人体系之后,还是受到了家长、初中生源校班主任的认同。因为我们搞了三次展示和相关活动——其实展示是次要的,更多的是一种交流,让我们的理念,尤其是我们这种管理思想正好和他们形成了一个回应,他们所不放心的,我们做出了回答。所以我们和家长也这么承诺过,你们把孩子交给我们邗江中专,我们不能保证我们的技能教学是最好的,但可以让你的孩子在这里拥有一个健康向上的成长环境——你不是怕走进职业学校孩子学坏么,不放心么,在这一点上,我们是不会辜负你的,是会让你放心的。这个其实也是家长最基本的需求,他们对学校里技能教学水平的要求还是摆在第二位的。我们现在要办让人民满意的教育,谁代表人民,是不是政府代表? 是不是上级主管部门代表? 我认为都不能代表,能代表的就是老百姓的需求,就是家长的需求,我认为基本上能代表大部分人。我们现在招生规模不断扩大,从生源校的互动反馈来看,应该说我们做了以后,人家一提到邗江中专,邗江范围内都晓得你"三成教育"啊。所以我们现在的布置,就是要把这个学校的文化体现出来,我们就在整个校园的设计上,把德育元素融合进去了。你看我们后面这条大道,虽然不怎么大,但在我们学校算大了,就称作"三成大道",就相当于凝聚了"三成教育"这么一个教育思想。

二、用好"绩效"这个杠杆

问:那么第二件您感觉到成功的事情是什么呢?

答:第二件呢,也不能说是成功,算是我走进这个学校考验我的一件事吧,就是绩效工资实施方案。普教2009年到2010年就搞了,而我们职教到2012年才搞,就是我来了之后才搞。这个绩效工资是涉及教职工切身利益的一件大事。所以,这个事情对我来说很棘手、很矛盾,也很纠结。因为我对这个学校的历史不太了解,这个学校的教职工,都是几个学校合并过来的,他们之间复杂的关系我也不了解。但是我晓得因为绩效工资的事情曾经发生过部分教师罢教事件,所以我觉得这个事情非同小可。

那么这个事情怎么办呢? 一走进这个学校,因为这个事情非做不可,说严重一点,也发生过部分教师罢教事件。那是在那个时代,要是现在这个时代早就在网上炒作起来了。所以当时我就在家想,看上去别的学校都在搞,但是我们学校如果搞不好,就是一个问题。所以我就和教师们讲,我们邗江中专,要培育一种什么样的校园文化精神? 我谈了很真诚,也很现实的六个字:民主、和谐和向上。为什么提出这个呢? 我说学校治理要有民主。因为这个学校过去是很艰难的,教师之间有矛盾,你新的校长来,不能再延续过去的矛盾。所以提出这样的一个理念,要把观点先摆上来。第二就是和谐。为什么说到和谐呢,就涉及人家说"家和万事兴",学校里面,干群之间的矛盾是最大的利益群之间的矛盾,是容易产生冲突的,所以我当初就提出和谐。第三个就是向上。因为职业学校现在的教师呢,说真心话,普遍缺少成就感。因为成就感的缺失,他们就很难找到自己的价值追求,所以就缺少个人专业成长的愿望,相对来说就比较淡漠,我有切身的体会。面对这种情况,接下来的绩效工资怎么弄? 其他学校弄的时候,都面临着一个矛盾—化解—矛盾—再调解的这么一个过程。作为我们后搞的学校,就要把这个作为一个契机,而不是引发矛盾的工作。也就是说怎样在这个工作中,抓住教师的心,把这个机遇利用起来,凝聚大家的认同感。所以我还是比较慎重的。

我们高度重视,要把这个绩效工资的制定作为凝聚人心、优化利益分配的一个途径,从而来构建相对和谐的学校之间的、干群之间的、教师之间的利益关系。所以,第一就是充分调研,我们组织小组调研了若干个学校。吉某某书记亲自带队,走访了苏南的、苏北的、苏中的多个学校——因为人家比我们早一步施行,了解别人实施绩效工资时遇到的矛盾,积极的方面、消极的方面都做调研,市内的学校也做调研,也参照很多兄弟学校的,以及普教的做法。第二就是开座谈会。这个是不同层次的,老教师、年轻教师,反反复复,我亲自主持——说老实话,我们邗江中专的老同志,大家都知道,用我们的话说,不是好惹的。跟他们面对面地交流,正面地组织协调。最后学校达成了一个共识,矛盾协调的焦点就是:行政领导的利益和教师的利益如何分配的问题。按照其他许多职业学校的做法,我们行政领导必须要享有较高的津贴和课时补贴。而我们邗江,普教这一块,又普遍执行课时补贴,而没有其他的职务补贴。面对这个矛盾怎么办呢,我当时还是挺苦恼的。后来我想,这个所谓学校教师和学校领导之间的利益存在着矛盾的时候,行政领导要有一种心胸和大度。所以我就再和行政领导开会协调,最终我们的领导还是有一种心胸的,所以我们最后开会通过这个绩效工资方案的时候,是全票通过的,因为我们之前做了大量的工作。所以我要感谢我们一起共事的行政领导团队的一种大度,因为当教师和干部之间争利益的时候,一碗水,你舀多了他就舀少了,行政领导做出一定的让步、做出一定的利益牺牲,但这个换来的是什么? 是群众对领导的信任。所以后来每年主管局对我们进行民主测评,我们学校领导在绩效工资施行之后,得票率一直都挺高的。这个也是一个方面、一个抓手,它是起到一些作用的。我是这么想的,学校的一线骨干教师,他在利益分配中要体现出他的优先来,否则学校的事业很难提升。如果行政领导在利益上都跑在最前面、最上层,我相信,难以激发和调动一些骨干教师和优秀教师的积极性。学校因为是事业单位,只有岗位分工不同,我内心也认同这个观念,虽然说像是大道理,有这个觉悟,你才能做行政领导,如果用利益来维系做行政领导的热情,那么这个学校也很难搞好。所以我们提出的就是公平,然后向一线的骨干教师倾斜。

这个方案通过之后,它的积极作用就是学校里干群之间多年来的不和谐因素得到了很大程度的调节,就是我们抓住了这个机会,构建这个和谐关系。但是它带来了一个困难,像我们邗江中职学校工资,上级主管部门是参照普教来定的,就是30%拿出来用作奖励性考核,其余70%是随工资发出去的,也就是真正给你学校里校长用来考核的也就30%。你要想用这个经济杠杆来起到调动作用是很难很难的,只有用一种制度设计来维持它的公平公正,只有从这个角度上来引导。所以绩效工资方案施行以来,从整个利益分配的角度上,从这个和谐关系的构建上,它是起到促进作用的。但同时,我们从发展的角度看,这个绩效工资在制度上是有缺陷的。它这个缺陷在哪里呢?就是职业学校它和普教有所不同,我也想试图改善这个东西。但是我们现在能争取到的就是增发绩效,就是增发20%,也就是人均8000元左右,这样也就行了。实际上,这个钱我全是用来当奖励和值班管理费,也就是对工作之外的一种调节,弥补了我们对在8小时之外工作的人的额外补偿。所以通过这个财拨工资的方案和增发这个优秀的贡献大的人的工资方案,我们现在技能大赛和其余各个大赛的奖,实际上从增发里面来更多地体现。我们现在的这个绩效工资的设计,只能体现出一种导向作用,其实作为经济杠杆上的力度不够——总共才有30%拿过来调节,其实是有限的。学校在制度设计上,既要有公平公正的引领,也要有利益的再调节。这个利益的再调节,就是要通过这个国家财政拨付之外的、我们向上面争取到的这个政策,来让真正干得好的、干得优的、干得苦的同志得到一种利益的再补偿。就这样,总体上施行下来,还是对构建学校里的这种民主、和谐、向上的精神文化,起到一定的促进作用的。

问:您刚才讲的增发是不是作为一种制度上的安排,每年都有?

答:是的,每年都有,是政府部门批准的。这个20%,我们把它用在综合高中升学奖励、技能大赛等6项大赛奖励,还有晚自习、周六、周日的加班管理,电大授课等。比方说各类值班、住宿生的管理,因为我们现在的管理是从早上到晚上,一直到宿舍里的学生就寝,都有一个值班的体系,我们叫精致化管理。学生管理必须要有一个精致化作为保证的,要不然其他的无从谈起。像这样让刚才说的那些干得好的、干得优的、干得苦的同志得到一种利益的再调节,来保证他们的一个利益的补偿,从而形成一个和谐的关系。

问:您说最后那个方案全票通过了,那么有哪些人参加了?

答:就是学校教代会的代表。

三、创建就是"搭台唱戏"

问：那么请问第三件事是什么？

答：第三件事就是创建。我一走进来，江苏职业学校四星创建已经进入末班车了——2012年是最后一批，而我是8月22号来报到上班的。8月22号宣布我要到这个学校来，11月份就要验收。创与不创？领导之间有争议。

首先我就了解政策。进来以后我就了解到，邗江中专过去是辉煌过的，在20世纪90年代曾经那么辉煌过的。来了以后，学校处于低谷，这和政府的定位有关系。政府的决策徘徊导致学校进入低谷，而四星创建、什么高水平示范性职业学校已经到了最后一批，就是末班车了，不知道赶得上赶不上。我们有些领导认为，现在条件不具备，创了也白创，创了也不一定能验收过关，这是一种声音。第二个声音就是有一些同志认为，创创看，也就是带着一种尝试的心理。我呢，是举棋不定。因为是才走进一个学校，要是创，结果弄了一个失败，说老实话，对我个人来讲，还是有一定打击的。所以，这一来，又要面临着一个调研的问题了。我就先到教育厅职教处来对接，创建是怎么一回事，因为我是从普教刚过来，我哪里了解什么情况呢。一了解，发现我们已经落后了两拍了，还不是一拍。这一次省教育厅的创建是最后一批了，也就是末班车，以后不一定搞这个创建了，这是我得到的第一个信息。第二个信息就是扬州大市，所有的县级中专，早已是四星了，而邗江中专不是。第三个背景，就是看看老师们的想法和愿望。其实教师们还是愿意的，谁愿意做那个小国之民呢。大家都觉得学校这几年，由于政府决策的犹豫，自己在其他学校的同行面前还是有一个自卑心理。邗江中专四星都不是，所以后来觉得要创。

要创，那么就要向主管部门汇报，主管部门听了我们的分析之后，也支持创。所以我们就从9月中旬开始搭班了，到这个11月17号来现场验收，也就是两个月。这两个月还是蛮辛苦的，没给我们时间，人家说至少要半年。所以为了动员，我们开了教师的动员会、行政领导的动员会、材料小组的动员会和其他相关小组的会，所有的会都为达成一个目的，就是要形成一个共识：要破釜沉舟、背水一战，否则邗江中专就永远落在人家后面，游戏规则也好、省里市里的什么规定也好，都让我们沦为了二三流的学校。而这一点大家是不愿意接受的。

那么决定创建之后，就面临着一系列的工作安排，对我来讲，刚走进职教，还是很有压力的呀。这个压力我认为来自教师的期盼。从教师的精神面貌来讲，若是学校更上一个平台的话,对教师的利益、集体的利益都是有好处的。通过几次会议动员,相信大家还是能摆正这个关系的。我记得从创建开始到国庆长假,创建小组的人都是不休息的,加班加点,也走访一些成功的学校来学习交流。我觉得那段时间既苦也乐,为什么快乐,因为大家都有一个目标,大家都想着创建成功。创建是一个阶段性的平台、一个抓手,实际上我们的目的就是以创建来让大家的精神有所追求、学校有个目标——短期内的目标:通过创建凝聚人心,把学校的各项工作都往前推进一步。所以当时明知有些条件不够、硬件设施不够,我们一方面向政府汇报请求支持,以创建来推动政府对这块事业的支持和关心,同时以创建来提升我们制度建设的水平。我当时提出了一个理念,就是制度是根本,我们不用制度来管人,而是用制度来育人,通过创建来完善学校里的一系列制度,这个倒是我们的根本,创得上创不上,我都没有过多考虑——因为我的创建目的是学校工作的一个抓手、一个平台,成功与否我暂时不考虑。所以我觉得通过这个创建,学校的制度得到了梳理完善、教师的积极性得到了调动、行政领导的团结协作也得到了提升、学校的各个部门的统筹协调等都有提高。我觉得这些方面都反映出这个创建过程是快乐的,这个快乐的同时也是吃了很多的苦,奉献了很多,但是这个过程中的收获是很大的,其中最大的收获就是:邗江中专多少年都停滞在这个地方,我们现在先不考虑这一点,而是通过这个办法,使大家的热情高涨了,这个制度也得到了完善。所以在创建到验收之前,过不过关倒另放到一边了,我觉得我们第一步的目标已实现了。通过这两个月时间大家的共同奋斗,我觉得学校全体职工的精神状态,还有工作上面的热情啊,都得到了提升。

后来到11月份反馈的时候,30个二级指标,28个A、1个B、1个C。B是说我们师资队伍建设方面的特级教师、国家级名师、领军人才是缺少的。第二个就是学校的占地面积和建筑面积是不够的,所以打的是C。但是这个不完全是学校办学质量上的缺失,尤其是学校的占地面积和建筑面积不是我们造成的,这个反而给政府带来了更大的动力:你邗江中专不合格,是这块地方不够导致的。那么对于我们学校来讲,我们要整改,就是要加大力度进行教师队伍的培养。所以为什么我一直督促刘某某申报特级、申报正高,后来倪某某也被评为省职教领军人才,我自己后来也想报,但是年龄过了。这样一来,学校的一批骨干教师,我觉得他们现在的热情还是比较高的。要重视拔尖人才的培养,学校不仅要给他们搭建平台,还要引领他们,这是这次创建给我最大的收获之一。应该说我们的人才培养还是有成果的,其表现就是我们现在有了政府认可,有了省特级教师,还有市特级教师。大家申报名师的热情都在提升,应该说通过创建收到的效益是很明显的:缺点使我们学校找到了差距,优点的东西我们重新找理论,制度的东西我们重新整合以及进一步优化。

我们在2012年底接受验收之后,虽然当时四星级没有批下来,针对这个情况我们也和教师进行了思想的交流,批不下来是暂时的困难,省教育厅给我们的答复是,只要我们的新校区建设启动,院墙砌起来就会发证给我们,最终省教育厅还是兑现了承诺。2013年底的时候,省教育厅杨厅长来,到我们新校区一看很高兴,新校区终于建起来了。我说如果没有创建,那么区政府可能还没有发现我们硬件建设的缺陷和制约我们发展的阻力,这个是创建带来的最大好处。同时,我刚才讲了,通过创建我们内部得到了完善,不仅是制度上的啊,还有许多方面。最重要的是通过创建我们找到了差距,这个差距就是我们未来前进的一个压力,同时也是一个动力。就拿师资队伍建设这一块来讲,我们现在已经走在市里学校的前列,从我们的教师比例来看,我们市级名师的数量还是可以的。就顶尖的人才培养来看,现在有一批骨干教师在努力进取。

作为一种延续,我们现在到了新校区,我说我们的目标在哪里?学校既要有阶段性的目标,也要有长远的目标。我们现在经过梳理,作为长远目标,我们要在扬州市成为一流的职业学校,我们不敢说全省,但至少要在区域内争创一流。作为阶段性的目标,就是到2017年,我们要以创建高水平现代化职业学校为目标。

其实,这个创建,我们不能把它当作纯粹的创建活动,我觉得创建更多的是一个平台。这个平台搭建起来,让我们的教职工、学校里的人才,包括学生,在这个平台上有所成长,我觉得这个是创建的根本问题。所以我就支持校长们热衷创建,我也是这个观点。不管是综合性创建,还是实训基地创建,或者其他单向性的创建,你千万不能抵制它,认为是搞形式,如果你把它看成是搞形式,那你就不要创建。创得成创不成是另外一回事,创建本身我觉得是一种搭台唱戏,让你来锻炼唱功,然后在这个平台上展示提升,我觉得创建的目的在这个地方。所以我还是比较热衷创建的。我个人认为,只要有条件创,符合条件创,我就创;不符合条件,我也要创。这个对实现学校的阶段性目标还是有很大益处的。

问:那么在创建中,您主要做了哪些工作?

答:实际上我在创建中主要还是作为精神支柱和做统筹协调工作。比方说,我分几个小组,来分工合作。作为一个校长,我主要的工作是外部沟通和内部协调。同时在校内要发挥精神引领作用,明知有困难,但是我在教师面前表现得是很乐观的。因为我的乐观、我的信心，带动了大家，我觉得这个还是很重要的。我一直认为，校长在学校里面最重要的就是精神上的引领。我觉得不管是精神的引领、目标的制定，还是我刚才说的制度上的执行，我觉得这个是校长的主要任务。尤其我是刚从普教过来的，像这个业务上的指导我还不敢多说，我只想在这个上面让教师看到校长是有信心的、乐观的。因为只有你乐观和有信心，其他人才能信任你。我觉得校长在创建上面最大的作用体现在这方面。

问：因为您提到过您在普教方面的经历，所以我想问您这个三年多做职校校长和以前做普教学校领导相比，您感觉这两者最大的区别是什么？

答：我觉得职教更丰富多彩，更加有发挥的空间，有真正追求学校发展的空间，我觉得普教在这一点上不如职教。因为在很多方面，普教很多时候是被升学所束缚的。无论你搞什么发展也好，没有升学率作为保证，一切都是无信服力的。但是职教里面的质量观真的是多元的，在这一点上我有体验，职教的质量观比普教更加多元化，使学校之间更可以创造各自的特色，这个是我的一个体会。第二个是职教里面的空间发挥是多样化的，是很多元化的；普教里面就不同，普教比较单一。

问：那么这样会不会带来一个问题，就是不管是学校管理还是其他方面是不是职教更难呢？

答：实际上，不少人总是问我：是在职教压力大还是在普教压力大？我觉得，都有压力，又不同。有时候普教里要为升学率提高一个百分点、两个百分点花费很大的智慧和努力都还不一定能达到，因为学校里学生的潜能挖掘到了一定程度，教师的劳动强度也达到了一定的高度，你要想再提高一点质量和升学率还是很难很难的。这个需要很多的智慧，而不仅是一个吃苦、一个奉献的问题。

那么在我们职教里面，这个质量观是多元的，它的压力对我而言也很大。首先就是职教的规模比普教大，学生管理和学生安全健康成长，这两点要做到位还真不容易。因为你的生源是多元复杂的，你要保证学生的安全、保证学生的健康成长，能做到这两点真的不容易，这个压力还是很大的。同时还有"三驾马车"的要求，怎么样在技能的全面提升、在各种各样的比赛中站到同类学校的前列——因为有大赛就有比较，有比较就有压力，这样才能提高你的质量。从这一点来讲，普教职教是一样的，都有竞争。那么职教这一块的竞争，除了学校学生方面的管理、安全健康成长的压力，还有你的技能大赛、你的对口升学、你处于什么样的地位，都有压力，所以这两个都一样，都是在竞争中谋求提升和发展。

访谈后记：经过改革开放后三十多年的发展，职业教育作为一种类型教育的概念现在已经成为共识了，换言之，普教和职教是两类不同类型的教育——无论是人才培养目标定位，还是人才培养的过程和结果评价，应该说两者都存在很大的不同。以此类推，这两类不同学校的管理应该也是不一样的，在当下的中国，前者目标相对单一，而"职教更丰富多彩，更加有发挥的空间，有真正追求学校发展的空间"。

尽管如此，无论是普教还是职教，教育类型尽管不同，但是其育人的根本却是一致的。可以说，刘宏成校长正是抓住了"育人"这个根本去构思并实践，因而迅速实现了从一个普通高中的管理者到一个职业学校管理者的成功转型。

葛敏亚,女,汉族。历任中学教师,校长助理,张家港市教育局办公室主任、基础教育科科长等职务。2013年8月起任江苏省张家港中等专业学校校长、党委副书记。

90分不是优秀,100分才是合格。

———葛敏亚

第十七章 直面"原问"

——访江苏省张家港中等专业学校葛敏亚校长①

一、酒香也怕巷子深

问:葛校长,首先非常感谢您在百忙中接受我的访谈。根据研究的需要,想请您谈谈在校长岗位上自感最为成功的三件事。

答:在讲这件事情之前我先谈谈我个人的工作经历,我一开始是在中学工作的,在普教系统工作了10年;后来通过公务员考试到了教育局,在教育局又工作了10年,主要在局办公室和基础教育科工作,对职教只能说是面上的一些基本情况的了解。

2013年8月份我到张家港中专校工作,对我而言是一个全新挑战:一方面我是从普教到职教,另一方面是从机关到学校。而且这又是一所规模比较大的学校,从占地面积、师生数、硬件软件设施等方面来看,是张家港市最大的一所职业学校。尤其是孙伟宏校长在这里做了14年,把学校建得很有水准,也比较有影响力,在高平台上来接这样的一面旗帜,能不能扛得动,能不能扛得起,自己心里还是有一些担忧的。但同时有一个比较模糊又比较清晰的定位:这是一所职业学校,虽然我是从普教来的,但我不能把它办成普通高中。要尊重职业教育的规律,办出职业学校的特色来。

当时有一件事对我触动非常大。在我刚来学校接手工作的时候,几位副校

---

① 2015年11月4日在江苏省张家港中等专业学校进行了访谈。

长向我重点汇报首批国家示范学校的建设。国家示范学校的建设从申报到立项历时两年多,做了大量具体工作,7月份的时候学校里已经迎接了省里的初评,我来的时候整个工作基本上已经完成了。我当时感到比较惊讶的是:这样一个历时很长的、从国家层面上来说是中职学校最高级别的创建,而且我们又是首批,资金投入又这么大,我作为教育局机关的一个工作人员,竟不知道有这个项目。当时我以为因为自己是基础教育科的科长,所以对职业教育这块不熟悉不了解。正好当时,我和局里同事们谈到学校正在做国家示范的创建,已经基本就绪,接下来我的任务也很重,因为要迎接教育部专家考评组的考评,我要把学校两年多来做的这个项目做一个比较好的梳理,准备专家组的答辩。但之前一点不知道这个项目,你们这些科长们谁知道这个项目?结果职教科的科长是知道的,毕竟这是他管辖范围内的,财务科的科长也知道,因为涉及经费,其他科长和我一样都不知道。从这件事情上,我确确实实感受到了提高职业教育普及度、影响力的重要性。平时我们说职业教育很重要,但实际上职教这一块,还是比较被忽视的。以教育局的机关来说,人事、师资、计划财务、督导等科室所面对的不仅仅是基础教育,同时也应该有职业教育,但相对而言大家都没有很好地关注到这一块,或者说可能听到了,但是并没有比较深的印象,所以问起来的时候对这块工作都很茫然。

我倒过来延伸:职业教育做了那么多的工作、那么多的努力,我们需要被认可、被了解,了解了之后才能够被理解。所以从职业教育的角度上来说,我们需要这样的一种自己去呼吁,去让别人来认可、来重视、来关注我们的工作。

刚到学校的那段时间,我反复跟班子跟老师们讲"行胜于言"这句话肯定对,职业教育是做出来的,但是我们也得说,你说了别人才知道,知道了、了解了才能够理解你,理解了才能够给予我们支持。这个时候我们得去吆喝,如果我们一直游离在外的话,自己不主动去融入,那么就很难由别人来拉着你进来。其实职业教育包括学校自己的宣传,并不是没做,做得也是比较好的,但是我确实感受到一点,就是我们职教的宣传往往局限在我们职教的范畴内,和普教这一块,我们的交叉融合是不多的。比如我们有《江苏教育》职教版专业杂志,但我做基教科长的时候,只看普教版的,而做职业学校的校长之后,我就订职教版,我可能不去看普教版,普教的校长呢也不会订职教版,我们职教这一块在做些什么,普教是不了解的。我当时首先想的是我们职业教育要让社会了解,首先得让教育系统来了解。一是职业教育本身是教育的一个组成方面;二是教育系统可以说是最大的一个系统,可以辐射学生家长、辐射教师家人。一件事情我们教育系统知道了,社会上大多数人也就知道了。所以我当时感觉到需要在教育系统当中,让大家了解职业教育,这就是那件事情给我很大的触动。所以我接下来要做的很多的工作,其实当时都是围绕着让教育系统内听到我们职教的声音这样一个出发点来的。

当时还有一件事情我印象也比较深刻。我来学校时刚完成中招工作,有一个小学校长,他的儿子中考成绩不好过来找我。我对他讲,校长的孩子我们适当地照顾去读一个普高也不是不可以,但是我说你确实要分析一下,对孩子有一个比较客观的判断,他去读普高合适不合适?然后这个校长就说,我也觉得读普高的话他今后三年的发展不会让我很期待,但是如果不读普高他去职业学校干什么?我说,以他的这个成绩,我认为职业学校的对口单招还是比较合适的。但是他一点都不了解对口单招。他问我对口单招是什么,是怎么一回事?对口单招我们省里也开展了一二十年了,就我们张家港来说我们起步比较早,成绩也一直比较好,像我们学校连续15年在苏州市的对口单招中都是拿第一的,每年都有喜报往市委、市政府去报,但是我们的校长在自己的孩子面临中考选择的时候,他不知道有对口单招,他也完全不知道对口单招居然有这么好的成绩。当时我告诉他,我们对口单招本科的录取率达到60%,他吓一跳,因为这个比率一点都不输于普高。这件事情也给我很大触动,所以我说得让大家去了解,我后来做的很多工作都是围绕这个的。

比如说当时我把全市所有初中的校长、小学的校长请到学校里来进行参观介绍,开展中小学校长进职教校园的一些活动。带领他们到我们实训车间参观,介绍我们的学制、教学的主要内容、发展方向以及和高校的对接等。很多校长,特别是中学校长跟我讲,说以前对职教不了解,以后中招时要向家长、老师、学生做比较准确的引导。对学生而言不再是书读不好没办法了才去读职业学校,而是说职业学校有哪些方面可能是更适合你。

接下来我开始考虑主动地承接市里有关中小学的各种活动,比如说中小学的校长们开条线会议的时候可以到我这边来开,教师们有些什么样的活动可以来,学生有些什么样的活动到这边来,特别2014年、2015年,我做了初中学生职业生涯体验活动。第一年的时候我是一种自发的,也是利用了原本基教科长的这样一个影响力,我跟初中校长说,你们可以组织学生利用双休日、周五下午或者其他时间段,你们觉得方便的、可以调出来的时间,自愿地到我们学校来,我们所有的实训车间向初中学生开放,我们所有的社团也开放,你们过来一起参与、一起体验。慢慢地一所学校、两所学校,多了之后,第二年,我就开始和教育局的基础教育科、职业教育科合作,由他们来牵头组织,我们承办。

这个活动我觉得真的很有效,就是初中学生跑过来之后,他一下子知道原来有这么多项目,很多孩子对这些东西是很感兴趣的,但是他平时是不了解的。后来我又把这项工作对象延伸到欢迎初中学生的家长们来参加。像今年,我们两天双休日、两天集中阶段的时候就来了 1500 个初三学生、400 多名学生家长,而且学生家长来了之后我们做了很多的服务工作,每一个车间都有老师与学生们在现身说法演示给他们看,很多的家长他们可能也是这个行业的工人,他跑过来看在这边学,能够学到这些,他就对照自己当初做学徒工的这个很漫长、很辛苦的过程,但是到这个学校来学,毕业后你基本上能上岗了,所以他倒过来就说我的孩子来你们学校要学什么。

由此我也想到现在的中小学的综合实践课程是比较薄弱的,缺师资、缺场地、缺设备,但是这些我们相对而言要丰富一些,所以我就推出了一个活动,就是普职融通,职校教师进中小学校,从张家港市最好的学校梁丰高中开始。我在做基教科长的时候,我们一起向省里申报了一个物理学科当中的电子电工类学科基地,梁丰高中的物理教学过去在省里一直是非常强的,所以它申报了这个项目。这个学科基地建设了之后,他们发现物理老师在进行电工电子电学方面教学的时候,有些东西不是很拿得下,但这是我们学校的优势项目,我们机电类,尤其是电这一块,在国赛当中拿了十几块金牌,我们又是省里电子电工技能教学的研究基地,所以梁丰高中学科基地关于电的骨干核心课程我们派 3 个国赛金牌教练去上课的。这些老师去上课,让梁丰高中的、我们全市最好的学子知道这个最难课程是中等专业学校的老师来上的。这个教育和影响是比较大的,所以我们曾经开玩笑说:电工教学哪家强?梁丰高中最最强;核心课程谁能上?中专校老师才能上!再加一个横批:谁比谁牛,谁比谁强。当然这是在互相打趣了。

逐渐地我们放大了普职融通的项目和范围。像刚才陪你进来的姚主任①,她是苏州市职业生涯规划名师工作室的领衔人。我们觉得职业生涯规划不仅职业学校的学生需要,普高的学生也很需要。像高三学生往往选专业就很茫然,那么需要对他们进行指导,所以姚老师就每周到沙洲中学开设职业生涯规划课,所有的学生轮流上课。沙州中学有跟韩国高中友好学校的合作,学生去修学或者交流之前有一些培训,我们就派出韩语师资去开展。慢慢地我们对周边的学校进行辐射。

---

① 指该校办公室姚丽霞主任

再如中招的网上阅卷,我就主动申请到我们学校来进行。为什么?因为承办中考阅卷相当于你每年把初中学校的主科老师集中一个星期到我们学校来,这一个星期我可以做很多的宣传、很多的渗透,3年下来,几乎所有的初中老师都在我们学校里待了一个星期了。通过学校在这期间有意识地展示,初中老师逐渐了解了职业学校、职业教育。过去我们最常听见的,或者说听起来最伤心的话语是,初中的老师会教育学生说:你不好好读书,你就只能去职业学校。这句话的杀伤力是很大的。但现在我们相信很多的初中老师他把这个话语转变了:你读书不太行,这没事,你到职业学校去学点什么也很好,那这种引导就不一样了。原先学生到职业学校是一种无奈,现在觉得我来了也挺好。这种转变对他接下来怎么学习是有帮助的,包括对学校的学生管理工作也是有好处的,所以我觉得这些方式还是很有作用的。

这大概可以算作你所问我的"做成功的事",我觉得有一个小案例可以作为结果的呈现。现在每年年底都有文明单位的考评,所有学校都很看重。过去是各学校分开考评,这几年所有的学校融合,融合了以后互相打分。这一块过去职业学校是不太乐意参与的,因为我和你根本就不相往来,所以你对我不了解,你不会给我打高分,实际上确实互评的时候往往把最低分给了职业学校。但我们的情况比较理想,我们基本上都拿到了那个小组的最高分,像2014年底的时候我们拿了最高分,然后被推荐为文明单位、先进单位,评到了之后老师们也很高兴:一是荣誉啊,当然好;二是我们每个老师市财政给予了4000元特别奖励,对大家来说也是名利双收的一件事情。在系统内互评大家能够给我们高分,确确实实依赖于我们平时的很多工作使得大家了解了我们,我们的影响力在自己的系统内比过去有所提升,提升了之后反过来为自己扩大了生存的空间,得到了更多支持,最终获益的还是我们自身。

依我从普教到职教切身感受来说,整个社会对职教关注度仍旧不高。但我们不能等着人家来认可你,更多的还是要自己去争取认可。实际上我们平时工作当中,我确实也感受到了我们很多方面的争取还是不够的,这个我可能就延伸下去讲了。一些政策我们会觉得它不是最符合实际的,或者说我们希望得到改变的东西没有改变。到学校之后,我逐渐感到有些规定它是可以改变的,改变的前提并不全是上级部门或者相关的主管部门想到来帮你改变,因为很多情况他们确实是不了解的。像我虽然有10年机关经历,尽管自己工作也很努力,但是基层一线的一些具体情况你不可能了解很到位,所以基层的人要把基层情况反馈上去,你反馈的同时还要提出解决问题的办法。

比如职业学校实训材料费,我们从2004年开始就1个学生1年200元,多退少不补。实际上从2004年到2014年、2015年,10年过去了,原材料物价也在涨,这个应该要有一个变化。再加上你这个项目需要实训的次数、要用到多少料、耗材会用多少、要用多少钱……这些只有学校知道,只有一线的指导老师知道,物价部门是不了解的。当初定了收费标准后,这么多年没有涨,学校都感觉到不够用。但是你仅仅喊不够用是不够的,你得让他们知道为什么不够用,所以我们就做了一项工作。我说我们列出来,每一个专业你三年培养计划里,每个学期是一个什么情况,五年的培养计划里,每个学期是什么情况,需要多少次的实训,每一次需要用到多少材料,它的价格是多少,然后完成一个专业要达到的水准,需要耗材到底是多少,费用是多少。然后提出建议,分专业说明。比如说我们机械类的耗材比较多,它一年的实训材料费在多少一个区间比较合适,财会类的这样消耗小的专业在多少一个区间合适。然后我们用了这样的方式向物价部门打报告,物价部门来审核,所以我们就有了一个比较大的提升。因此我就这件事情在想,等政策是等不来的,你一定要把你在一线当中所了解的情况找有关部门去做沟通,要站在对方的立场上提出切实可行的建议。

就像你所了解的我们中德这个项目,我们的学生他也要考高级工的证书,这要劳动部门的工考办来考,那么工考办要考的这些项目跟我们中德合作项目平时训练的内容不一样,那是否为了去拿那张证,我们可能还得去应试教育一下,是不是一定要做这样的工作?然后我们自己开始做专业的研判,得出的结论是:我们中德合作项目所做的这些工作,我们学生所达到的水准确确实实高于工考办对高级工考核的这些要求,它完全可以取代。得出这样的判断之后,我们就请工考办一次一次来现场调研,你来看我们现在这个合作项目、这些学生的课程完成情况,你来看德国教师的这个评价是否能认可?最后他们可能是经过了5次的专家论证,完全认可。就是说德国老师整个一年对这个学生的这种评价,最后他们通过,发对方证书的同时,我们的高级工证书同样发,不再需要我们工考办另外来进行考核,甚至有关项目反过来促使他们一些考工方式和内容的改革。所以我就感到,社会各界是否了解认可职业教育,关键还在于我们在用什么样的方式让别人来了解。

问:经过您的沟通交流,我们把优秀的师资输出到梁丰中学,教育系统内部从领导到老师增加了对学校的了解,这种了解也转变到对初中学生、高中学生的引导上,学校的影响力显著增强。您做这些事情的时候有没有遇到什么困难?比如初中阅卷,我们要承担很多的服务工作,在资金和精力方面我们需要投入很多。

答:老师们会有一些不理解,或者说是议论,但是大的阻力没有。我做这些事情的时候也是逐步推进,不是大规模的所有的老师都出去。关键是你要找出既有这方面的能力,同时又有比较好的服务意识的老师,慢慢地由这些人做榜样去辐射、去推广。一开始全面地铺开,或者说大规模地推进,不太现实,也会遭到大的阻力,我们是滚雪球般地这样的去滚动。从一开始两三所学校,到现在几乎周边学校都开始有我们的老师在上课,或者说担任他们一些社团的指导老师,这就是一个渗透。我们不仅向学校渗透,我们还做党建品牌,如"大众技能加油站",到社区去服务,等等,这个慢慢地推开,循序渐进之后大家比较认可,然后也逐渐地看到了一些收益。比如说我们的老师他到中小学去上课,他自己会有一种成就感,他甚至得到了实在的好处。比如说有到初中学校去任课的老师,他的孩子今年上初中了,尽管我们说没有重点班,但老师可能会想我的孩子英语弱些,我希望到英语师资比较强的那个班级去。而我在你们学校里做兼职老师了,我也可以等同于本校老师的待遇,等等。包括他们通过这样的一些方式,跟中小学的老师们加强了了解,甚至是他们的资源再辐射、再扩大出去,所以逐步地,派出去的这些老师都比较愉快地接受这些工作,慢慢地其他老师也乐于参与进来,人也越来越多。实际上我觉得老师是非常具有服务和奉献精神的,关键是要给他们这样一个机会。

二、紧扣"质量"这个核心

问:有这样创新举动的时候,您比较注重这个策略,循序渐进。那么请讲一下第二件比较成功的事情。

答:像我们这样一所学校,在中职类当中是发展得比较好的,国示范的创建基本完成,接下来"后国示范时代"要做什么?今年我看到教育部出台了职业教育质量提升的文件,我觉得比较高兴的一点就是,我们在此之前也就是围绕着质量提升来做的。在我来校工作一年之后,我说学校接下来的工作规划,核心就是质量。所以8月份在全市中小学校长会议上,围绕我们接下来如何提升职业教育的质量,我做了大会的交流。我当时在想,国示范的建设目标,是说要做三个示范:改革创新的示范、质量提升的示范,还有创出特色的示范,我觉得最难做的还是质量提升。但质量这个东西有时候摸不大准,或者说短期内不是很明显,所以谁都知道质量重要,但是真正在做的过程当中,又往往更多地做一些表面上比较容易出成绩的、出彩的东西,而质量这一块往往又把它放空。我们平时说我们的学生没有那么受欢迎,或者说社会对他们没有那么认可,其实归根到底在于我们职业教育拿出去的东西没有那么强?像张家港这样经济发达的地区,企业它当然需要劳动力,所以企业会主动来要学生。我们的学生当然比没有经过培训的人要好一些,但是企业真的对我们的学生满意吗?我们的学生真的符合它的要求吗?没有。我们平时讲到就业率达到百分之九十几,我说这个数字一点都不稀奇,张家港市每年中专的职业学校的毕业生3500人左右,而每年劳动部门所提供的需要新增的劳动力为3万人,3500人和3万人这个概念当中,说明什么呢?说明它需要人。所以你这3500人它当然会来接收,所以99%的就业率也好,100%的就业率也好,这是容易达到的,你只要愿意工作,你总能找得到工作,但真的是有尊严地就业或者说是双方都认可的这样一种比较好的就业吗?我们这方面还有很大的空间。

  我对分管实训的朱劲松校长说,我们需要摸一摸专业老师的底,我们老师的水平到底怎么样?40岁以下的专业课老师全部进行技能竞赛,把我们省赛国赛的项目,稍微降低一些难度,让我们的老师来比赛。比下来,我当时就感觉到问题还是比较大的:比如数控专业,我们有几个老师根本不敢做,他站在这个数控机床前,拿了这个题目之后,他真的是站了两个半小时,然后摆弄来摆弄去说不行。我就问朱校长,为什么他不敢做?他说他一直上理论课的,实践这一块他是欠缺的。还有的老师勉强开始做了,但是做不下去,前面一块功能实现不了下面就跟不上,就半途而废。只有很少的老师坚持全部做。然后我们就根据省赛的评分标准来进行评,最高分91分,最低分19分,这个就是我们老师的现状。当我们的老师是这样一个水准的时候,很难说教育质量是有保障的。所以我们就开了全体教师会议,把做的这些工件都做成PPT,都拍出来放给老师看,这个做得最好的91分,某某老师要表扬,其他人我们就不点名了,大家心里有数看一下,我们自己到底有没有这个能力来指导学生做得更好。91分我首先要表扬,倒过来我又要说一句,91分的这个作品也是不合格产品。我说我从普教过来,普教分等级有优、良、中、差,从职业教育的角度来说,你如果不是按照图纸所需要的百分之百地呈现,你所做出来的东西就是一个不合格产品,90分不是优秀,100才是合格。

  这件事情之后,我们就在想,质量要提升,首要的是教师个人专业化的发展必须要上去。这首先有一个师资来源问题,高校在培养中有实训、技能上的问题,但高校教学,我们管不了,我们做不了主。那到了职业学校之后怎么办?只能自己培训，自己培养。培训、培养的方式和渠道当然很多，我们也采用了多种，其中重要的一项就是合作。中德合作，由德国老师来带训。

中德合作项目当然是要培养学生的，但是从我们内心的出发点来说，更希望通过这个项目来培养老师，所以我们提出了"向德国教师学做教师"这样一个目标或者说是一个方向。我们现在采用的是一个德国老师后面跟三个中方老师再加一个翻译这样的模式，其中三个中方老师当中有一个人基本上是长期固定的，因为我们希望今后这个人就是这个项目的专业负责人，他要准备全面接手这个项目，所以他需要长期地干，另外几个老师基本上是一个学期或者一个学年就轮换，我们是想通过几年的努力把这一合作项目的主干课程老师放到车间进行培训，因为不可能都送到国外培训，你送出去培训可能也就是三个星期、一个月，而我们在自己的学校里、自己的车间里就可以直接地跟着德国老师来学习较长的一段时间。当然在这个过程当中也有很多的坎坷，或者说还是有一些大家互相之间需要融合的地方。

第一个方面，大家在观念上、理念上是有一些区别的，这更多的是缘于文化背景的不同，我们的文化比较融合、比较随和，而德国的教师很严谨，这个大家有一个认识的过程。再加上德国老师工作的时间其实要比我们老师长得多，基本上他们早上8点30到下午4点，除了中午吃饭一个小时之外，他带着学生在车间里一直是在工作，所以我们的跟岗老师一上来的感受是吃不消，因为我们的老师一天上两三节课，他觉得是一个满工作量，怎么可能是五六个小时、六七个小时我都是在车间站在车床旁边的工作状态？甚至还涉及怎么样给我算课时、津贴等问题。我说这些都不是主要问题，都可以研究，最主要的是你首先得跟下来。跟下来其实是有比较长时间的磨合，因为你从心理上其实是比较排斥的，我为什么要工作这么长时间？所以我从这件事情上也感到我们平时讲的师资紧张问题，如果我们按照德国老师的工作时间来计算的话，我看师资可能完全够用。我觉得从上到下的这个研究机构，对我们教师工作时间的课时、满工作量这样一些标准也需要有一个再考虑的问题。当然我们中国老师其实有一点比较辛苦，就是我们有很多的时间、很大的精力放在了非一线教学上，我们要完成各种考评，要做资料等，课我们少上点，但忙的活很多很杂，这些方面德国肯定是要比我们少得多。现在我们的老师慢慢适应了，跟上来了，说明我们也是能够做到的。当这些老师这样子做了之后，慢慢地其他老师也会感觉到，一周排12节课是满工作，但一周给我排16节课，甚至更多一些也是可以接受的。特别是在绩效工资开始实行这样一个前提和背景下，我觉得当有更多的老师有这样的意识的时候,这是很有利于学校管理和改革的。所以我觉得德国老师对我们思想意识的改变,是有一定效果的,而在专业上他们的影响则更大。

第二个方面,学习德国职业教育,引进项目课程。我们现在逐步地把它的一个个项目,变成我们的校本课程,开始辐射到我们非中德合作班的同一个专业的教学当中。就是说我们中德合作班作为一块试验田,但一定不局限于只在这块田里,我们学校更广大的田园当中都要去移植这样的项目。这个课程的引进、教学方式的引进,我想把它们推广开来。首先做的是把这几年的课程按照这样的一个教学标准和联院①的我们国内的五年制课程再做一些融合,再开发我们自己的校本课程,这一块工作我觉得如果做好了,受辐射的面会更大,质量提升的效果会更好。德国老师对我们的学生还是比较满意的,主要有两点:一个,他说你们前三年的基础训练还是比较扎实的;第二个,他说只要引导得好,中国学生还是比较认真、能吃苦的。他们这个项目最大的一个优势,我觉得就是把一些基础的东西都串起来了。你看我们普通的实训车间和合作项目的实训车间是不一样的,普通实训车间这里都是机床,这里都是钳工的,就是很清晰地分类。而他们是一个项目全部串联起来的,因为你要做的是一个完整的工件,那你从选料开始到最后的项目结果呈现,他这些东西都要用到。我当时向他们咨询——因为我对这些专业不懂,我说我所听到的项目教学法不是喊了多年了吗?我说我们到底在不在实行?然后朱校长②告诉我,这是方向,但是我们真正做到项目教学法的很少很少。那我说为什么不做?他说因为我们的老师普遍还不真正具备独立地开发或者说设计一个项目的能力。现有教材的体例很明确,一块一块的,也不是串起来的,我们的老师要把它串起来,有难度。我们请一些外资企业过来看,外资企业对我们中德合作项目学生的评价就是,他们是很好的班组长的人选,因为这个车间的所有工序他都了解了,他都能做,也就是说这些学生是能够串联起来做的。那他们能做,是因为德国老师这样带着做的,而我们很多老师不具备这个能力,因为他原本受的教育也没教他这么做。所以我们就是用中德合作项目来培训老师。你不是不会做这个项目吗?不会自己来设计完成一个完整的项目吗?那我们就把它们引进来,根据这个你慢慢地去琢磨、去做,对他们来说就是一个比较好的提升。所以也感觉到教师专业化建设或者说师资的培训,需要从很基础的层面来进行。我们需要你这样的教育专家来引领,但是对一线的老师来说,车间里来了一个生产任务或者项目,需要把它做出来,所以必须培

---

① 指江苏联合职业技术学院。
② 指该校朱劲松副校长。

训这些。

第三个方面,其实我觉得更多的是学他们的管理,学他们的工作态度和精神。有一次我去听课,德国老师带着孩子们在做一个工件的时候,有一个女同学,刘海有些长,总是滑下来遮住眼睛。那个德国老师年纪蛮大了,已经胡子发白了,他很自然地从他的口袋里拿出了一个黑色的小发卡递给了那个女孩子,那学生接过来,也不声不响地把它卡起来继续做,整个过程也没有交流。我当时就在想,他从口袋里掏出这个小发卡,他一定不是事先预设的情节,他也不知道我今天要去听课,他也不会想到有哪个孩子需要发卡,但他备好了,这说明平时他对这些细节非常关注。这件事我在教师会议上讲过,我说老师们,我们谁平时有这样的一些意识?我们说向德国老师学习,大的方面固然要学,你看这些小的方面,一个德国老头,我知道那个老师快60岁了,我说他面对像他孙女这样的孩子,能够这么细致地观察到这些,我们有没有关注到?所以我最近在请朱校长做这些事情,我说你讲5S也好、7S也好,不管你有几个S,这个车间里的管理,你现在就请德国老师给我们所有实训车间带实训的老师做培训,这个培训也不要讲理念、讲德国的职业教育怎么做的,你就一、二、三、四,把一天当中、把实训的一个过程,有哪些注意的事项讲清楚。比如,早上开晨会的时候要交代学生做些什么,德国老师是怎么做的,他自己在做工作准备的时候他怎么检查车间的,要关注哪些问题,过程当中要怎么做,到最后结束,他们会把车间恢复得井井有条,他对这些细节的要求什么,有哪些标准……就把这些给我们的老师培训,我们其他的车间就按照这个标准来做。我说我不去管几S了,你就按这个来做。这样做了之后,我们不需要平时来检查你的车间了,今天是安全检查、明天是什么检查,不要到检查的时候再去做,而要把这些要求变成习惯。当老师们把这些变成习惯了之后,他才可能让学生形成习惯。我说我觉得质量就应该从这些方面来,职业学校的设备应该要优于企业,这个不大可能做到的。但我们老师要比企业的师傅做得更细,他要会教,他要把这些技术和素养传递给学生。

所以我说抓这个教学质量,首先是从抓教师的质量开始,抓教师的提升。那么我所采用的一种方式,就是向德国老师学做老师,跟他们学怎么做老师的。我说我也去听他们的课,我能够感受到他们教学的所谓艺术性啊,等等,那些方面不像我们的一些公开课做得那么漂亮,但是他们的教学真的很实用。所以我觉得从现在开始,我们的校本培训,要进一步利用身边的这些素材、这些资源来进行比较务实的教研和培训。

问:后示范时代紧紧抓住质量提升这个核心的做法无疑是非常正确的,这个质量提升里面您首先就是从师资入手,首先通过摸底,有13件作品是做出来了,那么这个老师的总数是多少啊?最高91分,最低19分。

答:当时是19个老师,有6个老师作品几乎等于说是开了个头做不下去,那我就把它撇开不算,百分之六七十的做出来了。

问:满分是一百分,我认为您提出了一个非常好的创新理念,就是100分才合格,不是说100分满分了,这个可以作为校长名言,哈哈。师资队伍的提升是每一个校长管理学校中的一个永恒主题,您在师资水平提升这一块主要就是抓住技能水平提升,当然也包括这个敬业、态度等其他方面,有形的就是技能的提升,您选择的是中德合作,这是个创新,您是怎么想到用这个方式的?因为开展中外合作是有门槛的,难度应该很高,牵涉到国际交流,合作还需要双方你情我愿。我的问题就是,第一,您是怎么想到的?第二,您是怎么做到的?

答:第一,怎么想到的?我觉得有点像我们平时看到的社会上的一些例子或现象。比如说,大家在十字路口等过马路的时候,不闯红灯是一个基本的规则,但总有人会闯,而这个时候有一个人闯了,往往就会有其他人跟上去。但有人不闯或有人在这个时候去制止一下,那么绝大多数人就都不闯红灯了。我觉得从这个事情来看,不能说是国民性或普遍的人性,但至少是一个常见的现象吧。也就是说,当你往一个比较正确的方向引导的时候,如果前面有人能振臂一呼,那么后面的人可能就会跟上来;如果前面这个人的方向不是很正确的话,那么后面跟的人可能会歪掉。基于这样的认识,我感觉很重要的一点就是我们在师资提升时要让什么样的人来引领,这是很重要的。如果这个人是朝着我们所希望的或是正确的方向来引领,那么或多或少从后面跟上的人也会朝着这个方向,这其实就是大多数人都有的从众心理。所以我觉得我需要去树立一些标杆。尽管本校的老师也有很优秀的,但有的时候确确实实是外来的和尚好念经,或者说能更好地体现我们希望的这样一些要求——因为他和我们老师之间没有任何的冲突或者竞争。在现实生活当中,被各级荣誉的光环所笼罩的员工在单位中未必就是人缘最好的或者最被认可的,甚至有时候他可能就不是身边的人所愿意去跟着的那人,但如果是一个"外人"或许就比较容易被认可。同时,基于德国的职业教育在世界上的先进性,特别是加工制造类,和我们学校的主体专业又非常合拍。因此,我当时考虑需要引进德国的师资、课程,来对我们学校的专业建设、师资建设做一个引领。

在这个过程中会涉及很多问题,比如经费。进行国际合作一定要有经费的支撑,这可能是我们公办学校遇到的一个很大问题。除此之外,还会涉及去寻找什么样的合作方、什么样的机构、有什么样的条件等。然后就是能否得到政策上的支持——因为你是中外合作交流,要有一系列的报批手续等。要处理好这些,关键是政府的支持。我们学校的中德合作交流,就是四位一体的中德合作项目。四位一体,第一个是政府,第二个行业、企业,第三个是本校,第四个就是德国的职教集团。其中政府这一块,我觉得现在是一个非常好的时机。一方面,从政府层面上来说,从上到下重视和发展职业教育已经形成了一个前所未有的良好局面。不管是领导还是职能机构对职业教育的认识、对职业教育的重视以及对国际合作这方面的支持,我觉得整个都比较好。那么我们需要做的就是要有这样的一种意向、一个明确且具有可行性的方案,要呈递方案让政府相关部门去论证它的可行性,而不是单纯地说我想做什么——因为现在要上一个项目比较慎重,所以我们有这样一些意向之后,我们所做的事情就是我们为什么要做?我们准备怎样做?这个项目可能会涉及哪些问题?其中哪些是我们学校可以解决的,哪些需要得到支持?包括这个项目每年的经费预算是多少?这些经费的组成中,课程的开发需要多少?师资的引进需要多少?然后学生培训中的实训材料耗损需要多少?等等,共有二十多个栏目,我们都做了一些预测,然后呈递出报告。当这样一份比较翔实、比较符合实际的可行性报告向上递交后,政府部门在进行论证的时候,就有理可循。所以我们很快得到了回应,财政等相关部门到学校一项一项地进行了现场核实和讨论,最终我们方案的大多数内容都是得到认可的。

　　发展职业教育,开展国际合作的这个过程中,我确实感觉到:第一,我们有一个很好的时代背景;第二,还在于我们拿出什么样的东西让政府部门来评判及支持。这里主要是政府,政府要支持你做这个项目,它不管是在政策上还是在财力上都要给予支持。同时我们也考虑到,仅仅依靠市财政可能还不够,我们就考虑到开发区财政——因为我们的学校地处张家港经济开发区。虽然我们是市属学校,和开发区从隶属上没有关系,但是我们在这个区域范围内,开发区又有那么多的外资企业,他们有着招商引资、需要高技能劳动者等需求。所以我们就提出了,我们的学校是服务张家港的,我们也是依托开发区的,和他们进行了沟通,因此也得到了他们很好的支持。从我们这个和德国BBW①的项目来说,实际上开

---

① 德国BBW教育集团是德国柏林及布兰登堡州企业联合会下属的教育集团,在德国柏林及布兰登堡州拥有25所职业学校、1所职业教育学院、1所柏林和布兰登堡州最大的私立大学以及多家学习型工厂,拥有近700位教师,是柏林及布兰登堡州最大的职业教育机构。德国BBW教育集团业务范围包括职业培训到学历教育,涉及各类专业。

发区财政和市财政几乎是一比一的投入，而我们的学生也主要提供给了开发区的企业。我们也给这些企业、政府一个反馈，就是说我们这个合作项目很成功，他们所得到的这些学生确实整体的水准比较高，因此他们很乐意继续扶持这个项目。所以，我感到我们做这个项目，是基于自身发展的需要的，但同时也是想政府之所想的，是让企业受益的，所以得到比较好的肯定。而这个项目也在不断辐射中。

现在是保税区政府和我们在进行新的中德合作。原本我们是 BBW 项目，现在我们跟德国慕尼黑职教集团，就是 BBIW 集团，进行化工项目的合作。我们现在所在的这幢楼，一楼、二楼基本上是跟 BBW 合作，三楼、四楼正在建设，是和 BBIW 的化工项目合作。保税区政府为了我们和 BBIW 的项目，第一期 1000 万元的资金已经拨付出来了，我们现在正在进行改造；第二期他们原本预计是 3500 万元，按照目前的估算可能不需要这么多。基本就是说保税区的财政会有 4000 万元的投入用于中德合作的这个化工项目。之所以他们非常乐意做这个事情，很重要的一点，就是选准了合作项目——因为保税区内有像瓦克、道康宁、陶氏化工这样的世界五百强企业，保税区有国际化学品研究会和国际化工园，这些企业需要比较高水准的化工技术工人，所以我们是在为他们提供高素质的人才，因此政府很支持。我觉得在争取政府支持的时候，也确实需要想政府之所想——我是为了解决政府辖区内企业的需求、解决政府所面对的问题而提出这样的方式，因此政府给我们很大的支持。所以我们这两个项目在财政物力上得到了比较好的支持。我也没想到保税区政府现在还要投入 4000 万元来给我们做这个项目，超出了我的期待啊，欣喜之余更要认真做好。化工原本是我们学校的一个小专业，实力不强，我们凭自身的力量很难把这个项目真正做好。这又回到师资，我们的化工老师一半以上是由原来的中学化学老师转岗而来的，化学、化工，这是两个概念，所以我们也在培训教师，把教师送到德国培训，企业出资支持。我们正在引进德国的实验标准，整个实验室都是按照德国化工学校的标准在建设；引进它的课程、引进它的师资、引进它的考评模式，学生第五年还要放在保税区的德国瓦克公司里去训练。这些都得到了 BBIW、张家港瓦克集团的支持，所以我觉得这个项目还是比较有前景的。

问：刚才听您说投入的事情，那么一期合作项目的时候，这个投入是多少钱啊？

答：BBW，机械、机电和这个项目，主要是引进师资、引进课程、引进评价体系等，但是设备设施不在内，因为这是我们的主打专业，我们原本的设备设施基本上能满足需要,这一块没有投入,所以大约是500万元的财政投入。主要用于师资、课程开发、学生实训材料的耗损这些方面。而化工项目我们原本比较薄弱,基本上是全部按德国标准来,要有至少4000万元的投入。

问:从有这个设想到最后成功运作,前后用了多少时间?

答:与BBW的合作,两三个月就进行了。然后和保税区的这个项目,从开始有合作意向到最终正式签约,到第一期资金1000万元到位,半年左右。所以我感觉政府真的很重视、很支持职业教育,现在确实是职业教育发展的比较有利的时机,与企业的合作也到了一个比较好的时机。一方面你看,一些真正的外资企业本身就比较具备校企合作的意识,然后本地的企业,我开玩笑说,掌门人不一样了,我们本地的一些企业现在的掌门人四五十岁的年龄,他们这个年龄应该都受过比较好的教育,对于职业教育的理解和认知程度比较高;另外一些大型的企业现在已逐渐到了富二代接管的时候,这些富二代们跟他们的父辈是不一样的,他们的教育背景几乎都有海外留学的经历,这一块和父辈是不同的,那么这也是我们现在发展职业教育进行校企合作很好的基础。过去,我们常说校企合作,企业一头冷冰冰,我觉得现在的环境在变化。另外一个,如果你去跟企业合作,要是总想着我要搞一个什么活动,你给我赞助5万、8万元钱吧,将心比心,换位思考,企业家积极性怎么会高?所以更多时候要考虑我能为你企业做什么。我觉得这个意识一定要有,就包括我刚才说到,我们跟中小学合作,我思考问题的基本点是我能为你做什么?我要为你做什么?而不是你为我做什么。人与人之间、校际之间、校企之间,都是你来我往的。当我们不断去考虑用我们自身能够做到的事情、自身优势去为别人服务的时候,那也会有回报的。

问:就刚才这个问题我再请教一个细节,这个项目机械、机电专业一年能够参与进去的受益和受训的老师和学生大概分别是多少?

答:机械、机电项目一年中各有五六个老师吧,就是说他要跟这么长时间,10名专业老师。而学生是这样的,一开始是各一个班,现在扩展为这个专业的学生全去,几乎就是说五年制的这个专业的学生在这一学年基本上都参与进来。因为我们的上课时间很早,大部分是寄宿生嘛,这些学生7点到8点30是进行联院的核心课程学习,8点30开始到下午3点30在这个实训车间由德国老师带着进行实训,3点30之后的时间又回到教室来进行学习,这样就是不同的班级在轮训。我们争取这两个专业的所有学生,都能在这个中德合作技能教学实践基地中,进行一年的合成式训练——因为基础训练仍旧是在我们传统的实训车间中分门别类地进行,到这里来最终真的是一个融合,合成式训练。所以我们的教学先完成，基础打好，然后由德国老师带着进行这样的合成。德国 BBW 也有考核的证书，我们绝大多数同学拿到了他们的证书。德国老师考评确实也很严格，有 10% 左右的学生达不到标准，拿不到证书。学校明确，达不到标准，就不发证，作为校方坚决不向德国老师去求情，我们坚决按照标准来做。

问：那德方参与考评的就是跟你们合作的老师还是另外派考官过来？

答：他们的考评我觉得比较合理的是，比如说它这一年当中可能做 10 个项目，这 10 个项目涵盖了这个专业学习当中必须要具备的技能。这 10 个项目也是一个由浅入深、由易而难的过程。每一个项目都有考评，这个考评很真实，也很严格。我看了他们的评分标准，差不多一个项目的考评有二三十项，一类一类地得分，最终得出一个分数来，然后这 10 个项目平时的成绩都会评出来。最后一个项目是非常综合性的，这个项目基本上是作为最终的，至少是占主体的这样一个分数。BBW 现在跟我们是第一家合作，然后依托我们这个平台，也开始有很多的合作单位，在中国已经成立 BBW 驻华公司，他现在不是只有两个、三个派到我们这边来的老师，而是有 20 多个人的团队在。比如说在广东东莞技师学院、扬州的技师学校，在苏高职，就是曹志宏①校长那边，等等，有很多的学校。这些人他组成了一个专家团队，他们有业务校长。在对我们学生进行考评的时候，这个 BBW 驻中国的公司来对你的质量考评进行监控。不是说任教我校的德国老师说你合格就合格了，他们的业务校长来进行监控，最终的发证要由他来签字认可。我觉得这样一来，也就比较好地保证了这个考评的科学性、严谨性。

三、用爱与责任托起学生的未来

问：也就是说 BBW 的内部有一个考评机制在这里。那么请您讲讲第三件比较成功的事情。

答：对，对，他自己有一个考评的机制在这里。

第三个我讲讲学生吧，刚才我讲的是老师。从我内心来说，我对职业学校的学生有种同情，这个同情源自于哪里呢，这个例子可能不太好，那我就只管先说了，你衡量吧。

十多年前的 2004 年，在我们张家港发生了一件很悲伤很让人难过的事情，就是我们梁丰高中的学生出去春游，返回的路上在常熟发生了车祸，8 个学生、2

---

① 任苏州高等职业技术学校校长。

个老师死了,这是一个很震惊的事件,"三二八"事件。那一届学生中有很多是我的学生,万幸我直接教授的学生有人受伤,但总体平安。这件事情发生了以后,社会上在对这些学生表示惋惜和同情的时候,居然有这么一句话:哎,都是好学生啊,可惜了,要是职业学校的学生么还好一点。我听到这种话时真的很不是滋味,就觉得他们可能只是读书不好,但在遇到这种意外时总不能因为读书不好,他们的生存的权利就要受到这样的评价吧?!所以当时我对职业学校的学生内心是很同情的。那么当我到这所学校来的时候,当我成为职业学校的校长之后,当年的那个印象、那种情绪依旧萦绕不去,甚至更强烈了。可能人天性当中就同情弱者吧,所以从内心来说我对我们的学生有一种很天然的、那种想保护的一种情绪,我真的觉得我这种母性的光辉,我崇高了一下自己,呵呵,以前从来没有这么强烈过。

  来了之后,我却又有另外一种感受,我觉得职业学校的学生很天真,也很善良,不是外界所传言的那样。再看职业学校的学生管理、学生活动,有很多非常好的措施和方法,学生活动开展也特别丰富。我的第一印象就是学生整体呈现出的面貌是比较好的。那为什么一直以来外界对职业学校的评价都不高呢?是真的了解之后的认识还是一种偏见呢?这帮孩子我说得不好听点,他不就是读书不好吗?读书不好就什么都不好了?我真的很为他们抱不平的。所以我在很多场合跟老师们讲,人家不宝贝咱们的孩子,咱们自己得宝贝。这是我到这所学校面对学生,非常真实、也非常朴素的感受:我们得去宝贝他们,得去爱他们。我们都不宝贝他们,谁来宝贝?所以我说我们自己不要说我们的学生差、我们的学生难管、我们的学生怎么怎么样,这种话我们一定要少说,甚至不说——因为这也是一种心理的暗示,这对于我们自身是一种暗示:我们学生难管;这对学生是一种暗示:我不好。我平时和学生很亲密或很直接的接触并不多,这一点我也常自省、检讨,但是我一直有这种感觉,我们对学生要更多地爱护,甚至就像丑小鸭一样,你作为妈妈来说,你要对那个最弱小的孩子给予更多的扶持。

  问:那您最后怎么做了呢?

  到校后的第一次全体教师会议,我讲过六个"让":一是让校园美起来,建设"美丽校园"。我当时说过一段比较文艺的话,老师们也笑了,说到底是女校长,到底是学中文的,和男校长不太一样。我说"何谓校园?是那么一股气息,走进大门就迎面而来的那种书卷味。那是古木参天、大树成荫的味道,是绿树掩映着的红砖小楼的味道,是转角走过一座亭子石凳上少年凝神远望的味道。是青春的味道,也是岁月的味道;是花香书香,也是老图书室里发黄发脆的纸张的味道。

这种味道，存在于百年老校中，但老校未必都有这气息；这味道，也可以飘散在时光尚浅的校园里，只要用心去经营"。我们学校一直以来定位于校园文化企业化的特色，是非常准确合理的。但校园毕竟是校园，我希望即使是培养所谓的劳动者、所谓的产业工人的地方，也仍旧要充分体现出是读书的地方、学习的地方，是培养健康情趣、高雅趣味的地方，要有书卷气息。这项工作我在慢慢做，一点一点地让学校亮起来、美起来。二是让课堂实起来，课程要实用，课堂要实在。一句话，要让学生学到实实在在的东西、掌握实实在在的本事，这个阵地当然在课堂。三是让品牌树起来。按照衡量职业教育办学质量的显性指标来看，我们学校有两大亮点，一个是对口单招，一个是技能大赛，成绩确实很突出。我说这两块为什么必须更重视做、更用心做呢？因为它让职教学子看到希望、看到目标、看到未来——我可以做得更好、我可以飞得更高，我的人生舞台不会仅仅局限在"中职生"这个平台上。四是让学生动起来。这个是我觉得最能够立刻就做、最能见效、最有意义的事情，我等会再展开。五是让教师笑起来，让教师享有职业的尊严感、成就感和幸福感。与其他学校的老师相比，职业学校的教师可能要少一些职业的成就感、受社会关注的尊严感，因此也感觉少一些职业的幸福感。但是，只有全校近400名教师有职业的崇高感、幸福感，才会以更健康乐观的心态、更热爱事业和学生的姿态去面对5500名学生。所以我把"如何做一名有职业幸福感的教师"作为学校教师队伍建设的重点。而当我逐渐融入这所学校、逐渐了解了更多的老师之后，我感到我们很多老师很爱学生、很爱事业，有的班主任全年不拿班主任费，把这笔钱用来设立班级基金，奖励和资助学生。六是让学校活起来，深化体制机制改革，不断释放学校办学的活力。其实这个"六让"，我就是希望环境美一点、心情好一点，学得多一点、活得乐一点，老师受用、学生受益。

　　刚才说到"让学生动起来"，这个我多讲一讲。

　　走进职校的学生，大多在中考中位列下等，总带着三分无奈两分不满，在旁人眼里，总有些"不听话"或者"不学好"。教育是什么？不就是要唤醒每个人生命中的自觉吗？所以我对老师们说，我们要让健康向上、阳光乐观成为最强劲的青春旋律。怎么做？搞活动，大量的活动，多样化，全覆盖。我们成立了67个学生社团，每天都有各种各样的活动，可以说，学生在校的所有时间和空间，都有丰富活动可以选择。我始终认为，让美好的事物充实生活，是对一切不正确、不健康行为的最好防范和抵制。

　　这就是让学生有事做，当然有事可做了，我们还得引导学生做更有意思、更有意义、更有价值的事情。刚才说到社团,让学生根据自己的兴趣、爱好选择一两个社团参与,培养点特长、陶冶下情趣,至少不无事生非,这是基本的目标,但还不够,我们还想着把孩子们推出去,推到社会这个大舞台当中去。我在回答你的"第一件成功的事"的时候,说到过主动服务周边学校、周边社区,其实参与者不仅有老师,更有学生。我们很多学生社团都在走出校园,比如电子电工专业的孩子们,在社区里给人义务维修小家电;服装专业的孩子们,义务帮人家做沙发套、做桌布台布,帮人家改制衣服;汽修专业的孩子,去洗车、擦车、保养车辆……就是人尽其才吧。还有像飞盘、礼仪、摄影等社团,都是我们的"王牌社团"了,他们纷纷走进小学、高中校园,去传帮带,去传播我们的社团文化。学生社团已实现了从数量到质量的转变,也实现了从"自己玩"到"大家玩"的提升。

社会上不是认为职业学校的孩子不太懂事吗？我们就让他们看看,我们的孩子一样很善良、很可爱、很懂事。学校成立了很多的志愿者团队,大到学校的志愿者总队,小到部里的志愿者分队,还有班级的志愿者小队,立足校园,辐射社区,服务社会。我们的志愿者工作很有成效,我讲个小故事给你听听。

市文明办组织"千名残疾人看港城",我校主动申请做志愿者,全校师生全员发动、自愿报名,让参与志愿者活动成为大家自发的需要和追求;对所有报名者我们都发一个小徽章证明其身份,以此尊重和激励其向上向善之心;对挑选出去参与服务的学生,我们邀请高校教师进行志愿者精神教育以提升其认识,我们还请市残联的专业人员进行"对残疾人应怎样做好服务"的培训,告诉志愿者们对肢残人士要怎么服务、对失明者怎么帮助,等等,以此提高志愿服务的水准。后来我们派出了数百名孩子去参与服务,孩子们推着轮椅、扶着搀着领着残疾人,那些几乎一直都没出过门的阿公阿婆阿叔阿姨们,一直握着我们学生的手,不断地说"弟弟啊,谢谢你"、"妹妹啊,你真好",孩子们感触良多,有同学说"从小到大,我从来没受到这么多的赞扬,从没被人这么感谢这么表扬过,我也从来没感到自己有这么好有这么重要。帮助别人,更快乐和温暖的其实是我们自己"。你看,这种活动不仅是帮助了别人,改变着社会对职校生的看法,更多的,是让我们的孩子们在被认可和被尊重中自我教育和提升。

社团也出人才。商务专业的周馨怡同学,喜欢朗诵、演讲、音乐,是"音乐之声"社团的积极分子。学校发现了她在歌唱方面的潜力,就让音乐老师专门训练她,半年之后这个孩子在江苏省职业学校技能大赛中荣获声乐组的金奖,今年被保送南京艺术学院读声乐教育本科。这个孩子当然是个特例,但不是个案,我们正在进行课程的建设,希望由"国家课程、校本课程和个体课程"组成,就是为有特别才能的、特殊需要的孩子量身定做。中考之后读职校选专业，一次选择，或者一次的被选择，并不等于就没有变换的可能。我特别希望为学生提供这样一个适合他发展的机会，为他们的飞翔提供舞台。我们正在进行这样的课程建设。

　　我记得我刚到学校时一位老师的发言"教师的幸福来源于学生的快乐"，我感到，职业学校的师生情可能要比其他学段来得更深厚、更浓烈。你想，虽然谈不上现在都是学徒制的教学方式，但很多专业技能的学习，老师真的是在手把手地教啊；再加上职校的孩子，以前在小学在初中可能不是很受人待见，到了职校他可能当班干部了，受表扬了，是不是对老师更有亲近感、信任感？我检讨自己和学生的接触还不够多不够深入，有时候我也想中午端着饭盆坐到学生食堂和他们聊天，也常常惭愧自己叫不出几个学生的名字。但学生并不因为我做得不够好而疏远我，相反，他们常常给我这个校长，很多我意想不到的善意。你看我办公室里的那些小靠垫，是学生自己做的，他们笑嘻嘻地推开门说："我们自己做的，送给你。"中秋节烘焙社团的学生，拿着两个小月饼给我送来了。有时我在操场上走一走，他们都会邀请我一起和他们玩一玩，也毫不客气嘲笑我运动能力奇差。今年的毕业典礼上，我刚致辞完，主持人出其不意地问"现在我想问大家一个问题，你们想不想拥抱我们的校长？"我根本没反应过来，哗啦一下子，台下那么多孩子涌上来了，冲在前面的都还是那些学机械学数控的男孩子们，我不仅是被他们拥抱了，简直是被抱了起来，就差没被举起来了！我赶紧喊"也去抱抱你们的老师，去抱抱老师……"哈哈。

　　尽管我简直是在求饶了，但心中真的幸福啊，因为你看到的就是充满了阳光的快乐少年啊。曾有人问过我要办什么样的教育，办什么样的学校，我说，我希望我们是一所，能让人感受到温暖和力量的学校，能让人鼓起勇气和乐观向上的学校，能让自己更美丽、让他人更幸福的学校。我希望办有温度的学校，做有爱心的教育，作为一所职业学校，我们的生源、地位决定了在现阶段还无法"让优秀成为优秀"，但让平凡充满善意、乐观和温暖，让更广大的普通孩子，脸上有笑、手中有技、心中有爱、生活有趣，不同样具有价值和意义吗？

四、职场缘何分性别

　　问：好的，机会难得请教最后一个问题：我发觉目前职业学校中女性管理者比较少，作为一把手的女性校长就更少了，凤毛麟角，您个人感觉在校长岗位上作为女性有哪些优势或者劣势？

答：这个方面说实话我倒真没有认真地想过，我不是什么所谓的女强人啊，但我也不愿意做一个娇娇怯怯的小女子。你问这个问题我倒想起了前几年有一个《校长》杂志，现在好像改成《新校长》了，是在重庆或者是成都的一个杂志。当时这个杂志要给张家港市做一个"生态教育"的专访，他们的主编李斌先生在跟我聊的时候也说过这个话题。他说尽管从职位上来说你这个基教科长官不大，但是我也了解到你们有一百多所基础教育的学校，我看你大概相当于一个总的教务主任，其实工作压力还是很大的，所以你是怎么承当这个重任的呢？我当时跟他说，其实从学校到机关之后，我慢慢觉得职场没有性别，我是这样的一种观点。我不会说因为我是女性，我感觉我需要在工作上得到某种照顾。事实上我到这所学校来做校长，那么在全市几所职业学校的校长当中，我也得不到照顾。我开玩笑说，比如我们出去参加什么会议，当需要张家港代表来发个言的时候，我说男士们都非常重女轻男地把这个任务抛给我了。理由很简单，并不是他们低调或者我特别能说，而是因为你这所学校的地位在那里，这个时候是不会考虑到你的性别问题的。所以我说我首先定位的是职场没有性别，你是个校长，不会因为你是男性或者女性而改变对"校长"这个角色的要求。

但是在人的个性当中，也确实存在着性别对性格的一些影响，在工作当中还是会体现出来的。比如说我来到这所学校做校长，不管是我过去的专业背景还是工作背景，加上我本身的性别这个背景，我对这种工科类的职业学校的很多专业是不懂的。我甚至开玩笑说，我大概去实训车间也去了100次了吧，那些个车床的名字，这个是钳工，那个叫什么铣床的，又是什么数控削的，我到现在都不大清楚。要是讲到具体的一些专业的内容时我更不了解，甚至我这种不了解还建立在我想学也学不会上。我说这真的是一个比较大的问题，这是我的欠缺。那么这种欠缺我觉得需要弥补，没有人是全才，我不懂有人懂，有更专业的人懂啊。有人懂的话，我所要做的就是需要得到其他人员的帮助。在这个过程当中跟性别有没有关系？应该说没有全面的关系，但也有一定的关系。比如说我的性格比较随和，也比较容易沟通，亲和力可能还比较强，那在这个过程当中，我就很坦然地表示出了：这个东西我不懂，你们需要给我提供专业化的意见，你们要去完成这个任务。从这一点上说呢，我作为一个女性，我觉得我说出来的时候很自然，而可能一些男性校长他会觉得比较难以说出口，他要向他的同事甚至是下属说出"这个我不会"、"这个我不懂"恐怕比较难。那我比较容易说出来，你很坦诚地表现出我不明白、我不懂，我觉得也比较容易得到大家的理解和谅解，也就容易得到别人的帮助和扶持。所以我觉得这个可能是性别因素吧,男性他可能不太好示弱,但我比较好示弱。甚至我觉得,当你成为一把手的时候,示弱又何妨?你的强应该表现在能让一个团队发挥出更强的优势来,是不是?呵呵。

所以如果要回答你这个问题的话,我大概的认识是:职场没有性别,只有岗位与角色责任;职场也不必刻意回避或改变性别带来的性格特征,如果可能,就按照自己舒服、别人接受的工作方式来工作吧。

访谈后记:葛敏亚校长是我本次访谈计划中又一个比较典型的对象:一是因为她也是属于比较稀缺的女性职业学校校长,二因为她是一位先在普通高中任教,后到教育行政机关任职多年后转任职业学校校长的,用葛校长自己的话说就是"一方面我是从普教到职教,另一方面是从机关到学校"。对葛校长的访谈给我的感受是既轻松又艰难,说轻松是因为她非常健谈,也很有思想,因此整个访谈过程作为访谈者的我几乎不用多说话,更不用想方设法去引导她就娓娓道来、出口成章。说艰难是访谈后的文本整理,由于内容非常多,文字数达两万多字,因而需要花费更多的时间——当然我是非常乐意做这个耗时良多的工作的。

通过访谈我们不难得知,葛校长不算太长的职业学校治理过程实际上是直面追问职业教育的三个原问并试图解答的过程,即我们是谁?我们怎么样?我们要怎样?

我们是谁?当然我们自己非常清楚——我们是在办职业教育,并且迄今已经办成了世界上规模最大的职业教育。但问题是,我们之外的他们真的知道我们吗?这个他们是普教,是高教,是其他的什么教,一句话,是全社会。通过职教圈子外面进来的葛校长的亲身体验说明,社会对我们是真的不是很了解,最多只是泛泛的了解、浅尝辄止的了解,比如该市一所学校的校长,对于我们江苏职业教育实施了近30年的对口单招政策,"在自己的孩子面临中考选择的时候,他不知道有对口单招,他也完全不知道对口单招居然有这么好的成绩"就是一个佐证,"所以从职业教育的角度上来说,我们需要这样的一种自己去呼吁,去让别人来认可、来重视、来关注我们的工作"——因为"酒香也怕巷子深"啊。

我们怎么样?具体而言就是我们职业教育办得怎么样?我们的成就当然很辉煌——各种统计数字和宣传就是佐证,但问题的核心是我们的质量到底怎么样?或者换言之,像葛校长们这样的代表着目前最高办学水准的国家示范性中等职业学校建设结束后的今天的质量到底怎么样?葛校长的认识和回答是"谁都知道质量重要,但是真正在做的过程当中,又往往更多地做一些表面上比较容易出成绩的、出彩的东西,而质量这一块往往又把它放空。我们平时说我们的学生没有那么受欢迎,或者说社会对他们没有那么认可,其实归根到底在于我们职业教育拿出去的东西有没有那么强?……企业它当然需要劳动力,所以企业会主动来要学生。我们的学生当然比没有经过培训的人要好一些,但是企业真的对我们的学生满意吗?我们的学生真的就符合它的要求?没有"。对于这个问题的求解,葛校长的选择是通过中德合作项目的开展,向职业教育做得最好的德国学:学他们的理念,学他们的项目课程,学他们的管理,学他们的工作态度和精神——这对于众多的谋求质量提升的职业教育办学者来说无疑也是一个启发和借鉴。

我们要怎样?即我们的培养目标是什么?其实不难理解,职业学校的师资也好、设备设施也好、管理也好,所有的要素实际上都应该围绕着"育人"这个根本,而我们要培养的归根结底不就是"脸上有笑、手中有技、心中有爱、生活有趣"的一些学生吗?——这应该成为我们每一个职教人做事的基准和目标——就像江苏省张家港中等专业学校正在努力追求的那样。

章结来,男,汉族,安徽潜山人,1967年2月生,研究生学历,正高级讲师。历任江苏工贸高级技校副科长、科长、校长助理,2003年7月任徐州机电高级技工学校副校长、党委委员,2007年6月起任徐州机电技师学院院长、徐州机电工程学校校长,兼任中国煤炭职教协会常务理事,江苏省煤炭工业协会常务理事,徐州市中职协会副会长,徐州技师协会副会长。江苏省第二期中职学校领军校长培训班学员。

既抓规模,也抓质量,同时也抓效益。

——章结来

第十八章 "另类"学校的突围之作

——访徐州机电技师学院章结来院长①

一、立命安身之策:谋求规模、质量、效益协调发展

问:我记得2006年的时候您是副校长,后来是什么时候担任校长的?

答:2007年,到现在已经"抗战"8年了,哈哈。

问:这8年里面您所做的成功的事情应该也有很多了,那么您觉得这里面第一件事情是什么?

答:第一个我考虑的呢,就是学校的这个规模、质量和效益,这一块还是考虑得比较多的,也做了一些工作。

我们这个学校在20世纪七八十年代就建校了,我干校长的时候这个学校已经有接近30年的历史了。这个学校是当时的煤炭部在1978年建的,最早是煤炭系统里面的一个技工学校。1984年增挂了徐州机电工程学校这么一个牌子。现在我们学校有两个牌子,一个是徐州机电技师学院,一个是徐州机电工程学校。在教育系统我们用的是徐州机电工程学校这个校名,那个技师学院这一块呢,主要是在劳动口。

我为什么要讲这个规模、质量、效益呢,因为我们底子比较差。我们刚开始建校时一年只招收200人,总共是600人,即使这个规模也是经常不太能完成招生任务。更主要的是,原来这个学校不只是规模小,而且基础设施也比较差。最

---

① 2015年10月23日在徐州机电技师学院进行了访谈。

早在建校的时候才40多亩地,现在接近150亩地了,中间经过几次扩建。为什么我们基础设施差呢,因为当时建校的时候,当时没有校址,就借用了一个腾空的江苏煤炭基本建设兵团采煤团的团部。我们这个学校就是当时的采煤团的团部,包括房子、宿舍等都是这个样子的,实际上就是先天性不足。我刚当校长的时候也没有什么变化,也是比较老旧的,办学条件也不行。所以这几年呢,在这个上面下了一些功夫。

这里面第一个方面就是适当地扩大办学规模。经过这几年的努力,现在每年招生规模都在2000人左右,今年就招了2200多人。就这几年啊,从建校,包括我进校的时候招几百人,全校加起来也就1000多人吧,发展到现在的规模。那么现在的规模基本稳定在6000人左右——因为我们都是生均拨款呀,就是你这个校长,无米之炊也难为啊。这几年江苏是这个政策,按照生均拨款,所以我们这几年来扩大招生。我们的专业设置,原来是煤炭基本建设这一块,主打专业就是煤矿基建,后来就把这个基建、土木、矿建,还有工民建这些方面的专业基本上都改掉了,现在就是一些通用的工种。我们现在为什么要叫机电学校,因为我们主要是机和电这两个大方面。像我们现在这个专业建设,这个省级示范专业也弄了三四个,省级实训基地,包括两个口的:教育口和劳动口的,也弄了4个。另外这个常设的专业有20多个。把规模稳定以后,那么这个资金来源也比较有保障,这是第一个方面。

第二个方面,就是征地扩大规模,把原来老旧的房子进行改造。我们也设计了一个叫校园改扩建的三步走,包括一些老校区的改造,包括买地,修建我们那个新运动场,添置一些教学设备。我们把教学设备建设跟省教育厅的示范学校建设、实训基地视导结合起来,并以这个为抓手。另外在2011年的时候,我们也搞了一个四星级的职业学校申报,当时也是一次通过。一个是招生规模,一个是基建,要抓这一块。然后就是整个学校的内部办学管理这一块也算跟上了,我们这几年不断地完善内部管理措施,包括我们从办学制度上、从办学理念上,我们也想了很多办法。那么现在我们可以这么讲,就是办学规模上比较适当,办学质量比较好,也在逐年提升,办学效率也比较好。实际上从大的方面讲就相当于办学定位吧,就是这样的一个办学思想。

另外这里面也遇到过一些困难,比方说资金不足,包括这个招生能力有限,现在生源市场竞争这么激烈,初中包括高中毕业生人数在逐年减少,尤其是2009年以后,这个低谷来到之后。在2006年的时候,我当时是副校长,当初徐州市的这个初中生源达到21万,那么这几年逐年减少,比如去年才6万多,人数只有原来最高峰时期的三分之一。在这个基础上我们的规模还要扩大——现在来讲当然也不会无限制地扩大了。你想我们有200多个教职工吧,学生有6000多人,有一部分是在外面顶岗实习,家里面基本上就4000人左右吧,任务比较重,但是还能正常运转,还能保证教学质量。这个困难有,但是由于我们有省局强有力的支持——我们学校属于省安监局,这个征地啦、师资啦,包括办学层次的提高、引进师资、内部管理这几块,省局领导都很支持。更重要的是教育厅,还有省人社厅也为我们提供一些资金支持,再加上省财政包括落实省里的政策,那么以后这一块还是不错的。我们学校也比较努力,我们学校班子5个人也比较团结奋进,教职工心也很齐。我们这几年把学校的规模、质量和效益有机地结合起来,办学还是相对比较成功的——与同类的学校相比,因为我们徐州市的很多学校招生不太好,有时候开会也当面说这个事儿。

总体上关于这个事的感想就是,如果没有这个作为保证后面也谈不上。这几年一直在做这个工作,前两年这一块比较定型了,我们发展思路这一块就基本上定型了。既抓规模也抓质量,同时也抓效益。这样教职工的收入啦、学校发展的后劲啦,包括这些年来建设的几栋楼、发展的用地都能得到保证,我们也没有外债,基本上是良性循环,这样也让人心安一点,否则也没有心思抓发展。

问:好的,针对您说的第一件事我有几个问题想请教一下——当然您前面也有所涉及,就是从规模来讲,招生人数与过去相比增长幅度很大,现在年均招生2000多人,而且它的背景是在应届初中毕业生生源规模缩小幅度很大的情况下取得的,那么这个里面可以说是有一种冲突、一种矛盾了,大家都想争抢这个生源,最终您实现了这个招生规模的一种比较大的增幅,那么您是怎么做到的,这是我很关心的一个问题。

答:一个呢,就是学校不断地发展,成果包括教学质量这一块得到社会认可。另一个呢,就是适当的招生宣传,宣传学校。还有一个就是在招生方面全心全意,全校都发动,每年要召开招生动员大会。另外呢,还有一些奖罚措施,还有每年的总结,像我们今年10月14号那天,就召开了年度的招生总结交流大会。还有就是用好国家和上级的一些政策,像学校交流合作啦、东西联合办学啦;原来的煤炭企业留下了良好的基础,就是原来的合作关系还在。我觉得最为重要的,就是我们这个发展的势头得到大家认可,主要在于通过学生在社会上形成一个好的口碑,一些学生家长,一些初中、高中的学校了解我们,这个应该还是很关键的。

问:就是你们培养的学生质量好是吧?

答:是的。你看我们学生的出路还是不错的,还有很多成才典型,通过他们的宣传来产生一定的效应。其他也就是大同小异,没有多特别的东西。

问:招生这方面我感觉难度还是很大的,因为生源大家都在抢,而且最后需要他们(学生)主动选择,就是这么几家,但我就选择徐州机电技师学院,这个应该还是很不容易的一个事,是吧?

答:对。还有就是这几年在办学的硬件设施上、质量上,我们被评为省级文明单位,被评为四星级学校。另外,在劳动口这一方面呢,又晋升为技师学院,这个晋升应该也很重要,在江苏技工院校里面,除了几个重点技师学院以外就是我们,这个应该属于第一方阵了。其实我们招的学生大都是技校学籍的,中专学籍的可能我们学校每年加起来也就几百人吧,有1000人左右,比例还是不大的。其他的都是中技、高技和技师这一块,办学层次比较灵活,也比较多元化,也不限定哪一个方向。再加上专业这一块紧贴市场,我们一些专业是根据市场的需求及时更新,每年都有一些新开发的专业。另外呢,招生这一块做得比较好的就是校企合作,和企业搞那个冠名班、搞订单培养,这个企业帮我们宣传,我们也帮企业宣传。这样多管齐下吧,所以这几年招生比较稳定,也不成问题。像我们今年7月15号左右招生就截止了,这个可以说是头一年,以往可以说都是全年招生,最早也得弄到8月底,今年我们很早就完成招生任务了,除了个别的专业放在7月底,其他的7月中旬就结束了。

问:刚才您提到的一个问题,就是学校的6000多学生里面,有1000左右是属于机电工程学校的学生,其余的5000左右是属于技师学院,这两种隶属于不同主管部门的、不同学籍的、不同办学方式的学生,有什么区别啊?

答:这个学籍上有区别,另外发的毕业证也不一样,使用的这个教学计划、教学大纲、培养标准也有一些区别。5000左右学生执行的是技师学院的指导方案,其余学生执行教育系统的培养方案。另外,这个一体化教学,还有教学改革、日常管理,我们都是糅合在一起的,因为我们学校是两块牌子,这个没有多大区别,这个学制上都是一样的,没有什么区别。

问:我刚才为什么请教这个问题呢,因为你这个也可以说是一种特殊性,两块牌子,因材施教,既有属于江苏省安监局的技师学院,属于行业办学,又有隶属于教育部门的机电工程学校,那么通过您刚才的描述啊,规模、质量、效益三者有机地结合统一,而且效果可以说是比较显著,那么我想从这个里面呢是不是可以挖掘出一些比较好的经验?是不是可以对其他学校办学提供一些经验借鉴,我是从这个角度出发来问您这个问题的。那么听了您的介绍后,我觉得从人才培养方面来讲,两者应该还是有区别的:一个是按照教育系统的规定来培养人才,还有一种是按照劳动系统的做法来培养。我感兴趣的是,这两种培养方案之间有哪些区别?

答:这里面主要区别就是,虽然现在两边都在宣传技能型人才,但是技工这一块应该说是基础更好一点。因为技工学校起步更早,原来基本上都是行业办学,有的就是企业办学,对技能的要求更高。而教育系统呢,它是一种大教育,职业这一块好像起步比较晚,不过发展势头很好,对学生公共基础的要求似乎更高一些,管理的这个力量强,在日常管理方面两者细化程度应该不一样,这个是我个人的感觉。

另外呢,就是日常管理规范这一块,也不完全一样。三个规范是教学管理、学生管理、后勤管理,基本上是同步的。不过在细化程度和侧重点上应该还是有一点区别的。

我为什么在我们学校谈这个规模、质量、效益呢,我说句不太乐观的话,就是像我们这样的学校,你看我们的主管部门是安监局,这个徐州市呢,你看有教育局、人社局,实事求是地讲,这两家对我们一直都很关心支持,不过他们有他们的直管学校,所以我们这类学校在某种意义上,也相当于是另类了。我为什么强调招生,徐州学校也比较多,这个公立、民营加起来三四十所是有的,竞争比较激烈,所以不少人说像我们这样的一个行业学校,能努力把牌子打响、能招到生、能发展起来、能得到社会认可,是相当不容易的。我们这种类型的学校,考虑的问题可能要比人家多一点。比方说教育系统学校盖房子,是政府盖好了交给学校使用,所谓的"交钥匙工程",而我们连征地、设计方案、招投标、后续管理都要自己去弄,有时候只有请主管部门领导出面才能把这个事协调好。我们办的事有的是人家那些校长根本不用考虑、不用问的事,我们要当头等大事在那里办。

问:再请教最后一个问题啊,就是您刚才提到的 6000 多在校生当中,在家里的 4000 多,还有一些是在外面,这是什么情况呀?

答:他们是在外面实习,最后一年或者半年的顶岗实习,其他学校也是这样子的。

二、固基强身之本:打造"星级教师"

问:哦,是这个情况呀。那就请您讲第二件事吧。

答:第二个呢,我考虑就是我们如何调动师资队伍积极性,就是加强师资队伍建设这一块。我就讲一件事,就是我们现在以星级教师评选为抓手来加强我们的师资队伍建设。我们的老师这几年也进来不少，老、中、青都有，我们从2011年开始出台了一个星级教师评选办法，这个应该是我们比较成功的做法。我们在奖励性绩效里面拿一块出来，多大的度呢，也不好说，在总额里面占的比例应该比较小。因为这个优秀的老师他在职称上有所体现，但是职称体现完以后，其他方面的激励措施不多，这是一个。另外呢，有些老师提干了，就像你一样当院长了，我们呢，就当系主任或干个其他的管理岗，但这个岗位比较有限，满足不了所有人的要求。对于我们大多数普通老师来说，即使有两课评比、有技能大赛，但往往也是一次性的，待遇与考核方面的激励也很微弱。

针对这个情况，我们就搞了一个《星级教师评选办法》，我们自己设了8个指标，比如说，招生与就业这是一个指标，还包括教学考核、技能大赛获奖、讲课获奖、正常的教育教学考核获奖等。另外还有班主任考核、班主任全校排名。校企合作这一块也有很多内容，就是你得利用我们现有的场地和企业合作办学，创效益，这都有考核指标的。还有呢，就是在学生活动方面，在学生德育、学生培养这一块，我们设了一个个人才艺项，你能唱歌、能跳舞，有一些特长，就去培养学生的才艺。还有就是教科研这一块，比方在核心期刊发表论文、获得专利等。还有就是宣传，比如校报宣传、报纸上发文章，等等。总共有8块，我们自己又把8块分成5个大类，就是招生就业、个人才艺、校企合作、教学和班主任这5类人才。我们要求老师在日常教学、履行教师职责的前提下，至少有一项相对突出一点，这样就是一个合格的老师。如果有两项突出，那么我们就把他评为一星级老师，最低是一星。那么三项突出就是二星，四项是三星，五项是四星，六项和六项以上是五星。目前我们学校评得最高的是三星级老师。

那么有这样一套评选指标，教师每天的工作积极性就高，而且每年评一次，评上的话有效期一年，每年的6月底评出来，教师节一到，就从9月份开始享受到第二年的6月份，每年10个月享受这个星级教师待遇。那么这个待遇，我们设定的标准是一星级300元、二星级700元、三星级1200元、四星级2000元、五星级3000元，就是每个月给他相应额度的奖励，每年评一次，不是说你评上了一辈子都是，是动态的。这里面也有一票否决的，比如师德方面有问题的、有重大教学事故的，还有长期生病不能来上班的，有很多条件，如果有这样的情况就随时去掉。到目前评了四年，还是可以的，特别是教育质量、班主任，包括技能大赛、招生就业，有这个带动作用，大家变得积极了。每年的数量呢，像今年就评了18个，我们不到200个老师，平均100个人里有10个左右能达到一星到三星，有可能以后还有四星、五星呢。

我感觉这个是我们在师资队伍建设方面比较成功的激励办法,也可以说是深入人心的。这个办法呢,就是我们这样的学校的优势。我感觉这样能调动大家积极性,普通老师都有奔头,而且连续评上二星或二星以上的,除了物质奖励这一块以外,对外培训、外出考察、评优评先等其他措施也跟进,我们自己也感觉到这个办法比较好,这是我感觉成功的一件事。

问:这个事情真是一个创新,当初您是怎么考虑到用这个方法的?

答:主要考虑两个方面,一个就是让老师怎么有奔头,让老师看到希望,光靠职称有弊端,提干也不行,对于普通老师这一块怎么样激励他,这是本意、出发点;另外一个就是借鉴5A级评选、五星级宾馆评选,结合这个,借鉴过来。当初我给主管局领导汇报,他们也是很认可这个的,这个在内部也是比较可操作的一个举措、一个做法。

问:那么当初您提出这么一个设想有没有遇到什么不同意见,或者是有没有遇到过什么困难?

答:困难呢,是在大家的认识上,因为这是额外的一个东西,有的人说,是不是两年一次、三年一次?有的人说钱是不是有点多?特别是2011年还没有实施绩效工资的时候,这个奖励力度还是不小的,这个奖励额度我们一直没有变。其他的不同意见是,有几个人年年都是星级教师,这是不是不公平了?主要就是这些考虑,这个阻力不会像刚才那个问题那么难。很快,特别是实施一年以后效果特别好,大家都赞同了。但是,这里边的问题是评选一定要公平、公正,要公示,要自下而上。另外就是大家要认可,这是一个要把握好的问题,你暗箱操作,或者按照个人喜好决定是不行的。整体上还是比较成功的,现在大家都知道了,谁是一星级教师,谁是二星级教师,谁是三星级教师,就是不能只要我们认可就行,而是要得到大家的认可。去年这个方案教代会通过了,又把它完善了一下,也是高度认可,目前没有发现任何副作用,都是积极的作用。

问:接下来我要提问的,您刚刚也提到了,就是这个办法教育系统未必能搞,因为教育系统的绩效工资比较固定,好像只有30%可以调节,调节幅度比较有限。即使这个30%的比例,老师们认为这也是他们自己的,将其作为奖励还不行,他们会认为把我的钱给拿走了,所以幅度不能大。那你们这边同样是实行教师绩效工资方案,这个和教育系统的不一样吗?

答:我们是把这个数放到总量里边,老师自己的绩效工资基本上没有减少,你不能人为地拿出一部分来,我们是从总量里拿,而且像我们学校的绩效工资和教育系统学校的绩效工资有的方面不一样。你比方说,他们大多是按学期搞分档,分几个档,可能没有课时费,我们是月度考核按月发放,我们把奖励这个方面拿出来作为课时奖励,一个课时多少钱。可以这么讲吧,我们这个没有人给我们限制,我们可以参照他们,自由度大一点。

三、提升质量之举:素质教育全程不断线

问:那么第三件成功的事情是什么?

答:第三个呢,就是我感觉到我们学校搞了素质教育这一块,搞一个"一节、三月、两会",就是这样一个系列活动,抓校园文化建设,应该说这几年做得还是比较成功的。

所谓"一节",就是每年10月中旬到11月中旬,我们固定搞一个校园文化艺术节,这里面有许多活动,有文艺晚会、比赛、文化评比、文明礼仪评比,还有各种讲座、主持人大赛,等等,这样一些活动,这是"一节"。"三月"呢,就是每年的三月、四月、五月,三月是学雷锋月,四月是读书月,五月份就是技能竞赛,这是集中在上半年。还有"两会",就是在下半年举行的运动会和送老生就业晚会,也形成了一个惯例,就是通过这样一项工作来培养我们学生的综合素质。

另外我们自己又制定了一个素质教育方面的目标,我们提出了对学生进行秩序、礼仪、素养这样循序渐进的三个层次培养,或者叫素质教育的目标。秩序呢作为第一个,一般就是要求上下课、集体活动,包括班级活动、宿舍管理,要有良好的秩序,现在我们大型的活动、班级活动都是比较有秩序的,包括课间操,我们也是很有秩序的,不是说解散就解散,是喊着口号、整着队,还有学生会来维持的,这是一个方面,就是把秩序弄好,包括学生从哪走、老师从哪走,从哪个门进、哪个门出,都会有好的秩序。礼仪呢,就是见面要问好。日常的管理方面、学生的礼仪教育方面,就是学生要有礼貌,特别是现在有的学生在面试的过程当中很没有礼貌,这是起码的一个细节。素养呢,就是综合性的,在这个基础上再加一点,就是在校内呢,爱学习、讲诚信。到校外呢,就是职业素养,最起码是吃苦耐劳、做好本职工作、热爱岗位,这个可以说也取得了比较好的效果。我们发现有的学生,头一天去企业报到,一听这么累又要加班,第二天早上就跑了。但是我们的学生还是比较能吃苦的,基本上不走,他们的整体素养还是不错的。不过作为一个劳动者、一个技能人才,技能这方面达不到也是不行的。我们通过以"一节、三月、两会"为抓手,将秩序、礼仪、素养这样一个循序渐进的培养作为目标,当然中间也有联系。我们以各种活动为抓手,整个过程抓下来,学生一届一届地

传下来,效果还是不错的,我们对外说这是全年不间断的校园文化建设,也可以说是一个品牌、一个特色。

问:刚刚我听到你说的两会,一个是运动会,这是大家知道的。第二个是送老生就业晚会,这是一个什么样的会呀?

答:这个会就是,每年老生要离校了,好多面试通过了,那么我们就给他们欢送,有点像毕业典礼,但又不是毕业,所以我们叫送老生就业晚会。通过这个晚会,我们让很多新生给老生送祝福,还有很多文艺节目,有学生代表抒发感言,把在校期间的一些感人细节回放出来,培养他们感恩的心,就是你们的成绩是学校培养的。另外,对于新生而言,要让他知道,我们学好了,今后也会像他们一样风风光光地就业,包括对学校的感谢、祝福,包括下一步提的要求,搞一个仪式,这也是一个很重要的东西。

问:你们学校的毕业生有多大比例找到工作了?

答:在我们学校,毕业生找不到工作的基本上没有了,我们上一届统计了一下,当年就业率是99.3%,除了个别的,自主创业的、年龄不够的——有些企业对年龄有要求,要求比较高,要十八九岁的,其他基本上就没有了。

问:学生就业的去向通常是哪里?

答:我们就业去向基本上是三个三分之一。一个就是徐州经济开发区、徐州本地这一块,还有就是昆山开发区,我们在那里搞了一个老基地,十几年了,每年要往那送一批人,昆山还是不错的。从大的方面说,也可以说徐州这一块、昆山这一块,还有其他地方一块,像南京、上海、无锡、杭州等地。我们自己分析的是各占三分之一,当然每年人数也不是刚好各占三分之一。

问:那么这些学生的对口就业率大约是多少?

答:我们今年统计的对口就业率大概是85%,稳定的就业率大概在90%,我是指在一年的时间内的这个比例,就是比较稳定,不随便走,我们在职业素养上培养教育他们,看来效果还是不错的。

问:哦,那么这些重大的举措也好、方法也好,在这个里面,您作为一把手校长,主要做了哪些事情?

答:主要就是认准了一些办学理念,就坚定不移地去实施;制定了这些制度,就有力地去推进并不断完善。因为有的话我自己说代表了一种决心,力度还是不一样的。所以有些活动,我就去看彩排。有的第一次搞活动,我就亲自参加,中间我会点评。另外就是财力上、人力上给予保证,一把手工程你一把手不推进也是不行的,应该说力度还是可以的,当作头等大事来抓。

访谈后记：认识章校长大约是在 10 年前，记得那时候江苏省教育厅举办了职业学校校长培训班，笔者有幸担任班主任，学员中就有章结来校长，不，当时应该是章结来副校长。这次做校长访谈，为了体现受访对象的多样性、代表性，需要有隶属于劳动部门的、同样也是技能型人才培养的一支重要力量的技工学校的校长，鉴于笔者对技工学校了解不多，所以希望这个受访对象领导的学校既能有比较鲜明的特色，又能够比较全面真实地反映这类学校的办学情况，最好相互之间有比较好的信任关系，不由自主地就想到了章校长，于是就有了上面的访谈。

　　随后的访谈过程证明这样的考虑是对的，章校长坦言他们这些职业教育中的"另类"学校办学中的酸甜苦辣，比方说"人家那些校长根本不用考虑、不用问的事，我们要当头等大事在那里办"，特别是其中的一些通常不对外透露的细节他也一一道来，使我对这类学校有了更多的了解，尤其是他们在此过程中的种种努力，相信一定会对具有同样情况的学校有所启发。

　　通过访谈可以得知，类似于章校长们的"另类"学校办学确实不易，这种不易既有这些学校目前不同程度游离于所谓正规的教育系统学校带来的各种待遇的差别化对待，也有因管理体制、运行机制方面产生的制度性损耗。但是问题也有另一面，通过章校长的治校过程我们不难发现，如果运筹得当，这类学校也可以获得教育系统学校所没有的更大的办学空间和发挥余地，同样也可以获得理想的办学效果，徐州机电技师学院的成功发展就是一例。

　　当然，我们不能将学校的发展一味寄托于领袖校长的出现，从普遍性与一般性意义上考虑，这类学校的健康发展更应有国家制度层面的保障才比较可靠，我们欣喜地发现，这样的保障近期又得到了强化，去年颁布的《国务院关于加快发展现代职业教育的决定》（国发〔2014〕19 号）第九条"引导支持社会力量兴办职业教育"中明确提出，要"创新民办职业教育办学模式，积极支持各类办学主体通过独资、合资、合作等多种形式举办民办职业教育；探索发展股份制、混合所有制职业院校，允许以资本、知识、技术、管理等要素参与办学并享有相应权利"，"社会力量举办的职业院校与公办职业院校具有同等法律地位，依法享受相关教育、财税、土地、金融等政策。健全政府补贴、购买服务、助学贷款、基金奖励、捐资激励等制度"。第十条"健全企业参与制度"中也提出，"深化产教融合，鼓励行业和企业举办或参与举办职业教育，发挥企业重要办学主体作用"。我们有理由相信，随着职业教育法律规章的进一步健全，随着全社会的共同努力，章校长们的学校将不再"另类"。

后　记

本书其实是一本"计划外"之作，在之前所承担的全国教育科学规划课题中，出于研究的需要，我访谈了十几位职业院校校长，并将访谈资料作为课题研究的基本数据材料。访谈前，根据研究规范，我和十几位受访者一一签订了访谈协议，其中规定访谈材料"仅用于研究之用"。其间在整理访谈文本并数次研读时，每每被这些院校长们充满着睿智、洋溢着激情、透露着深刻的言谈所感染。当研究告一段落并如期出版了拙著《做一个胜任的校长：高职院校校长胜任力研究》后，本想借机让自己轻松一会的念头越来越被另一个像是突然冒出来的不安所挤占，这种不安源自"未完待续"的强烈期待，内心越来越觉得让这些宝贵的资料沉睡案头委实可惜，就像一名寻宝者偶然之间发现一处宝藏，因受制于种种约束而故意忽略其发现一样，但作为寻宝者的天性与职责，这种"故意"带来的是不安的日渐加强，久而久之，"我必须要做点什么"的念头占据了上风。

我要做的第一件事就是和出版社联系——要让深埋的宝藏重现与日必须要有他们的认可与支持。当我将情况及初步设想简要地和苏州大学出版社刘诗能编辑沟通后，得到了他的首肯。刘君掷地有声的专业性论断"从出版的角度看，这本著作如果出版，将会比现在市面上一些无实质创造性的所谓理论研究专著还要好"，使我更坚定了要继续做下去的信心。

我接下来做的就是从总体上构思这批"宝藏"呈现的具体方式和计划，并初步确定了书名"成功之作：职业院校校长访谈录"。然后按照计划从原先受访者中选定了将要呈现的校长名单，同时根据需要也确定了新增访谈校长的名单，于是在最终呈现的书中就有了分布在两个不同时段的集中访谈。接着我就再次梳理之前的访谈文本，并与受访者一一沟通，以便取得他们的同意和认可。让我始料未及的是，绝大多数校长对我的打算和设想迅速地给予了积极的回应，其中一位资深的高职院校校长"感谢您为高职教育的鼓与呼"的回复更是让我感动不已，也更坚定了我要把这件事一定做完并力求做好的决心。在此过程中，我也得到了这些校长或长或短的中肯建议,并根据建议对访谈文本作了适当的删减,同时也请他们对各自的访谈文本过目审定,在尽可能保持原貌的基础上更正存在的差谬并润色。一方面试图通过这样的沟通使双方共同建构的社会事件最大限度地接近社会现实的"真实",另一方面也在原有基础上增加了本书的可读性和流畅性。确切地说,本书的出版实在是各方努力和支持的结果,在此我要表达深深的谢意。

首先感谢接受我的访谈邀请并与我共同完成本书的十八位校长。尽管前面的目录和其后的内容中均出现了他们的名讳,请允许我再次将其一一列出以示我最诚挚的谢意。他们是常州轻工职业技术学院周大农院长,南京信息职业技术学院张旭翔书记,南通航运职业技术学院杨泽宇院长,江苏商贸职业学院冯志明院长,江苏食品药品职业技术学院陶书中院长,常州机电职业技术学院曹根基书记(兼院长),江苏省扬州商务高等职业学校周俊校长,无锡机电高等职业技术学校王稼伟校长,无锡旅游商贸高等职业技术学校秦榛蓁校长,苏州旅游与财经高等职业技术学校臧其林校长,常州刘国钧高等职业学校原校长、常州刘国钧文化中心主任王亮伟先生,苏州工业园区工业技术学校王乃国校长,江苏省溧阳中等专业学校陈志平校长,南京商业学校殷树凤校长,南京六合中等专业学校杨红校长,江苏省邗江中等专业学校刘宏成校长,江苏省张家港中等专业学校葛敏亚校长,徐州机电技师学院(徐州机电工程学校)章结来院长,没有你们的无私帮助和辛勤付出就不会有这本著作的面世。

感谢国家教育咨询委员会委员、中国职业技术教育学会副会长、江苏省职业技术教育学会会长周稽裘先生,南京大学教育研究院博士生导师龚放教授,华东师范大学职业教育与成人教育研究所所长、博士生导师石伟平教授,江苏理工学院院长曹雨平教授、副院长崔景贵教授,职教研究院庄西真院长、王明伦研究员、彭明成主任,人文社科处陈晓雪处长,院长办公室王怀芳助理研究员,江苏省职教学会王秀文秘书长、德育工作委员会李国龙副秘书长、教学工作委员会狄东涛副秘书长、高职分会刘金平秘书长,江苏省高校招生就业指导与服务中心副主任陈艳博士,常州市教育局副调研员张健先生,江苏省扬州商务高等职业学校党委副书记梅纪萍研究员,无锡旅游商贸高等职业技术学校吴吟颗副校长,张家港中等专业学校朱劲松副校长等,这些领导、专家和朋友们或为我指点迷津,或为我推荐联系访谈校长,或以各种形式支持我的研究,在此由衷地道一声"谢谢"。

感谢本书的责任编辑刘诗能先生。作为曾经的"战友",我深知他的博学与多才,所以当面对这样的不安与踌躇时,我首先就想到了他。事实又一次证明,我的判断没有错:他的专业、精心与关切不仅使本书顺利出版,而且比我原先设想的增色良多。

最后要感谢的是江苏理工学院教育学院杨奕杰、刘蕾、郑丽丽、李雪丹、陈林婷和吴婷等同学,感谢你们在访谈文本的转录中所做的认真踏实的工作,没有你们的积极努力,本书肯定也不会这么快完成。

民进中央副主席、著名学者朱永新曾经在《我的教育理想》中这样阐述:"一本书就是一粒种子,如果有合适的土壤,也许就可以生根、发芽、开花、结果。一本书,也是一个缘分,也许就可以从此彼此相识、相知、信任、结缘。"我期冀本书的出版能够在中国职教界结出更多的成功之果,也期待着我们能够以此结缘,携手共进。

李德方

2015 年 12 月于龙城